中国政治学人
Academics of Chinese Politics

政党政治与政治发展

Party Politics and Political Development

李路曲 著

中央编译出版社
Central Compilation & Translation Press

目录

序 言	1
第一章　政党与政党制度的发展	1
第一节　政党的类型学	1
第二节　欧美政党组织形态和权力结构的变迁	18
第三节　导致欧美政党组织结构和权力结构变迁的因素	30
第四节　党的基层组织地位的变化	33
第五节　欧美民众对政党的冷漠情绪及其原因分析	38
第六节　政治市场化对政党民主的影响	50
第二章　政党政治与民主化	65
第一节　政党制度的制度化和民主化的变迁	65
第二节　政党在民主化中的作用	77
第三节　当代政党和政党体制在民主巩固中的作用	91
第三章　东亚的政治发展	105
第一节　东亚的两种政治发展模式	105
第二节　一党长期执政与民主的空间	123
第三节　后发展国家法治社会构建的政治生态分析	129

目录

第四章 新加坡的国家构建与政治发展 148
- 第一节 比较视野下新加坡的国家构建 148
- 第二节 当代新加坡的政治发展模式 169
- 第三节 新加坡的精英主义与高薪养廉 190
- 第四节 执政党与反对党及民众的关系 202

第五章 比较视野下中国的政治发展 213
- 第一节 当代政治发展中的新加坡与中国模式 213
- 第二节 新加坡与中国政治发展路径的比较分析 229
- 第三节 世界政治转型方式的变化与中国的政治发展 252
- 第四节 中国民主化的路径、动力与模式 262

英文参考文献 283

中文参考文献 295

序　言

　　本书对政党政治和政治发展的研究在很大程度上也是源于比较的需要,是从比较的视角进行研究的。我1990年开始研究新加坡政治,包括对其政党政治的研究,并于1996年出版了《新加坡现代化之路:进程、模式与文化选择》一书。到1990年代后期则把研究的范围扩大到东亚一些国家,进行区域政治发展的比较研究,出版了《东亚模式与价值重构:比较政治分析》一书。2000年以后则把主要精力用于研究东亚的政党政治,出版了《当代东亚政党政治的发展》一书。到2005年以后,由于感到对东亚政党政治的研究离不开对欧美政党政治的参照,因为那是现代政党的发源地,政党发展的历程最长也较为完整,政党理论也是以对欧美政党的研究为基础而构建的。因此,本书主要包括了对欧美的政党政治、东亚的政党政治以及政治发展的一些基本理论和重要问题的探讨。

　　如果说对欧美政党政治的研究主要是基于对政党理论和政党发展的最新成果的解读和应用的话,那么关于东亚政党和政治发展的研究则有一些独到的见解,例如,从政党和政治体制制度化的角度来分析政治转型问题,从而对东亚一些国家发生或未发生政治转型的原因作出了独到的解释。西方的政治转型理论主要是从经济和社会发展水平、政治精英的操作和人民大众的政治参与状况等来解释政治转型和政治发展的,这在很大程度上导致了对处于同一政治发展水平上的政治体系的转型与不转型的解释不够充分,换言之,它在特定的环境下似乎解释不了为什么一些国家发生了转型而另一些国家没有发生转型。此外,对一党长期执政的威权主义体制内为什么可以容纳较大的民主的问题也进行了探讨。

本书的第一部分是对政党政治的一些基本问题的探讨。

第一,对欧美当前流行的一些主要的政党分类方法进行了分析。首先是对以政党组织形态的演进路径为着眼点而形成的一种分类方法的优长与缺陷进行了分析,指出其优长是它反映了欧美一些主流政党变化的规律,缺陷是它以一种单向的类型演变模式掩盖了政党变迁的多样化,实际上,不同的政党在面对党内党外环境的变化或竞争压力时,是以不同方式作出回应的,这就决定了每个政党的类型和演进路径会有很大的不同。其次,对以党的目标和功能为基准而划分政党类型的分类方法进行了分析,指出这种分类方法的优长在于它可以在一定程度上抽象出现代政党的普遍的目标导向或类型特征,其缺陷在于它没有与政党演进路径相联系并对其作出解释,也没有建立起令人完全信服的有效的可操作的分类手段。

需要强调的是,政党是一个多方面的政治综合体,从不同的方面和不同的目的出发可以有不同的分类,因为一种分类可以适用于一种目的,但可能不适用于另一种目的,因此,要想用一种分类方法解决所有的问题是很困难的。

第二,对欧美政党组织形态和权力结构的变迁进行了分析。沿着欧美政党组织形态变迁的基本路径对其内部的权力结构和配置的变迁进行了分析,指出在精英型政党、群众型政党、全方位型政党和卡特尔型政党的发展过程中,党的中央、基层组织和党的公职部分之间的权力关系也在不断发生变化,并阐明了权力转移过程和党的公职部分取得优势地位的原因,与此相关的是党的中央和基层组织从群众型政党时期在党内居统治地位到边缘化的过程。

第三,对政党制度的制度化和民主化的变迁问题进行了探讨。宪政架构、社会文化结构以及大众传媒状况构成了政党制度特色及其运作的基本的外部条件,而从以忠诚为价值取向的群众型政党向以忠诚和"问题"为纽带的全方位政党的转化是建立稳定而民主的政党制度的重要的内部条件,欧美和东亚在这些方面的差异是其政党制度的制度化和民主化存在较大差异的基本原因。无论欧美还是东亚,都要根据这些基本的条件以及发展阶段在各自的政党或政党制度之间寻找一个合适的平衡点,或者说在竞争性与合作性政党关系之间达成一种妥协,这是政党制度高效运作和提高自己的制度化与民主化水平的一条基本的路径。

第四,对政党尤其是东亚的政党在民主化中的作用进行了探讨。政党组织结构和意识形态的特征及其变化对政党作用的发挥及民主化有着重要影响,由于欧美和东亚处于不同的发展阶段,政党变迁的路径也有所不同,所以在欧美政党的群众性基础瓦解之时,东亚的群众型代表性政党则成为民主巩固的重要工具,并且东亚的政党似乎只有建立起具有一定群众性和代表性的全方位型政党才能在民主巩固过程中发挥重要作用。同时,有一个相对自由的宪政环境对于形成既有竞争性又有包容性的政党体制是不可或缺的,这是政治民主化稳定发展的重要前提。

本书的第二部分对东亚的政治发展进行了探讨,尤其是"从东亚看中国"的视角对中国的政治发展进行了探讨。

第一,以现代性为线索阐述了新加坡的国家构建和政治发展历程。我们知道,对于大多数国家来说,现代国家构建的过程是先在国族范围内建立理性的、有效而合法的国家权力的过程,同时也是不断进行国族构建的过程,也即民族国家的构建;继而在民族国家范围内推进民主政治建设,即建设有效而合法的能够适应更高发展阶段的现代国家制度,也即民主国家的构建;

在后一阶段，国家机器和权力的构建常常是与民主政治的构建交织在一起的，尤其是后发展国家在国家权力理性化的同时会受到已经民主化的早发展国家的影响，就更是如此。对于新加坡来说，它既遵循着这一基本的国家构建过程，又根据自己的实际情况作出了一些回应，从而在理性化与民主化的国家构建的过程中达到了相对的均衡。此外，文化与认同对于国家构建也起着重要的作用。

第二，从政治发展的路径来看，东亚各国或地区具有后发展地区的明显特征，正如每个国家或地区都有自己的独特性一样。从东亚与拉美在政治转型方面的比较来看，东亚的政治转型相对较晚并较为温和，这或许与儒家文化的影响有关，尽管东亚各国或地区自身之间也不相同。东亚的政治发展模式与西方模式确实有所不同，但这主要是政治发展的时序和实现民主的形式有所不同，而在一些基本的内涵例如人权、平等与正义以及民主内涵上则有很大的相似性，那种把东亚式民主完全看成是不同于世界其他民主模式的一种模式的观点并不准确。

第三，在一党长期执政的威权主义体制中民主的发展值得关注。在一党长期执政并没有发生国家层面上政治体制转型的国家中，竞争性民主到底能发展到什么程度，这是一个近些年来遇到的新的政治发展问题。目前这一现象主要出现在东亚的一些国家中，即新加坡和马来西亚，还可能发生在中国等一些国家中。这种政党制度及威权主义体制具有一定的现代性，并在相当长的一个时期内可以促进经济与社会的发展。这种情况的出现与政治制度是否具有较强的现代性指向和较高的制度化水平，是否与本国的发展水平相适应等因素有很大的关系。换言之，一党的威权主义体制如果具有较强的现代性和较高制度化水平，并且操作得当，那么它可能在体制内容纳很大的多元竞争。

本书的第三部分在比较的视野下探讨了中国政治发展的某些问题。从国际视野来看中国的某些问题，或许这是我们认识中国政治发展的一个不可或缺的视角。

第一，比较新加坡与中国的政治发展模式，从而增加对中国政治发展的研究视角。笔者指出，新加坡是民族形态的政权更替模式并是以群众运动的方式取得政权的，而中国是社会形态的政权更替模式并是以武装斗争方式取得政权的；新加坡没有从根本上改变旧政权的治理方式并实行了一种软权威主义体制，而中国彻底抛弃了旧的政权并实行了社会主义中央集权的治理体制；新加坡没有间断与世界市场的联系，而中国则是在相当一段时间内断绝了与世界市场的联系后转而走上市场化道路的；在意识形态上，两国都经历了从政治民族主义向经济民族主义的转变，并出现了自由民主的趋势，但变化程度有很大差异。这些异同对两国的发展产生了重要而深远的影响。

第二，新加坡与中国都是后发展国家，两者在文化传统、体制形式、发展模式等方面具有很大的相似性，而且都是当代较为成功的发展案例，因此，与新加坡进行直接比较，有利于阐明中国政治发展模式的向度以及治理方式变革的速度和深度的效果，当然也有利于阐明发展中的问题。从政治发展进程来看，两国都是先进行政治理性化建设，然后是理性化与民主化并进。在1960年代末和1970年代末，新加坡执政的人民行动党和中国共产党先后开始了国家战略中心从以政治斗争为中心向以现代化建设为中心的转变，此后，两国政治的现代性和理性化建设相继得到了不同程度的推进。自1980年代初以后，新加坡的政治发展在坚持其理性化和政治稳定的基础上从强国家向体制内的多元民主发展，中国几乎与新加坡在同一时期开始了民主化进程，不过中国更加注重政治稳定，并在这一过程中始终以政治理性化建设为主，当然中国的政治理性化建设正在为民主化即中国特色的协商式民主的发展创造条件。

新加坡与中国的渐进式转型和改革的共同之处是它们都保证了国家的稳定性和现代性，所以在相当程度上保证了国家的有效治理。在社会基本共识和国家领导层的主导下，两国对经济、社会、文化和政治体制进行了持续的调整和改革，使其与经济和社会的发展和转型相适应，保证了经济和社会持续较快的发展，两国或许已经形成了一种特有的体制内的渐进式的政治转型模式。两国的市场化均快于民主化，这与一些国家的民主化快于市场化有所不同。两国的差异之处表现在，虽然同为渐进式改革，但中国更为渐进一些，具体来说就是中国的市场化和民主化进程在同一历史时期要慢于新加坡，这一方面是由于中国在建国后近30年实行了计划经济体制，另一方面中国对传统的路径依赖较为强烈。当然，对于中国来说，正是由于传统的因素较强，因此其市场化和民主化慢一些与它的现实是有适应性的，在相当程度上也有利于治理的有效性。当然，这也为进一步的发展留下了隐患，这表现在传统的经济体制、利益集团和意识形态对进一步改革尤其是政治改革有潜在的阻碍。

第三，从世界政治转型方式的变化来看中国的政治发展路径。我们看到，世界政治转型或民主转型的方式已经发生了重要的变化，由激进性和暴力性向渐进性和温和性转变，同时，也不再完全为群众推翻统治者的革命所主导，而越来越呈现出由统治者与下层群众共同推动的改革所主导。这一变化使人们不再把民主化和政治转型视为一场革命、一场剧烈的冲突或改朝换代，而是一种改革，一种渐进而温和的权力交接。这种变化无论从实践上还是心理上都会对中国的政治发展产生重要的影响。

当我们在谈论"东亚模式"或"中国模式"的时候，尽管存在着不同的解读，有人把其看成是完全不同于其他国家政治发展的一种政治形态和发展模式，也有人认为它们是在世界整体发展趋势之中的一种具有自身发展特点的政治形态和发展模式，但从政治发展或政治转型的视角来看，这两种观点无疑都潜在地包含着这样一层意思：东亚一些国家和中国的政治发展或民主化进程是一种渐进方式，它不会发生多元民主政体取代威权政体的急剧转变，它是一种渐进、温和而稳定的转型或发展。进而，这不仅意味着这种转型是渐进的，也可能意味着它的转型本身不再是威权政治向多元民主政治的转型，而是一种国家治理的创新或国家"一元"的民主治理。

本书的主题一直是我关注的主要领域之一，近几年来，除了进行比较政治学理论与方法的写作外，仍一直保持着对政党尤其是东亚的政党和政治发展的关注，以至于关于东亚或新加坡的某些案例经常成为我阐述比较政治学理论与方法的案例。这也是我近几年来学术研究的特征。当然，由于本书所涉及的领域广泛，尤其是水平所限，因而毋庸置疑，本书中对所有问题的研究都还有很大的不足，有待于学界和所有读者的批评指正。

最后，我要感谢所有在本书写作过程中给予支持和帮助的朋友，感谢本书的责任编辑侯天保为本书的出版所付出的辛勤劳动，感谢我的研究生陈慧雯、周玲敏、吕进、张飞龙、高俊龙、凌海、孙其宝、李晓辉、陈煜享，他们帮助我做了部分书稿的整理、校对、注释及参考书的整理工作。本书的出版获得上海师范大学重点学科经费的支持。

李路曲

2015 年 10 月 28 日

第一章　政党与政党制度的发展

第一节　政党的类型学

本节对欧美当前流行的一些主要的政党分类方法进行了分析。首先，是对以政党组织形态演进路径为着眼点而形成的一种分类方法的优长与缺陷进行了分析，指出其优长是它反映了欧美一些主流政党变化的规律，缺陷是它以一种单向的类型演变模式掩盖了政党变迁的多样化，实际上，现代政党在面对党内外和国内外的竞争压力时是以不同方式作出回应的，这决定了政党的类型和演进路径会有很大的不同。其次，对以党的目标和功能为基准而划分政党类型的分类方法进行了分析，指出这种分类方法的优长在于它可以在一定程度上抽象出现代政党的普遍的目标导向或类型特征，其缺陷在于它没有与政党演进路径相联系并对其作出解释，也没有建立起令人完全信服的有效的可操作的分类手段。

一、组织形态的演进与政党分类

精英型党、群众型党、全方位型党和卡特尔型党是从组织形态上来确定政党演进路径和划分政党类型的主要方法，这一演进路径基本反映了欧美主流政党组织形态发展的过程，其分类方法还创造了一种不可或缺的类型学理论，因此，在研究和肯定这种演进路径和分类方法的基础上进一步着眼于分析它还存在的缺陷，并对另一些新的分类方法进行分析，以求进一步丰富政党变迁的理论和类型学研究，是加深对政党变迁和特征的认识所不可或缺的。

精英型政党与群众型政党的划分来自于迪维尔热1954年出版的《政党》一书。迪维尔热指出，干部型政党主要产生和活动于立法机构之中，结构松散，以精英为中心，在立法机构之外没有党的组织存在。而群众型政党有发达的组织，它渴望把自己的支持者或选民都发展成党员。因此，通过分析党员占选民的比例和比较议会内外党组织的活动程度与范围可以区分这两种政党类型。18世纪和19世纪的大部分时间欧美只有精英型政党，19世纪后期至20世纪70年代则主要是群众型政党，此后开始向全方位政党转型。

迪维尔热的分类主要是从政党的起源、组织形式、党的阶级基础和组织需求来观察的。精英型党虽然结构松散和以少数精英为核心，但这在特定的历史时期中能够使它募集到所需要的资金、动员所需的资源和确保中上层阶级的利益表达。与此相反，处于体制外的工人阶级不得不通过强化组织来募集资金和动员大量的人力资源，从而形成群众型党。迪维尔热把群众型党作为一种比精英型党更为现代和优越的组织形式，这是群众型党超过精英型党而居支配地位的原因。这种变化趋势反映了一定历史时期的状况，现在关于政党已经衰落的观点在一定程度上也是来自于这一理论，因为它把政党组织规模看成是政党是否发展的一个主要标准。实际上，这种分类理论比较容易划分传统政党的类型，但对现代政党的划分则不那么有效，不过，它仍然是划分现代政党方法的逻辑起点。因为尽管政党的组织规模和形式不一定是政党功能特征的主要承载者，但它们仍然可以反映政党的不同特点。

现在使用的精英型党（更多的已经称其为干部型党）和群众型党的划分已经与迪维尔热的划分有很大不同。现在把干部型党描述成组织松散和党员数量较少的党，已经与现实有很大差距，今天的干部型党已经很少有像迪维尔热所见到的法国第三、第四共和国时期那样的组织松散和难以表达群众利益的政党，而那些政党正是迪维尔热提出的干部型政党的原型。例如，过去的右翼和中间政党已经被组织良好的戴高乐党、保卫共和联盟（Rally for the Republic）和法国民主联盟（Union of Democrats for France）所取代了。法国民主联盟是几个小的政党俱乐部的联盟，旗下各个政党都是干部型党，例如共和党就是如此。但是保卫共和联盟则很难界定，该党虽然有大量的党员，但是没有广泛的参与。党员众多是群众型党的特点，而普通追随者没有参与则是干部型党的特点，这样，它既不是一个干部党，也不是一个群众党。社会党尽管有数量较多的党员，但也不是一个典型的群众型政党，在1971年与密特朗领导的共和联盟及其他左翼组织合并后，它利用派系结构联合了不同的政治俱乐部，并向左转，但是它并不具备群众型党那样有众多的基层组织和广大党员具有广泛参与权的特点。所以，从组织形态来看，干部型党和群众型党都与自己过去的经典模式不完全一样了。

并不只是法国的政党以迪维尔热的分类难以界定了，近年来的研究已经显示出绝大多数欧美的政党，由于法律或其他原因，无论大小都有一定的正式组织和稳定的成员，大小政党的界限模糊。因此，按照迪维尔热的分类方法已经很难对现代政党进行划分了。库勒在研究了荷兰的政党后说，荷兰的政党应该被看作是"现代干部型政党"，因为它们所登记的支持自己的选民中成为其党员的人数是很少的，这说明它没有众多的党员，但那些积极成员一直把党作为自己活动的基本场所，这又说明党有稳定的支持者和基层组织，因而兼有迪维尔热分类中群众型党和干部型党的特点。由此，库勒列举了现代干部型党的五个特点：

第一，职业领导集团，特别是党的议会党团，在党内处于统治地位，但是它们对于党的下层有高度的责任感。第二，党员占支持党的选民数的比例很低，党员较少；党员或下级组织仍然是征募党的领袖的中介，仍然是保持党的工作程序的必要结构。第三，党有明确的选民取向，为最大限度地争取选民，党纲的兼容性很广泛，但其战略既不是全方位的，也不是仅仅聚焦于一个阶级，而是依据形势变化呈中间状态。第四，保留了群众型政党的垂直的组织关系和结构，不仅保持了特有的形象，而且在一定程度上也捍卫了党内民主。第五，资金既依赖于公共补贴，也依赖于党员和支持者的党费及捐助。①

这些特征可以把荷兰的现代政党与早期经典的干部党和群众党区分开来，但是并没有把荷兰与其他国家的现代政党区分开来。例如，现代加拿大的政党与荷兰的政党有很大的不同，其全国性政党和地区性政党都有稳定而联系紧密的领袖集团，他们支配着议会和政府；然而，在议会之外党的组织和活动是很少的，除了在选举时期举行党的会议外，很难显示出其组织的存在，主要的政党都没有固定的党员，任何人都能加入到挑选党的候选人和代表的队伍之中；党的领袖是由党的特别会议而不是由党的领导集团推选的。没有大量的党员和稳定的基层组织并不妨碍完成党的任务，党可以依赖招募义务工作人员进行选举。党的议会党团无论是处于执政地位还是在野，都很活跃。因此，加拿大政党典型的情况是，党的领袖和核心成员是平时唯一可见的党员，相互联系紧密而不松散；党的组织架构并非不存在，但纪律松散或没有纪律。

加拿大的政党也可以被看作是现代干部型党，但是它们显然与荷兰的政党有区别。例如，尽管加拿大政党的多数党员和支持者比荷兰政党的党员和支持者与本党上层的组织联系少，然而他们在党内却有更多的权利，更多地介入了党的公职候选人提名和选拔领袖的过程。同时，他们承担的责任是含糊的，不像其享有的带有民粹主义色彩的选举权利那样清楚。党的领袖在选举时宣布党的政策，但是事实证明他们在当选后并不受这些政

---

① Ruud Koole, "The Vulnerability of the Modern Cadre Party in the Netherlands", in R.S. Katz and Mair (eds.), *How Parties Organize: Change and Adaption in Party and Organization in Western Democracies*, London: Sage, 1994, p.299.

策的约束。在位时,党的领袖通常不会受到批评,尽管党员在两次选举之间的间歇期也可以批评党的领导,但只要被批评的对象上台执政,这种批评就要终止,显示了执政的重要性和党的公职部分的主导地位。当党失去执政地位后,党的领袖可能会遇到挑战,这时,如果不主动辞职,他们就很可能被党的议会党团或党内派系所推翻,而不必由决定其上台的党员群众决定其去留。

以现有的标准对美国的政党进行分类也会遇到困难。美国政党的各地方组织之间有很大的差异,这与各州的差异有关,而党的全国领导机构只是一个无实权的空架。不过现在党的全国委员会已经更多地参与组织本党的国会选举。当然它不是唯一的参与者,候选人尤其是那些担任公职或担任本职的候选人,在很大程度上是依靠自己的竞选组织与党的全国委员会竞争以募集资金。党的全国委员会并没有党的领袖的提名权,候选人是由地方党组织提名的,并且各候选人都有自己的标识和竞选组织,这些组织也不受党的全国委员会的领导。由于美国的政党是一种以候选人为中心的派系竞争的框架组织,因此它只能被认定是干部型党,但是,它不仅与迪维尔热的经典的干部党不同,而且与加拿大和荷兰的现代干部型党也有差异。

维尔试图通过提炼迪维尔热的分类方法来解决这些问题,他对精英型党和群众型党进行了重新界定。[①] 他指出,一些以精英为中心的党,像英国的保守党和法国的戴高乐党,都有较多的党员,但是它们的主要特征是处于核心地位的少数人支配着党。与此相反,以党员数量为基础的党是那些党员不仅是受党的领导支配的劳动力,而且也有一定的发言权和实际权利的党。这样,不是党员的规模导致了政党之间的差异,而在相当程度上是其参与度导致了它们之间的差异。无论是大党还是小党,都可以拥有众多的党员,例如绿党和其他左翼政党就是如此。我们可以把维尔的这种分类方法看作是对迪维尔热方法的修订或补充,即成员介入的程度、或者是积极成员的数量成为分类

---

① Alan Ware,*Citizens*,*Parties and the State*,Cambridge:Polity Press,1987.

的一个重要标准。

这种由两种标准相结合的分类方法比传统上只用一种尺度在精英型政党和群众型政党之间进行划分的标准有了很大的改进。用两种尺度相结合对政党进行排列使我们能区分古典的精英型党、现代干部型党、以领袖为中心的现代干部型党以及群众型党之间的差别，但是这并没有解决所有问题，例如，它并没有对"为什么不同的政党呈现出古典的、现代的或以领袖为中心的形式"作出任何理论上的解释。整个欧洲政党党员的数量在20世纪90年代普遍下降，无论是在绝对数量上还是在与选民的比率上都是如此[①]，然而，在大多数欧洲国家中都有个别政党仍然拥有大量的党员，这使我们不得不重新考虑党员数量在分类中的位置和政党的演进路径。

显然，维尔的分类最初是以政党的组织形式、行为习惯和与选民的关系这些特征为基础的，现在仍然被保留下来作为政党划分标准的是党员的数量和党的组织形式，尽管两者都很重要，但仍不够全面。政党的结构、组织形式及其复杂程度，政党在不同层面上的组织化强度，多元权力中心存在与否，党内派系和联盟的结构，政党吸收资源的方式，选举方式或者把自己展现给公众的方式等，在政党分类中都是需要考虑的指标。

1966年基希海默尔指出西方的政党正在发生重要的转型，群众型政党正在转变为一种意识形态温和的全方位型政党。其表现是，屈从于政治市场的竞争规则，政党正在放弃过去的旨在使党员群众知识化和道德化的努力，而是削弱或放弃意识形态，争取多元化的利益组织的支持，强调领袖的质量，寻求超阶级性等。虽然基希海默尔当时指出不是所有的政党都已经实现了这种转型，但他声称全方位政党的成功必然要迫使其他政党效仿它，以增强自己的竞争力，因而这会导致整个欧美政党体制的转型。

---

① Peter Mair, Van Biezea, "Party Membership in Twenty European Democracies, 1980-2000", in *Party Politics*, Vol.7, 2001, pp.5-12.

全方位政党这一概念是把现代政党从过去的群众型政党中区分出来的一个有效的工具，但把它作为区分现代政党之间差异的工具，则不那么有效，正如基希海默尔所言，它主要是一种反映政党表达功能的工具。所以，全方位党不是一种完整的分类方法，在某些方面，我们有一种它不是什么的印象，例如，它不是群众型的政党，而缺乏它是什么的印象。全方位政党可以被看作是全力追寻选票的政党，一种以领袖为中心的政党，一种与利益集团捆绑在一起的政党，或者是三种特点兼备的政党。它似乎还没有形成自己独特的战略和价值取向，是否是党员群众已经被边缘化并只趋向于保留党的精英成员的一种组织形式，是否是一种职业选举型的政党，都还难以确定。基希海默尔指出不是所有的政党都完成了这种转型，一些政党还会在组织形式上保持群众型党的特点，还会保护特殊集团和阶级的利益。实际上，全方位政党现在仍是一种过渡性的政党形式。

帕尼比昂科试图从组织结构上对全方位政党进行明确的定义，以解决基希海默尔阐述全方位政党时的模糊性。他把从群众型政党向全方位政党的变迁看成是一种从"群众官僚型政党"向"职业选举型政党"的转换，实际上，这是一种从组织形态上确认政党身份向从功能上确认政党身份的转换，所以，一开始它就很令人置疑。群众官僚型政党，相当于迪维尔热的群众型政党，其特点是以议员或候选人为中心，党有相当数量的党员，领导集团内部权力平等，依赖利益集团的财政支持，强调意识形态。与此相比，职业选举型政党的特点是专家成为党的中心，以选举为导向，成员间垂直联系弱，党的主要功能是选举，经济来源是组织的基金利息和政府补贴，它重视问题和利益，而不是意识形态。从这些内容上来看，组织形态的变迁是从群众性向精英性的转变，功能的变迁则是从组织选举和意识形态动员向完全选举转变。在这一背景下出现了另一种政党形式。

卡茨和梅尔提出的卡特尔型政党是关于政党类型在新时期的一项重要研究成果，它揭示了政党类型的最新发展。卡特尔型政党是通过分析政党与国家的关系来定义的。卡茨和梅尔发现在西欧的某些多党制国家中，全方位党实行的那种靠党的领袖和制定政策来竞争选票已经越来越不合时宜了，政党对于那些已经背离了政治传统和缺乏精神支柱的选民的要求无以为适。由于党员已经远离党的中心，不能依赖党员的忠诚和支持，所以党的领袖只得依靠自己争取国家津贴，从而变得越来越依赖于国家。与更具企业化导向的全方位政党相比，卡特尔政党对更为广泛和更具扩散性的选民进行争取和号召，从事更为资本密集型的选举，强调自己的管理技巧和效率；党的组织结构松散，远离自己的党员，使党员与非党员几乎没有什么差别。更为重要的是，与其说卡特尔政党间的竞争是为了赢得选举，为此尽一切可能来讨价还价，还不如说它们是宽容与和谐的，即通过与其他政党分享权力以确保自己掌握一部分国家权力。卡特尔党已经不再是市民社会与国家的中介人，而成为国家的代理人。

卡特尔党的提出对一些新的现象作出了解释，但仍显论据不足。它的中心论点是国家的支持全面改变了政党的特点和战略目标，但是，除了抓住各国多数政党都可能在某一时间支配或加入执政联盟这一点外，很少有证据证明政党由于得到了国家的支持而发生了根本性的变化，我们只是看到某些政党比过去更渴望执政，而不是赢得选举。卡茨和梅尔还阐明了界定这类政党的几个指标，尽管像选民占公民的比例和相关政治资源的扩散程度等指标是不断变化的，因而难以确定，但其他方面却是可以确定的，像党的工作性质、资助来源、党的领袖与普通党员之间的关系和各自的作用等，因而这也在相当程度上区分了政党的类型和组织形态。

卡特尔政党的设定标志着欧美形成了一种从精英党、群众党向全方位党和卡特尔党的重要的演进路径和分类方法，这对于把现代政党与它们的前身区别开来是一种有效的分类理论和方法，但并不能完全确定是否所有的或大多数政党都已经变成了全方位政党，更不能说变成了卡特尔政党，例如，有人指出，同全方位党一样，卡特尔党本身也只是适于阐述某些大党的特征，并不具有普遍性。卡茨和梅尔还指出卡特尔党的重要功能之一是有利于号召选民和引导选民,然而这就为新型政党、极右翼的民粹主义政党留下了生存空间,这类政党在煽动民众情绪和凝聚民众方面是很有办法的,但它们在大多数时间里并不能进入政府,这又不像卡特尔党。

精英型政党、群众型政党主要是以组织形态来划分政党的,而全方位政党和卡特尔政党是一种综合的划分方法,它首先是以党的战略导向为标准、其次是以党的组织形态为标准来划分政党的。

二、关于功能性分类方法的分析

除了按组织形态进行分类的方法和演进路径外,按照政党的功能进行分类的理论和方法也由来已久,上面提到的职业选举型政党就是一例。威廉·赖特在1971年提出理性—效能型政党,布隆代尔在1978年提出"动员型政党",帕诺比昂科在1982年提出了新的群众—官僚型政党与选民—专家型政党两种范式等,都是从功能角度划分政党的类型。近些年来值得重视的是一种三分法,这种方法最初是由斯洛姆提出的,它把当代欧美政党分为追寻政策的政党、追寻选票的政党和追寻公职的政党三种类型[1],沃尔尼茨对这种三分法进行了较大的改进[2]。在沃尔尼茨看来,把政党为分"寻求选票"、"寻求公职"和"寻求政策"这三种类型既反映了政党的行为和偏好,也与政党的结构和组织相关联。这种分析框架有多大的工具效用取决于它是否能有效地界定政党的共同边界和不同边界。

追寻政策的政党是问题导向的,它优先考虑的是制定什么样的政策。这类政党的表现形式也很多样化,它不仅包括具有明确的党纲和意识形态的政

---

[1] Kaare Strøm, "A Behavioral Theory of Competitive Political Parties", in *American Journal of Political Science*, Vol. 34, 1990, p.565.

[2] Steven B. Wolinetz, "Beyond the Catch-All Party: Approaches to the Study of Parties and Party Organization in Contemporary Democracies", in Richard Gunther, José Ramon, and Juan J. Linz (eds.), *Political Party*, London: Oxford University Press, 2002, p.136.

党，也包括仅仅宣布政策、表明态度或提出抗议的政党，还包括仅仅通过提出有限的政策而会聚大量群众要求的政党。不同组织结构的党都有可能成为追寻政策的政党，从过去的群众型党和它们的某些现代后裔到表达绿色和环境问题的政党，都可能如此。一些新右翼政党也可能包括在内，因为它们有明确的政策和目标。实际上，像左翼政党一样，一些右翼政党已经在寻求重新界定自己，以适应社会的变化，不再像过去那么激进。寻求政策的政党的主要特点是在捍卫自己的政策或表达方面比其他政党会付出更大的努力，对提出政策比争取选票和争取公职给予更为优先的考虑。这种政党包括北欧的大多数社会民主党、西欧的许多自由党和部分的基督教民主党，像绿党、左翼自由党和某些新右翼政党。

追寻选票的政党主要关注的是如何赢得选票，而对政策和政府职位的关注都居于从属地位。它们按照特定的规则进行操作以最大程度地争取选民的支持。如果追寻选票的政党是在多元政治体制中运作，或者是面对不同的选举体制，它们可能会采取一种多重联合结构，以扩大自己的联盟，从而把不同地区的社会组织包括进来以制造获得多数的机会。在多党体制中，这样的党就是全方位政党或职业选举型党，它们总是试图得到最大化的选民支持。

这种政党会尽最大可能在所有层级上竞选，这包括在基层、地区、省和全国层级上。在能够保证其有效地动员选民、挑选候选人和开展选举工作的前提下，它已经在减小党的组织规模。在过去，政党可能需要大量的人力组成选举组织，而今天，这样的政党可能依靠由私人和政党基金支持的职业选举组织和市场代理机构进行资本密集型的选战。如果该党拥有大量党员的话，那么党的领导层就会与党员群众保持一定的距离，这样，尽管群众党员对挑选党的候选人有发言权，但他们几乎不能影响党的策略。一般来说，这类政党的组织结构很简单，主要由政党专家、候选人和党的积极分子组成，他们在需要时可以迅速征募到志愿者。其组织和活动的变化非常大，当提名候选人和进行选举时，志愿者和支持者会迅速增加，而在过后他们就会迅速消失。

加拿大和美国的主要政党或现代干部型党都属此列；还包括一些以领袖为中心的政党，像法国的戴高乐党和希拉克领导的保卫共和联盟，后者在几次总统选举中都不断改变立场。

追寻公职的政党的主要目标是寻求政府职位，即便是以改变政策和失去最大化选票为代价也不会改变这个目标。追寻公职的政党或者是寻求单独掌权，或者是更为现实地与其他政党分享权力，其目的或者是为了生存，卡特尔政党就是如此，或者是为了在体制内各主要政党之间进行平衡，以谋取自己的利益。追寻公职的政党一般都避免作出那种会使自己失去进入执政联盟机会的政策承诺，避免过于激烈地抨击潜在的同盟者，以确保自己加入执政联盟的机会。

追寻公职的政党可以不同的形式存在，它可以是一个大党，也可以是一个小党。如果是一个大党，那它一般要以领导集团为中心建立一种能够争取赞助的机制，以维持自己的运作。另外一种形式是它可能是多党体制中的一个小党，这时它一般是通过进入政党联盟以获得尽可能多的政府职位或更大的利益。像其他政党一样，追寻公职的政党也会在不同的政治层面上组织选举，但是这样的政党不可能得到主要关心政策的选民的支持，它的主要参与者是官员或希望成为官员的人。这种政党越大，就越可能分裂为不同的派系以竞争可以支配的资源，因为公职是有限的。追寻公职的政党包括那些在执政联盟中周期性地参加执政联盟的政党，或者在一党独大的体制中最大的政党。前者的例子有荷兰的基督教历史同盟和比利时的两大政党等，后者的例子像意大利的前基督教民主党和社会党、日本的自民党等。

这三种类型是极端或理想的形式，政党不可能纯粹地以其中某一类型出现。尽管某个追寻政策的党在选举中可能只提出了它的政策，但大多数追寻政策的党对于赢得足够的选票以在立法议会中取得席位并非不感兴趣；同样，追寻选票的党也经常提出自己的政策以谋取公职，而追寻公职的政党必须获得足够的选票才能获得国家的公职。并且，政党内部也可能是分裂的，不同的派系可能会追寻不同的目标。实际上，大多数政党都会在这三种取向中至少演奏两种取向。不过，只要一个政党是成熟的，并且它的实践和操作模式是制度化的，那么在这三种取向中哪一个是优先考虑的、哪一个或两个是其次考虑的应该是明显的。例如，在追寻政策的政党中，对党纲的关注应该是明显的，党是以这种方式来决定自己的地位，决定自己参加选举和在政府中的行为方式的。过去英国的保守党和工党都是这样的政党，但工党自1990年代后期发生了变化，变成追寻公职的政党。

由于追寻选票的党也可能在一次一次的选举中强调其政策，所以评估这样一种导向是困难的，但并不是不可能的。是实行最小程度的政策，或者是仅仅局限于党的领导层或政府中的党团实行一定的政策还是政策优先，是可以区分的。在前者的情况中，公开的政策讨论只是形式上的，可能只局限于狂热的竞选演说，而在后一种情况中，是通过政策操作而获得最大化的支持。对于追寻选票的党来说，一般它都非常期望获得最大化的支持，甚至不惜以牺牲党的团结或传统做法为代价。在极端的情况中，它们会从根本上改变政策立场并在争取选票中显示出这种变化。当然，不能只在选举情境中来评估追寻选票的党，它的基本纲领和运作方式也是评估它的重要方面。

判定追寻公职的党是这三种政党形式中最为困难的。所有进行选举竞争的政党都可以被看成是追寻公职的，但是我们知道在每次选举中追寻公职的目标可能是不同的，某些政党是要赢得席位或职位，而另一些政党可能是通过提出一个观点、一项政策发展自己以为将来执政或担任公职奠定基础。追寻公职的政党应该是把获得公职放在优先地位，而不是把选票最大化或提出政策放在优先地位。这方面的标识包括这种政党一般会以设法保持公众的基本满意度为中心而采取较低风险的战略，因而在体现领袖及追随者的意图方面非常谨慎。例如在台湾进行2008年"立法委员"和"总统"的选战中，民进党和国民党都把追寻公职作为第一目标，因而为了取得选举的胜利而提出了一些假议题，包括"讨党产"、"入联返联"、"反贪腐"等公投法案，以公投绑大选的形式影响选举，民进党还提出了如果它执政就会实现两岸"三通"政策，这在当时是有违党的宗旨的，因而不可能实现，因此两党都把自己的真实意图都置于这些公投和政策之下而掩盖起来。周期性的或连续地进入政府是追寻公职政党的主要的但并不是唯一的标识，因为追寻选票的党和追寻政策的党也可能会经常参与到政府之中。

由于政党的导向和行为是一种相对稳定并根植于党的结构之中的行为，因此，对政党导向的判定可以同样的尺度衡量政党反复出现的行为或态度为基础。尽管有时政党的导向和行为是处于争吵和不断变化的状态中的，这无疑增加了判断的难度，但总的来说它是一种相对稳定和反复出现的行为模式。除非党组织是低制度化的，像罗斯·佩罗（Ross Perot）的改革党和贝卢斯科尼的意大利阵线等，或它们仅仅是领袖个人的工具或派系斗争的工具，像韩国的政党和某些发生政治转型不久的国家的政党，否则政党的导向不会发生突然和经常的变化。这就为我们从党的结构深处探究党的导向提供了可能，例如英国的保守党和工党都是较为典型有着较为稳定的行为模式的政党。

实践表明，一个政党，无论是政策导向、选票导向还是公职导向，或者是其中两种或三种导向相结合的，其导向一般都是相对稳定的，个人或集团不通过持续和坚韧的努力不可能使其发生重大变化，以重塑党的导向。在大多数情况中，党的主流派别或领导层会阻止党的行为模式、习惯和政治文化发生迅速的变化，使其不至于干扰党的基本导向。但是，这并不意味着绝对不会发生根本性变化，因为如果一个领袖或一个派别坚持这种变化，或者党内党外出现重大危机的话，这种变化也会发生。以英国工党为例，在布莱尔上台之前，工党的政策或意识形态导向一直是稳定的，但在其经历了一系列失败之后，工党内和领导层中要求改革的呼声很高，这就为布莱尔的上台和改变政策奠定了基础，并使工党的政策导向发生了变化。日本社会党1980年代的转变过程也是如此。在荷兰，由于多年处于反对派地位，促使工党变得更为开放。在西班牙，20世纪70年代末以后民主化和选举的发展也促使社会党得以重塑自身形象，进行了重大的政策调整。

三、政党的多样性和两种主要分类方法的优长与缺陷

学界一些主要的分类方法都是单向的变迁模式，按照基希海默尔或帕尼比昂科的理论，欧美主要的政党已经成为全方位政党或职业选举型政党，按照卡茨和梅尔的理论，主要政党现在正在向卡特尔型政党转变。这种分类学反映了某些重要政党的实际情况，它指出现代政党已经不能维持过去的群众型政党或以精英为中心的政党那样的运作模式了，其所描述的唯一不同只是所有的政党在转型速度上有所不同，而不存在转型路径的不同，这与现实有一定的差距，因为很多政党表现出其演进路径和类型是多样化的，这也是很多政党的实际情况，因而一些政党研究者们不得不提出新的分类方法或重新解读已有的分类方法，使其更能解释现实政党的类型。

政策导向、选票导向和公职导向的分类方法可以从另一个角度来解读和提炼欧美政党的类型，尽管它更适合于用来划分现代的政党类型而不是19世纪和20世纪末以前的政党。这三种功能和导向是现代民主国家的政党普遍存在的，因而这种分类具有普遍适用性，例如，追寻选票的政党与全方位政党或职业选举型党相似，而卡特尔党是追寻公职的政党的变异，还可以假设重视纲领的政党是追寻政策的党的一种变异，或者至少某些政党是作为纲领性政党出现的，它们可能从未向全方位政党或卡特尔政党转型，或者说它们必须通过强调纲领来对社会环境的变迁作出回应。但是，这种分类显然只提供了一个视角，而对政党的多重性，例如组织形式、意识形态与这种分类方法的关系没有进行系统的论证。

社会环境的压力和政党的回应是政党类型及分类方法发生变化的主要原因。政党过去习惯于有"自己的选民"，现在则发现这种选民的数量和忠诚度都下降了，并且发现自己在提供可供选择的激励以吸引和征募党员和支持者方面已经越来越困难。与此相反，利益组织和为单一问题而开展的社会运动

对选民有更大的吸引力。在这种情况下，各政党是以不同方式回应这些变化的。经典的假设是从群众型政党向全方位政党和卡特尔政党转型，其内涵是：政党的变化是向着如何表达选民的利益而不是争夺选民的归属方向发展；强调问题和特性而不是意识形态。从另一角度来说这实际上是向以强化党的表达功能和政策的追寻选票和追求公职型政党的转变。

基希海默尔把全方位政党看作是一台选举机器，它可以非常有效的手段赢得选举，从而迫使其竞争对手不得不采取同样的手段进行转型，以适应选举竞争。但从另一面来看，全方位政党是一个非常脆弱的实体，它没有大量的党员或所属选民，因而也就没有安全的支持基础，在一次选举中支持它的人可以在下一次选举中抛弃它。尤其是它为了成为政治经纪人和上台执政，已经在很大程度上放弃了党的情感表达功能，始终持一种中性的立场，这样做就为其他政党和市民组织留下了活动的空间，这些运动由于有着明确的价值取向而能够更好地激发群众的不满情绪或情感，以更有力地团结支持者，而这正是职业选举型政党不能提供的。正是为了应对这一情况，卡次和梅尔认为政党发生了进一步的转型，即向卡特尔政党的转型，这是通过党对国家的更紧密的控制来使自己摆脱由于选民情感的变化而减少的对自己的支持。但卡特尔政党同样是脆弱的，因为它与国家紧密相联，在这种情况下，它不仅对国家政策的成功负有责任，而且对国家政策的缺陷和失败也负有责任，在资源短缺期间这种缺陷和失败会经常发生。卡特尔党会更为彻底地暴露在自由反对派的面前，这些反对派通常是新型政党、新右翼政党和与政府的政策较少有同谋关系的持中间立场的党，从而面临强烈的抨击和挑战。这也会威胁到卡特尔党的执政地位，会在其党内或政党联盟内形成压力，以迫使其修改自己的战略和政策。

是哪些因素影响着政党对政治环境变化的回应方式或变化路径的？经验表明，采取何种回应方式与政党起源时的特性有一定关系，同时更重要的是由党当时所受的压力和矛盾关系所决定的。当然，一些政党会比另一些政党更多地受压力和矛盾的制约，而另一些政党可能会比其他政党作出更有力的回应，而不是立即改变自己的特点。在不能充分地表达意愿的体制中进行运作，例如20世纪90年代加拿大政党所处的环境就是如此，那么政党主要的意愿就是强化表达功能而不会面临要求突出政策的压力而成为追寻政策的党。对那些没有大量党员的政党或领导层来说，由于它们不受党员压力的影响，这同样是适用的。一些政党之所以仍然试图登记尽可能多的党员，是由于它们想用党员数量来证明自己得到支持的程度，或者为将来征募党的领袖和公职人员建立一个蓄水池。然而，现在党已经很难大量征募到与党同心同德的党员了，征募党员只能通过提供某些激励机制，像为升迁提供机会，尤其是给党员提供参与制定党的纲领和政策的方式来实现。但是，党在这方面做的越多，它就越难以演化成追寻选票的党，例如全方位党和职业选举型党，或追寻公职的党，例如卡特尔党，因为追寻选票的党要求党的领导层不受党员的制约。在这种环境下，改变纲领或许可以起到纽带的作用，即作为一套强度可以伸缩的联系纽带而把党的各部分结合在一起。在许多情况下，弱化纲领或政策以赢得选票或加入执政联盟可能会导致党的某些环节破裂，党与其冒失去党员或分裂的风险，还不如选择强化纲领而不是使选票或机会最大化来赢得党的团结。

概括来说，这种功能主义分类方法的优缺点如下：第一，通过区分追寻政策、追寻选票和追寻公职之间的差别而引入了一种解释当代欧美政党分类和转型的可替代的分类框架，这就是说，与其假设所有的政党都在趋同化，不如说不同的政党对导致形成全方位党或卡特尔政党那样的压力时作出了不同的回应，因而呈现出不同的特征，形成了不同类型的政党。它给我们提供了一种观察政党类型的新的视角。

第二，这种分类只是针对当代民主国家或已经实现民主转型的国家的政党的，即如果用它来对传统的精英型政党进行解释，则显得乏力的多，因为那时选举被限制在一个很小的范围内，很少有政党完全是选票和纲领导向的，只有追求公职的政党；阶级分野也使得一部分政党长期执政，而另一部分政党长期在野，如果我们说长期在野的工人政党是一种追寻纲领和政策的党，那长期执政的资产阶级政党也很难说是一种追求公职的党，因为那时执政的国家性或公职性是很低的，而阶级性和纲领性很强，而且它们对选举的依赖性很低。

第三，这种分类方法并没有形成一种系统的类型学，因而不能对欧美政党的历史变迁和转型路径作出解释，更不能完全有效地解释欧美以外的国家政党的情况。

第四，这种分类方法的最主要的缺陷在于它的实际操作性不是那么有效，这些标准是政党内在的导向和功能，按照这一标准进行分类的结果是复杂而不是简单明了的，例如左中右或组织形态以及功能迥异的政党可能具有同一种导向，因而属于同一种类型。一个政党可能在不同的时期和不同环境的压力下呈现出不同的导向，这使人们很确定它是一种什么类型的党。

我们知道，不同的视角和不同的分类可以有不同的结果，任何分类方法的真正价值取决于它解决问题的能力，就是对政党的类型及其运作进行检测的能力，而这一点正是这种分类方法的弱项。

小　结

在现代政党的类型学中，分类框架不与演进路径或发展模式相联系，是很难进行系统分类的，它只能对某一时段或发展阶段上的政党进行较为有效的分类。我们需要对那些在精英型党、群众型党、全方位党和卡特尔党这一演进路径之外的大量的政党进行分析。可以说政党在当代是多样化的，一些政党一直保持着精英党的特征，另外一些政党至少是到目前为止一直具有群众型党的主要特征。对于这些政党，其演进路径如何，尤其是在当代分类学中处于何种位置，有待于进一步研究。

需要强调的是，政党是一个多方面的政治综合体，从不同的方面和不同的目的出发可以有不同的分类，因为一种分类可以适用于一种目的，但可能不适用于另一种目的，因此，要想用一种分类方法解决所有的问题是很困难的。我们的任务在于建立系统的而不是零碎的分类方法，尽管后者也是不可或缺的，或者从不同的方面建立几种不同的系统的分类方法，从而加深对于政党变迁和本质特征的认识。

第二节 欧美政党组织形态和权力结构的变迁

本节沿着欧美政党组织形态变迁的基本路径对其内部的权力结构和配置进行了分析，指出在精英型政党、群众型政党、全方位型政党和卡特尔型政党的这四个阶段的发展过程中，党的中央、基层组织和党的公职部分之间的权力关系也在不断发生变化，并阐明了权力转移过程和党的公职部分取得优势地位的原因，与此相关的是党的中央和基层组织从群众型政党时期在党内居统治地位到边缘化的过程。

一、精英型政党组织形态和权力结构的形成和变化

作为政党最初形态的精英型政党产生于18世纪末至19世纪初英美等国的议会中，由于是仅限于议员的派别组织，所以，从内部结构来看，这种政党只有党的公职部分而没有党的中央和基层组织。但是经过几十年的发展，它首先是在地方层面上进而也在中央层面上扩展了追随者，尽管人数还很少，相互之间的联系也很松散，但已经形成了由党的中央、基层组织和公职部分组成的内部结构。

这种变化的基本路径是：在地方层面上，由社会分化引起的利益和观点的差异引发了地方精英的分化，他们在一个地区或选区中为竞争议席而不得不组建自己的政治组织；在国家层面上，最初自然是在国会中，对立的利益和观点日益常规化，而一些议员发现相互之间经常有共同的观点，因而逐渐

组织起来以协调和促进自己的要求。当这两种原型组织开始相互接触和碰撞时,即随着地方政治势力对国家议席的竞争加剧,它们与议会中的相应的议员或组织就会进行合作和协调,以与其他的地方组织和议会中的其他派别进行竞争,从而改变议会和地方政治势力的力量对比,这就导致了现代政党组织的形成。这种精英型政党有三个特点:

第一,党组织的制度化水平低。由于在19世纪中期以前大多数欧洲国家对公民的选举资格有严格的限制,对议员资格的限制更为严格,政治参与有限,因而党的组织规模很小,也没有忠诚的党员,所以这种精英型政党的国会议员,不仅仅是选区的代表,而且自然也成为党的领袖,至少是领袖的代理人,实际上也是党的最早的公职人员。不过他们实际上只是一个松散组织的召集人,因为当时党的"基层组织"只是在选举时才被临时召集起来,目的只是选举,选举之后就消失了。可以说这类政党没有常设的基层组织,没有固定的党员和制度化的运作,党的成员或支持者之间的"组织关系"实际上与私人之间的网络和庇护关系相比没有本质性的区别。①

第二,党的基层部分和公职部分并没有明确的区分,保持着一种私人化而非制度化的关系。当然,政党的地方组织和公职部分并不简单的是同一部分人,它们的连结点是在选区层面上,通过组织选举和推举候选人而在选举时相互联系并日益发展成经常性的带有组织特征的关系。它是一种小的私人性的政治核心组织,具有相对独立的组织形态,同时又具有能够把他们的代理人选进议会进行政治参与的能力。② 因此,这种精英型政党的本质特征是它的私人性和现代政治的结合。

第三,以上两个特点决定了党的内部结构或权力关系的特点。党的公职

---

① Alan Ware, *Citizens, Parties and the State*, Cambridge: Polity Press, 1987, pp.120-121.
② Maurice Duverger, *Political Parties: Their Organization and Activity in the Modern State*, London: Methuen, 1954, pp.62-67; Trans.of *Les Partis politiques*, Paris: Armand Colin, 1951; M.Ostrogorski, *Democracy and the Organization of Political Parties*, London: Macmillan, 1902.

部分与党的地方组织在地方层面上,也就是在选区层面上的结合使这两部分的作用得到了充分的发挥因而较为发达,而党的中央极为弱势。实际上这时还没有形成具有独立组织形态的中央,即使在 19 世纪中期党的中央初步形成时,也是依附于党的公职部分,其组织选举的功能也主要是由议会中的议员来组织发挥的。这时还从未出现过像后来群众型政党那样独立而发挥真正领导作用的"中央"。这一时期,由于党的公职成员可以依靠自己的资源,或者说依靠自己在地方上的人脉,也就是地方的支持者,因而党的组织实际上也就是公职成员的私人组织,这就使他们不依赖于党中央的资源,因而也就不需要建立专门的中央机构。尽管后来也建立了某种中央办公机构以协调他们在议会中的活动,但那只是一个完全服从于党的公职成员的服务性机构,而不是像以后的党的中央那样可以限制和指导党的议会党团。另一方面,由于地方"组织"是由名士或精英主导的,都是有能力和财富的人,也不依赖于党的中央和公职部分,因而也有较大的独立性。由于他们组织起来的目的就是选举,因而他们与党的公职部分有着一定的相互依赖性,但并不是上下级的领导关系。

产生这种情况的主要原因是当时的国家和社会结构是等级制和精英主义的,政党只是少数精英的参与工具,它既没有动力也不需要扩大政治参与,因而也就不需要依赖多数人的支持和参与。在这种情况下,党的纪律和制度很难建立起来;同时,由于每个选区中党的基层部分都是相对独立的,直接与党的公职人员联系,它们几乎不需要一个独立的党的中央的支持,所以也就没有任何服从中央权威的愿望。正因为如此,有的学者指出,精英型政党本身就是一种地方性的政党,没有基层和中央之分,也没有形成全国性的组织结构。[1]

---

[1] Beer S.H., *Modern British Politics: Parties and Pressure Groups in the Collectivist*, New York: W.W.Norton, 1982.

二、群众型政党组织形态和权力结构的形成和变化

在群众型政党出现以后,党的组织形态和权力结构都发生了变化。

群众型政党最早产生于 19 世纪末的西欧。早在 19 世纪中期,甚至在选举权扩大之前,某些有助于群众型政党生成的环境已经开始形成了。政府作用的扩大和政府的概念和责任延伸到议会[1],增加了人们对政党公职部分的期望和信心,增加了对它的依赖和向心力。这种情况的出现,加之社会有机联系的增强,不可避免地使过去各地相互独立的选举开始有了相关性,因而也就有了全国性,这就激发了超越基层和地方范围而促使政党在更大区域甚至全国性范围内进行交流和协调的能力和动力。在这一背景下,以个人人脉为基础的小选区的重要性开始下降,政党的活动范围扩大了,不再完全依赖于少数的名士和选区,开始吸收更多的人参与选举,这导致了精英型政党内部权力向更有利于公职部分而不利于基层部分的方向转移。不过,只要选举参与仍然维持在一个狭隘的社会阶层的基础上,即选民资格仍有严格的财产限制并在相当程度上是通过庇护关系和其他个人化关系而被动员起来参与选举的,那么精英型政党的公职部分和基层部分在人事上、利益上和等级上就仍然是混淆的,谁处于支配地位也就难以断定。

19 世纪中期以后,在民众大规模运动的压力下,选举权逐步扩大,选民从数千人扩大到数十万人,以至于后来的几百万人,人数本身就成为一种很有价值的政治资源,在这种情况下,以个人人脉为基础的"组织"的作用消失了,而通过精心设计的制度化组织把这种选举资源集中起来就成为非常必要的了。这时,由于潜在的政治资源和力量是存在于众多的支持者而不再仅仅是少数精英之中,例如存在于工人阶级和天主教基要主义组织之中,所以精英型政党及其狭隘的社会基础显然已经不能适应政党政治的要求了。

---

[1] Ivor Jennings, *Cabinet Government*, Cambridge University Press, 1969, pp.17-18.

这时一些政党的发展路径是：在地方层面上党的组织不断扩大，在党内和党外的代表性和力量也逐步增强；还有一些从地方发展起来的政党最初并没有自己的公职部分，因为它们过去被排除在选举之外。由于群众资源具有了空前的重要性，因此，无论是原有的从议会中产生的政党，还是后来从地方选区发展起来的政党，无论它们有无当选的国会议员，它们的基本任务除了周期性地动员少数支持者进行选举之外，更重要的是发动群众建立制度化而庞大的组织，先是争取选举权，然后是尽可能多地争取选民和相关资源。尽管通过选举进入国家政权仍然是重要的目标，但已经不是唯一的目标，通过大规模的党的群众组织向执政者施加压力也是重要的参与手段。正是由于选票等资源的积聚已经主要不是来自于少数精英，而是来自于普通群众，所以，必须通过建立具有实质性作用的党的基层组织来积聚和整合这种资源。进而，随着这些组织的建立、发展以及利益表达越来越大或"国家化"，因而推动了它们超越选区而建立协调机制，即建立党的中央机构。同时，由于选举动员与像提供基本的福利服务这样的工作是相辅相成的，这又促使党扩展自己的功能并建立起与之相关的附属组织①，这又使党中央的作用更为丰富而不可或缺。

设立党的中央机构的目的就是为了协调各基层组织和各选区的活动，指导和协调参与到政治和选举活动中的像教会和工会这样的群众组织的活动，为其活动提供保护伞；并进一步建立和扩展基层组织。党的中央一经建立，就与群众党员和支持者具有了一种共生关系。这表现在，党的中央为基层组织的扩展提供方便，协调它们的活动，而党的基层组织为中央提供其生存和运作所需要的社会、政治和经济资源，因此，像任何共生关系一样，很难说中央和基层哪一个居于支配地位。在群众型政党的正式结构和概念中，党中央被看成是基层组织的代表。由于其主要领导人是作为群众党员的代表、在

---

① Roth G., *The Social Democrats in Imperial Germany: A Study in Working Class Isolation and National Integration*, Totowa, NJ: Bedminster Press, 1963.

党的代表大会上选举产生的，所以有人认为他们是受党的基层组织支配的；党中央的领导人是被全体党员授权来治理全党，由此也可以推定他们是为基层制定规则并提供指导。这就是说，尽管党的中央已经取得了统治地位、已经具有全国性并得到基层组织的授权，基层组织只有通过中央才能进行政治参与，但党的中央仍然承认它的政策和实践是受基层组织支配的，是全体党员意愿的反映。当然，实际上中央的决定并不总是受基层组织或党员代表大会的制约，这一权力的异化使它有很大的自主权，特别是在一定的历史时期。

尽管群众型政党的中央和基层组织相互之间的关系即权力结构有点含糊不清，但在组织结构上这两部分之间却有明确的界限，不再像精英型政党那样难以区分。中央领导及其工作人员是全职的，而基层组织的领导和工作人员却完全是由临时性的志愿者组成的；在中央工作的人是领薪水的，而基层领导只有一些临时性的补贴。①

群众型政党的基层组织和中央与党的公职部分的组织边界及其特点也同样是有明显界限的。这时党的基层组织已经不再是由几个人组成的非常规的党的委员会，而是发展成有数百或数千正式党员的组织。同时，议员也不再被看作是党的精英或核心，而被看作是党的一部分，议会党团是党的一个基层组织，尽管它可能是一个不同一般的基层组织。它要明确地服从于"党组织"或党的中央。在精英型政党中，党组织是达到少数公职成员或核心成员个人目标的工具，而在群众型政党中，党的公职部分是党组织的工具，群众型政党的中央的功能之一就是代表基层组织监督和和指导党的公职部分的活动。

我们可以进一步分析群众型政党中议员是党的工具的涵义与精英型政党中议员是一个公共角色的涵义之间的差异。尽管精英型政党代表的是特殊群体的利益，但它却总是声称自己代表的是国家整体的利益，其担任公职的党员声称他们是代表选区中所有人的利益的。精英型政党的这种意识形态与它

---

① Angelo Panebianco，*Political Parties：Organization and Power*，Cambridge：Cambridge University Press，1988.

是以担任公共角色的"党的公职部分"为主相吻合的,因为"公职"本不应是代表特殊群体利益的,否则就失去了合法性。不过,在精英型政党时期,社会的横向分裂并不明显,这也是它们总是声称自己代表全社会利益的一个客观因素。而群众型政党无论在实践上还是在理论上都表明自己只是一定的阶级或阶层的代表,或者说它只是代表社会的一部分。这与它把自己的公职成员作为自己的代理人的看法是相矛盾的,因为在这种情况下,党的每个出任公职的成员都要同时对两个群体负责,即党组织和全体人民;受两套激励或限制因素的影响,即希望保持和增强自己在党内的地位的思想与行为和希望赢得全体选民和选举胜利的需求的影响;受两种合法性来源的影响,即作为党的代理人和作为公众的受托人的合法性的影响。简言之,群众型政党的公职成员具有双重身份,作为党的代理人他们是党的工具,而党只代表社会的一部分;作为公职成员他们应服务于全社会,表达全体人民的利益。比例代表制的引入部分地调和了这一矛盾,即每个选区按得票的比例确定各政党当选议员的人数,通过组成选区的议会代表团作为一个整体来代表整个选区的利益,而不再是由个别议员来代表自己的政党和阶级,这就使对党和对选区或整个"国家"的忠诚部分地达成了一致。由此看来,精英型政党的"全民性"的社会基础比群众型政党的"阶级性"的社会基础更为狭隘。

随着群众型政党的出现和发展,人们先是在经验上而不是从理论上看到了群众型政党三个组成部分在结构上的明显差异:它们分别由不同的人所组成;受不同的经常是相互矛盾的党内和党外激励因素的影响;其组织过程是由党的附属组织不断提供组织资源以补充党的基层支部,再由党的代表大会选出中央委员会进行领导,并由党的基层或中央推举出参加各级议员竞选的候选人。同时,它也依赖于在党的三个组成部分之间形成一种特有的平衡,以维持自己的相对稳定。一般来说,在群众型政党的初期,由于各种不同的激励和需要,党的中央可能居支配地位,控制着资源,而不管它宣称自己是否是基层组织的代理人;在群众型政党的鼎盛时期,党的基层组织的作用和地位不可忽视；此后，由于公职部分逐步获得了掌握政府资源的能力，因而越来越具有独立性和支配性，从而改变了原有的组织结构和力量配置。

像精英型政党一样，群众型政党在欧洲的不同地区也有很大的差异。在像意大利和西班牙那样的强制度中，由于国家能够有效地控制选举和抑制竞争，所以它更可能是借助压制而不是合作的方式来对待政治参与的要求。这种制度环境导致了左翼力量更加激进，从而使共产党超过社会民主党而在左翼力量中占居支配地位。这种制度环境决定了政党的结构，其主要特征是党的权力高度集中于中央，公职部分在很大程度上受中央的控制，基层组织在党内处于从属地位。与此相反，在工会早已取得合法地位的自由制度中，例如英国，在工人阶级取得选举权之后，工会通常成为党的组织基础。党与工会这种组织上合作的后果是以工会会员集体进入政党的党员在党内占据多数地位，他们往往代表工会的利益，而不是作为个人党员服从党的组织。这既可能由于党的中央在人数上被工会控制和依赖工会给予经费上的支持而导致党的基层组织的衰弱，因为工会已经取代了原本是基层组织的功能，也会削弱党中央要求党的议员效忠的能力和合法性，这些议员更为依赖工会或工会的选票，这最终会使党的公职部分更加独立于党的组织，或者说使党的中央从属于党的公职部分。亨廷顿曾经说过："只是一种社会集团如家庭、家族、阶级的工具的政治组织缺少自主性和制度化。"[1]

从议会内生成的精英型政党向群众型政党的演变及其内部的权力转移和从议会外发展起来的典型的群众型政党的发展路径及其内部权力转移的路径有所不同。议会内生成的精英型政党转变的路径是，党的领袖或公职部分在需要动员群众的选举支持以使自己获得来自大量选民的越来越不可或缺的竞选资源的同时，又不愿放弃它从前享有的自主性，不想使自己受制于基层组织。他们积极参与甚至主导了基层组织和中央机构的组建和发展，在此基础上逐步形成的党内三个有机组成部分中，党的公职部分一直占有较重要的地

---

[1] 〔美〕塞缪尔·P.亨廷顿：《变动社会的政治秩序》，张岱云等译，上海译文出版社1989年版，第22页。

位。但是在议会外发展起来的群众型政党的典型的发展路径是先有党的中央，进而组建基层组织，再最大限度地争取公职。这显然与议会内生成的精英型政党是由党的公职部分建立党的中央，再创建党的基层组织是不同的。由于转变路径的不同，其党内的权力转移也就有所不同。议会内模式最初是由党的公职部分居主导地位，而议会外的模式是由党的中央居主导地位。但是基层组织一旦形成，或者说一旦形成群众规模，它自然会产生一种群众型政党的意识形态，形成与之相适应的组织原则，从而要求党的公职成员对党的基层成员负责，因而也就在一定程度上服从于党的中央。其结果是，尽管议会内模式的党的公职成员仍然在党内居支配地位，但这种统治地位会不断地被削弱，而议会外模式的党的中央的权力在相当一段时间内会得到加强。

三、全方位和卡特尔型政党组织形态和权力结构的形成和变化

社会结构的变化是推动群众型政党兴起的重要因素，到了群众型政党的成熟期，它又成为推动群众型政党向全方位型政党演化的一个因素。在西欧，群众型政党是一种具有阶级性和排他性的亚文化群政党，随着社会结构的变迁，支撑精英型政党的贵族上层阶级和支撑群众型政党的传统的阶级分野及其排斥性瓦解了；中产阶级的壮大和福利国家的建成，也使群众型政党以往的斗争目标和斗争方式失去了动力和社会基础。这种社会变迁不但从外部瓦解了群众型政党的社会基础，而且引发了党内权力结构的变化。这表现在，由社会变迁导致的传统的上层阶级的失宠和阶级分野的弱化，使人们越来越感到把政党的领袖看成是处于社会等级顶端的人物已经不那么合适了，普通党员或支持者也不再愿意盲从于党的领袖；政党领袖像其他社会组织的领袖一样，其领导地位越来越取决于他们是否能满足追随者的需要，追随者也越来越有能力和意愿表达自己的需要。这实际上就削弱了党中央的地位。

20世纪70年代末以来这一趋势继续发展。公民组织和公民社会的日益发展和越来越具有独立的利益和力量，在政党之外给公民提供了一种可供选择

的政治参与和进入政府的管道，这实际上是削弱了党的基层组织向上输送领导人或组织选举的某些功能，因而也就削弱了党的公职部分对基层的依赖以及它们之间的共生关系，从而削弱了基层组织的地位。这就压迫政党内部的权力结构发生向有利于党的公职部分的倾斜，以与此种变化相适应，其结果是导致了全方位型政党的出现。[1]

无论是公职部分与中央的关系还是与基层组织的关系的变化所引发的党内的权力转移都是沿着增加公职部分的发言权或权力这一方向而变化的。一旦看到可以通过选举而对政府施加重要影响或进入政府，政党的领袖们就会想方设法使自己赢得选举。这时，为了最大限度地争取选票，他们往往不是根据党的要求和利益而是根据最大多数选民的要求来制定政策和纲领，并且，这一时期，随着交流手段和便捷与社会结构的多元化，党的基层组织不再是选举时唯一依靠的对象，其他各种更为灵活和方便的选举组织以及群众组织的作用也越来越大，这时党的基层组织往往会感到失宠而指控党的领导为了自己的利益而出卖党的原则，从而加剧党的中央和公职部分与基层组织之间的紧张关系。因而，为了适应环境的变化，为了取得执政地位，党必须作出改变，英国工党在1990年代中期对党的路线所做的重大调整是它长期处于在野地位后重新上台执政的最主要的原因。因此，制定全方位的政策和全方位的争取选民是20世纪80年代以后欧美政党变化的主要趋势，这一趋势的后果不可避免地是党的公职部分在党内提高自己的地位并处于支配地位。

有人认为，现代西欧有一些政党已经有超越这一阶段的趋势，正在进入卡特尔型政党阶段。[2] 卡特尔政党是一种党的公职部分具有特权地位，尤

---

[1] L. Svasand, "Change and Adaptation in Norwegian Party Organizations", in R. S. Katz and P. Mair (eds.), *How Parties Organize: Change and Adaptation in Party Organizations in Western Democracies*, London: Sage, 1994, p.15.

[2] Richard S. Katz and Peter Mair, "Changing Models of Party Organisation and Party Democracy: The Emergence of the Cartel Party", in *Party Politics*, Vol.1, 1995.

其是这种地位的确立不依赖于党的其他部分的支持，而是依赖与国家的密切联系。

政党内部这种新的权力配置模式形成的第一个原因和表现是政党的财源和分配方式的改变，尤其是与国家补助金的出现和分配有关。自1960年代开始西欧少数国家开始发放政党补贴，现在几乎所有国家均以各种方式和管道对政党进行补贴。在大多数国家中，国家的补贴首先是分配给政党的议会党团，后来扩大到党的中央。从国家补贴形成和发展的过程来看，这种补贴或预算分配是向党的公职部分倾斜的。最初，国家只是给政党的议会党团提供补贴，即使是现在，也是党的议会党团继续分享大部分的补贴，并且只有国会享有最终决定各党获得多少和如何分配和使用国家补贴的权力，而国会是由各党的议会党团组成的，因此，它们实际上掌握了国家补贴的分配权，这一事实告诉我们日益增加的国家补贴是党的公职人员掌握党内优势的关键性因素。即使国家补贴也部分地用于党的中央和基层，但由于它们得到多少要由议会来决定，并且其使用的目的也主要是选举和争取选民，因而它们还是受制于党的公职部分。

政党的公职部分逐渐执掌党内大权的第二个原因和表现，部分地也是使用国家补贴的后果，是自1980年代末以来在政党组织内部党的工作人员的流动和配置发生了明显的向有利于公职部分的倾斜。就党的全职工作人员而言，各国的共同趋势是党的议会党团雇佣的人数已经超过党的中央所雇佣的人数。实际上，政党之间可比的数字就是全职人员，临时人员是很难计算在内的。在1960年代至1970年代议会党团雇佣的全职人员占党的工作人员总数的25%以上，到1980年代后期这一数字则高于50%，2000年代以后已经高于60%。这些数字说明党的工作人员或主要组织资源的配置发生了向有利于党的公职部分的转移。

政党公职部分占优势的第三个原因和表现是西欧一些主要政党近些年来已经长期的执政或参政，并且绝大多数政党已经把占据公职作为自己的主要目标。换言之，在西欧各国中几乎已经不存在真正意义上的反对党，至多存在着那种只在有限的时间内没有进入政府的政党，那些长期被排除在政府之外的政党是那种或多或少地处于政治边缘的政党，是代表极右或极左势力的小党，是少数民族的地区主义政党，这些政党的作用都不大。主流的政党，包括有大量成员的绿党，近年以来已经联合控制了议会和政府的公职，这是欧美现代政党制度的一种重大转变。

党的公职部分和中央之间的过去的那种权力和利益冲突已经越来越少了，这在相当程度上是由于公职部分已经越来越多地替代和发挥着原本是中央的作用，因而它在党内的影响越来越大；相反，党中央的作用在减小。党的议会党团所掌握的组织资源和经济资源，如工作人员和金钱，相对于中央都已经处于明显的优势地位。与过去相比，现在议会党团的领袖们已经在协调和负责党的事务方面发挥了更大的作用，党中央的地位已经很明显地不如群众型政党和全方位型政党时期那么重要。由于党的中央渐趋于从属地位，因而与党的公职部分的冲突也就减弱了。尽管这种趋势不是反映了所有政党的情况，但也是很普遍的，足以说明党的公职部分比以往更多地控制着党和国家的权力。

这些都反映了现代政党组织变迁的总的趋势。随着电视、网络和其他传媒越来越普遍地成为政党领袖和选民之间的最重要的和直接的联系管道，替代了过去主要依靠党的干部和党员进行联系的方式，使得政党之间的竞选变得越来越中央化和"国家化"了，即现在党的信息的发布源只有一个，即受公职部分控制的中央或党的公职部分，选民的信息直接来自于这个全国性的核心。在全国性竞选中，党的地方组织的组织资源和信息资源的输入已经变得越来越不重要了，这显然也意味着党的领导层对基层的依赖会不断地减少，因而也不再愿意对基层党组织的动员和组织工作提供支持。把党的资源最大限度地无偿提供而不是卖给选民，这不仅导致了党中央的角色向更为专业化的竞选角色的转变，而且也进一步消融了党的中央与公职部分之间的责任甚至组织界限。同时，随着党的这种工作和组织的外向化，我们已经很难区分服务于党的中央和服务于党的公职成员的工作人员和专家之间的不同之处了，他们的工作都主要是对议会和政府中的党的领导集团负责。

小　结

从政党卡特尔化的过程中可以找到公众疏离政治和政党的原因。在这一过程中由于党的领导层或公职部分越来越独立于他们的基层组织和追随者，加之他们越来越多地参与国家事务和形成自己的圈子以及忙于自己的事务，从而使党的传统的支持者感到不满，因而不可避免地疏离于党的领导层，最终还会导致疏离政治。同时，由于党的公职部分所享有特权并主导政党的运作，可以使用国家补贴、雇佣专职人员、利用赞助和自己的政治权威等资源以加强自己的地位，从而使政党在整体上被看成是特权集团；与此相伴的自然是党的基层组织的减少和弱化，以及各政党为了保存自己的组织和力量而或多或少地融入国家，因而降低了自己在公众心目中的合法性。

第三节　导致欧美政党组织结构和权力结构变迁的因素

本节将在上面提到的导致欧美政党权力结构变迁的原因的基础上更为系统地探讨这些因素，指出：导致欧美政党组织结构和权力结构变化的基本原因是它们所处的社会政治环境的变化，直接原因通常来自党内。有时这些变化会给政党带来新的压力和挑战，另一些时候则可能提供新的发展机会。在任何情况下它们都可能改变党内的资源分配并刺激组织结构的变化，迫使其进行调适，这最终会改变党内各部分之间的互动模式、相互关系和权力配置。

第一，近几十年来一直为学者们所关注的一个重要原因是选举体制本身的变化和与选举体制相关的政治与社会的环境变化对政党的影响。实际上，随着工业化和社会变迁而日益扩展的公民权一直是被用来解释政党变迁的重要因素。在欧洲，现代政党之所以要拥有一个正式和庞大的组织通常被归因于选举权的扩展，党的官僚机构之所以必要是由于需要把数以十万计而不是百计的选民组织起来并与之进行交流，而群众性组织有助于党对选民及其相关资源的吸纳，这些都是与选举权的扩展或选举体制的变化相伴而发生的。在选举法上的其他变化，像选举规则的修改，包括选民门槛的降低和选区的扩大，允许或不允许党内进行竞选和有选择的投票等都可能导致党内权力关系和组织关系发生变化。① 在某些情况下，宪法、政党法或其他相关法律甚至会直接导致政党的变化，例如对政党的公共补贴的变化会在很大程度上改变政党的结构、党内和党外关系。

第二，导致政党组织和权力结构变化的另一个直接原因是传媒的变化，这是政党所必需使用的一种资源。为了适应传媒的变化，政党自身必须作出调整。在过去，政党对某些出版业的介入甚至控制使政党的领导层可以与众多的党员和支持者进行交流，并使其不能像独立的出版者那样对党的领导层提出批评；另一方面，政党办出版业也加强了出版者在党内的重要性，因为要传播领袖的声音，就必须使出版者与党的领袖保持密切的联系，或者成为党的领导层中的一员。同时，由于它们成为党的专门的工具和组织，所以这实际上是强化了党的官僚和基层组织的地位，而不是党的公职部分的地位。然而，广播尤其是电视和网络中心地位的普及改变了这一状况。电视和网络允许党的中央领导人尤其是那些担任公职的人进行演播，他们的演播已经被看成是与公众进行直接交流的最有个性和吸引力的有价值的政治新闻。在欧美，政党不可能也没有必要对传媒进行直接的参与或控制，因而这种新的交流方式与其他选举活动一样进一步推动了服务于党的公职部分的工作的职业化，这些都推动政党内部的权力配置发生向公职部分的转移。

---

① Katz R.S., *A Theory of Parties and Electoral System*, Balrimore: Johns Hopkins University Press, 1980, pp.31-32.

第三，公共补贴的产生和增加是改变政党内部权力关系的另一个原因，当然，它本身也是由社会环境的变化和政党的变化所导致的。在提供公共补贴之前，许多政党的财政几乎完全来自于党费和捐赠，提供者借此影响党和政府的政策或向上升迁的通道，而失去这一财政来源会给党的运作和官僚升迁带来严重的后果，因为这种支持提供了他们的竞选费用和薪水。国家补贴不但使政党减少了对外部利益集团的依赖，减少了腐败，而且也减少了对自己的草根成员的依赖，这使党的群众性组织对党的其他部分的价值降低了，因而那些在党的群众性组织中控制党的办公系统的干部的地位和影响也下降了。

第四，社会结构的变化是导致政党内部变化的根本原因。传统上群众型政党是以特定或分裂的社会结构为基础的，它是以阶级、宗教和种族等为组织边界的，这种结构或分裂的一个重要特点是不可逾越性，很难在它们之间进行交流，因而一个政党的建立并聚集其支持者的行动实际上不过是对已经存在的社会现实的明确化和强化。然而，由于传统的社会结构的消融和中产阶级的突起，由于受到日益普及的高等教育和大众传媒、大众消费带来的文化趋同化的影响，传统的群众组织和政党的社会基础削弱了，政治意识也发生了变化，例如，由这些基础条件变化所导致的群众组织凝聚力的削弱使党的意识形态不得不更为超脱和兼容化，也要求党的领导人具有这种兼容性。这一变化使得党的领袖没有必要依靠党员群众，而要面向更为宽广的全社会支持者，即党的领袖不得不寻找和依靠一种更为安全的资源通道。

第五，教育和知识水平的提高增强了民众的政治参与能力，信息的迅捷使政治表达更加通畅，福利的提高也使公民有了更多的闲暇时间，这些使选民可以更多地直接参与政治决策而对政党组织的依赖大为减少，他们也越来越不愿意接受传统的群众型政党所赋予自己的普通党员的那种相对消极的角色。[①] 随着党员不再被动地追随党的领袖，那些地位根植于众多党员和基层组织基础上

[①] Samuel H. Barnes and M. Kaase, et al., *Political Action: Mass Participation in Five Western Democracies*, Beverly Hills, Calif.: Sage, 1979, p.18.

的党的中央的地位自然也就下降了。此外，随着党的组织结构的简化，过去那种与党的外围组织的联系也就减弱了，与此相反的是党的全民性认同和功能被开发出来并逐步增强，这同时意味着政党认同及其功能衰弱了。但是由于政党的认同过去不仅是起到一种使党从挫折中重生的缓震器的作用，而且也是一种对其成员的一种回报，而这种变化使这两种功能都减弱了，因此这也就必然会削弱党的中央和基层组织的地位。

一些学者指出，政党的卡特尔化是党的公职部分确立其优势地位的动力、路径和体制，它与国家的融合进一步推动了党的公职部分优势地位的确立。首先，政党对国家补贴依赖的日益增强，本身就是一个不断促进其公职部分优势化和国家化的过程。其次，随着政治本身的日益职业化，随着各政党之间在组织结构上和意识形态上差别的褪色，以及共同分享政府权力，致使各主流政党的领导层有形成一种政治共同体的趋势，他们发现与其他党的同行达成妥协要比与本党的基层组织达成妥协更为容易。现在的情况是，在一个政党内部的两个部分之间，只要有一个部分是公职部分，那么它们之间的共同性是较少的，与此相反，不同政党的公职部分则有着较多的共同性。不过，政党的这种国家化和趋同化弱化了政党之间的竞争，而这种竞争本来是增加党的表达功能的重要前提，而表达功能的弱化会进一步削弱政党本身。

第四节 党的基层组织地位的变化

由于西方现代主流政党的公职部分已经在党内的权力和组织分配上掌握了绝对的优势，而党的其他部分正在退化，即不仅仅是党的中央在退化，处于从属地位，而且党的基层组织也在退化和边缘化。基层组织实体的退化使得现在的卡特尔型政党变得像过去的精英型政党那样难以在党的领袖和议会党团及政府官员之间划一道明显的界限，同时在相当意义上可以说党的领袖就是政党，而政党就是党的领袖。① 例如，西欧各国政党的党员占全体选民的比例已经从1980年代的10%降至1990年代末的不到6%，这种下降的趋势尽管不是直线型的，但是普遍的趋势。党的基层组织的衰退并不只是由于选举方式的社会化或扩展，还因为党的组织本身也没有发展党员的积极性。尽管选民人数不断增加，但党员却没有随之增加，尤其是近些年来甚至出现了党员绝对数量下降的记录，有的政党下降的数字是非常大的。

然而，也有与党的基层组织衰落的观点相悖的证据，即党员在党内享有的实际权利增加了。越来越多的政党已经开始向普通党员开放决策程序，党的领导人和候选人的选拔对普通党员更加开放，例如，为了使普通党员在这方面能够充分地表达自己的意愿，各政党除了召开大会进行选举外，还都借助邮寄选票甚至互联网的方式选举自己的领袖和议员。因此，在党的基层组织的规模正在衰退的同时，党员的权利正在增加，党内生活的民主化也非常明显，普通党员通向决策的通道更加畅通，而这在过去很大程度上是党的精英的特权。

党的基层组织是否有存在和保留的必要，其规模和作用到底应有多大？还需要进一步的研究。现在仍有很多理由说明现代政党的领导人为什么仍然设法保留基层组织，不愿意看到这股力量蒸发掉。例如，尽管国家的监督和补贴日益完善，但普通党员仍然继续向党提供了相当数量的资金和人力上的支持，这是非常有价值的资源。党员通常也像过去一样把自己作为一个温暖的蓄水池，为政党提供人力资源并参与地方政府和非政府机构的管理活动，使党能在其中发挥影响。② 在这个意义上，党员继续提供了一种重要的联系机制，以使党能够保持与议会和政府之外的世界的联系。然而另一方面，基层

---

① Peter Mair, Van Biezea, "Party Membership in Twenty European Democracies, 1980-2000", in *Party Politics*, Vol.7, 2001, pp.5-21.

② Sundberg R.J., "Finland: Nationalized Parties, Professionalized Organizations", in Robert S.Katz and P.Mair(eds.), *How Parties Organize: Change and Adaptation in Party Organizations in Western Democracies*, London: Sage, 1994, pp.77-108.

组织的这些作用是否是不可或缺的？有人指出这些作用完全是可以替代的，甚至是可有可无的。假如体制内的其他政党愿意在立法和决策方面进行必要的合作，那么来自于党员的党的收入就会逐渐地被增加了的公共补贴所替代。并且，党员对选举的贡献越来越少这一点也正在得到证明，选举本身越来越受到党的领导集团的控制，并由其直接进行操作，而不必通过党的基础组织。这样，当"蓄水池"正在逐渐变成无足轻重时，就完全可以解释为什么处于发展前沿的政党不注重构建和扩展基层组织，而只是聚焦于构建自己的"全国性"框架。

此外，也可以把某些政党仍然感到有必要加强基层组织的观念部分的归因于对历史遗产和传统模式的继承，是一种观念和制度上的惯性。尽管一代又一代领导人对党的组织及其运作方式进行了改革和创新，但是从整个发展进程来看，政党的连续性和继承性以及改革的局限性仍然是主流。具体来说，如果一个政党已经有了自己的基层组织，那么要想轻易地取消它是不可能的。尽管政党学者已经不再以党员的数量来评价党的组织了，但是一个政党应由众多的党员构成这种价值取向仍然主导着人们的思维，人们很难想象一个没有多少党员的政党是一个强大的和能够有效执政的政党。此外，作为过去遗产的一部分，现在党员的数量对党的领导的合法性及党的形象仍然有着重大的影响。例如，在瑞典，"党似乎想要保持一种群众型政党的形象，用这种群众性的积极的一面来证明党是一个有能力的政治表达管道"[1]。英国的工党也是一个极力保持自己群众性的一个重要例子，尤其是它在1990年代推举布莱尔成为的党的领袖时表现出的对党的附属工会和基层组织的尊重，充分证明了这一点。

现实情况是，各党都通过保持党的基层组织、实际上是保持少量的党员

---

[1] Pierre J.and Widfeldt A., "Party Organizations in Sweden: Colossuses with Feet of Clay or Flexible Pillars of Government", in R.S.Katz and P.Mair (eds.), *How Parties Organize: Change and Adaptation in Party Organizations in Western Democracies*, London: Sage, 1994, p.342.

来体现党的实体的存在，而并不是要像过去那样保持众多的党员群众。这样做的政党通常也是那些经过长时期发展而有着较浓厚传统的政党，在这些政党中，群众型政党这种模式构成的遗产仍然在当代党的组织形式和合法性意识中占有重要的地位。对于西欧的有着长期历史的政党来说，党的公职部分不可能回避党的基层组织或群众性，而且，无论对于领导层来说这是多么麻烦，它们都是党的传统而难以改变的一部分。相反，新建立的政党则有很大不同，尤其是在新转型的民主体制中的大多数新的政党不可能全力地去发展党的基层组织。①

既然这种历史遗产是难以摆脱的，那么党的公职部分是如何成功地建立起自己的优势地位的呢？实现这种权力转移的一种路径是，党的领导层逐步把基层组织边缘化。然而，由于这样的战略或路径可能会使党的领导层的合法性下降，甚至可能会带来严重的后果，以至于远远大于党的领导层从简化党的组织中得到的自主性，所以，可供选择的战略或路径往往是一种在表面上加强基层组织的策略，使党员的身份变得对选民有很大的吸引力，然而实际上却是限制来自于基层组织的真正的挑战。

这种战略或路径一般可能会沿着两种具体的路径发展。② 第一种路径是，通过实行党内民主来从表面上加强基层组织的发言权。通过实行党内民主，普通党员获得了选择党的候选人和党的领袖、批准政策和纲领的正式的表达管道，这样一来，党员等同于党的选民，这实际上意味着党的领导层在获得一种稳定的群众授权方式的同时也瓦解了党的一般干部和基层组织的地位，以至削弱了党的一般干部挑战党的领导层的能力，也削弱了基层组织的制度

---

① Kopeck P., "Developing Party Organizations in East-Central Europe", in *Party Politics*, Vol.1, 1995, pp.515-534; Peter Mair, *Party System Change: Approaches and Interpretations*, Oxford: Oxford University Press, 1997, ch.8; Van Biezen, "Building Party Organizations and the Relevance of Past Models: The Communist and Socialist Parties in Spain and Portugal", in *West European Politics*, Vol.21, No.2, 1998, pp.32-64.

② Peter Mair, "Party Organizations: From Civil Society to the State", in R.S.Katz, P.Mair (eds.), *How Parties Organize: Change and Adaptation in Party Organizations in Western Democracies*, London: Sage, 1994, pp.16-18.

化水平。普通党员可以通过民主方式来顺畅地表达政治意愿而使他们不必再依赖过去的那种激烈斗争的表达方式,因而对基层组织的依赖也就减少了。党的民主化的意义在于,由于基层组织和普通党员一直是党内最具有战斗性的层面,而党的公职部分总是对于各种批评最为敏感或最难以应对,所以,通过把选举参与扩大至普通党员和支持者,党的领导集团有效地削弱或缓和了对它的批评。这些都是在扩大党内民主的名义和实践的旗号下实现的,其实质是党的基层组织制度的削弱以及党员的原子化,使他们更加屈服于党的领导集团,不得不服从党的决议。由此,党的基层组织不得不承认公职部分的特权。

第二条具体的路径虽然不具有普遍性,但也实际存在,它是指某些政党在演变过程中出现了一种较为明确而有效的"劳动分工",分工的一面是党的公职部分,一面是党的基层组织,这两个层面上相对分离的关系限制了从基层组织中挑选候选人来竞争全国性职位。一方面,党的基层组织基本上是在地方层面上活动,享有对党的地方政策、纲领和战略的绝对控制权,在自己的地盘上指导追随者。另一方面,党的公职部分控制着党的中央或党的全国性活动,对党的全国性政策、纲领和战略进行决策和控制,不受基层组织的束缚。在这种分层安排中党的基层组织得以繁荣,但是它最终只是停留在基层,只是通过对党的一部分的控制来与党的公职部分保持着有限的联系,其影响是在地方层面上最大化而在全国层面上最小化。这是现代政党发展的一种有意义的实践。

小　结

尽管政党内部的权力结构发生了变化,党员的数量大量减少了,但并不能据此推断政党的地位和作用也大大下降了,政党形态的改变是适应环境变化的需要,从一定角度看,政党的卡特尔化使政党牢牢控制住了国家政权,而非政府组织由于自身的单一化,所以很难掌握政权。

第五节　欧美民众对政党的冷漠情绪及其原因分析

对政党的冷漠情绪是指在肯定政党对于民主的基本作用的前提下，当代欧美社会普遍存在的对政党尤其是政治家的不信任感和冷漠情绪。产生这种情绪的直接原因是人们普遍感到自己缺乏有效的政治参与，政党追逐私利，更进一步还可以追溯到政治体制和政党发展所引发的矛盾冲突，包括对政党和政治变迁的不同看法和对政党的过高要求等，尤其是政治个人化、职业化和政党内部的权利争端等都可能导致人们产生对政党的矛盾情绪。

一、政党冷漠情绪的基本表现和原因

在当代欧美社会中普遍存在着一种自相矛盾的情况，一方面，人们对于民主及其政治体制的合法性有着广泛的认同，对于政党在民主运作中的必要性也持基本肯定的看法。[①] 但另一方面，则广泛存在着对政党冷漠和不信任的情绪，学界也以"政党已经衰落或过时"为题进行过大量的讨论。经验表明，对政党的信任度越高，对民主的支持度也就越高；反之，对政党的信任度越低，对民主的支持度也越低，甚至还会产生对威权主义的怀念。

对政党的冷漠并不意味着否定民主。许多国家的人民都赞成民主，然而，甚至认为政党是民主的必要组成部分的人，也表示了对政党的不信任和批评，而且，不论是哪一类政党的支持者，都可能持这种赞成民主和批评政党的态度，这种态度甚至以同样的比率在自左至右的政党的支持者中平均分布，因此，可以说这种矛盾情绪普遍存在。

反政党情绪的基本表现是："政党是必要的，但它们不可信任。"在拉丁美洲，据"拉丁美洲晴雨表"（Latinobarometer）1997 年的调查数据显示，

---

① Larry Diamond, *Developing Democracy: Toward Consolidation*, Baltimore: Johns Hopkins University Press, 1999, pp. 24-31, 174-191.

62%的被调查者同意这样的表述:"没有政党就没有民主";但同时这些人中只有28%表示他们对政党有较多信任,67%的人表示政党只有很少的可信度。在各国中对这两个问题的回答有很大的不同,在受访者中认为"政党是必要的"百分比,从最高的乌拉圭的79%到最低的厄瓜多尔的44%,巴西和委内瑞拉都是50%;同时,对政党的信任度要大大低于认为政党是必要的程度,在乌拉圭,45%的受访者说他们对政党有较大的信任感,而在厄瓜多尔、巴西和委内瑞拉分别只有16%、18%和21%的受访者持这种看法。[1] 在西欧也广泛存在着这种对政党信任度低的情况[2],例如,在1995年比利时大选时的调查表明,只有6%的受访者说他们对政党有较高的信任度,而62%的人说他们只有很少一点信任。与此相比,54%的人表示信任国王,而只有11%的人表示对国王只有较很少的信任。[3] 这种看法在转型后的东欧9个国家的调查数据中都可以找到。[4] 尽管反政党情绪在所有社会中都存在,但在大多数民主制度中对政党持完全否定态度的人很少,例如,在西班牙只有16%的人同意"政党是无用的",72%的人反对这种看法。

对民主的肯定和对政党的批评这种矛盾情绪是人们对现状的冷漠和要求更多参与的反映。同时,在有着不同政党类型的国家中都对政党有强烈的批评这一事实促使我们深思是什么共同的因素引发了这种普遍的对政党的不信任情绪。这种不信任情绪在议会制和总统制的民主政体中都出现了,而在这两种体制中政党的角色和作用是有很大不同的,这提示我们产生这种情绪的原因有相同之处,而与政党的作用没有直接关系。我们可以从以下六个方面

---

[1] J.J.Linz,"Parties in Contemporary Democracies: Problems and Paradoxes",in Richard Gunther,José Ramónmoneero,*Political Parties: Old Concepts and New Challenges*,Oxford: Oxford University Press,2001,p.295.

[2] J.J.Linz,Democratic Political Parties: Recognizing Contradictory Principles and Perception,in *Scandinavian Political Studies*,Vol.3,2000,p.256.

[3] M.Torcal,"Political Disaffection in New Democracies",unpublished manuscript,2000,pp.11-37.

[4] Bruszt Laszlo,Simon J.,*Codebook of the International Survey of Political Culture,Political and Economic Orientations in Central and Eastern Europe during the Transition to Democracy,1990-1991*,Budapest: Institute for Political Science of the Hungarian Academy of Science,1991,pp.32-46.

分析产生对政党冷漠的原因：

第一，总统制尤其是总统直选趋向于削弱政党的地位。在总统制中，总统在很大程度上不是作为政党领袖被选出的，候选人既可以具有党派身份，也可以是非党派人士，即使是前者当选后也会与自己的党拉开距离，声称自己是超党派的。转型后东欧各国的一些宪法在这方面走得很远，规定当选总统不得具有党派身份。在美国，尽管总统总是在某一政党的标识下当选的，但他在初选时主要不是由政党选定的，而是被身份模糊的选民所选定的；得到提名很大程度上不是政党组织的决定，而是候选人自我努力的结果，是候选人依赖自己的资源和动员少数选民选择的结果。并且，一旦当选，他就拥有了公职的合法性和独立于党派的身份。选民是在"国家领袖"的意义上认同总统的，他们甚至把国会中政党的某些活动看作是对自己授权的总统行使合法权力的一种阻碍。只有在野党的支持者才会把自己的党看作是代表自己特殊意愿的工具，在野党的议员也会比总统一党的议员更积极地表达自己选民的利益。但是在积极扮演这种角色时，他们可能会更多地代表某些特殊利益，这经常会与整个党的利益相矛盾。由于主要的政党及其议员必须服务于更为一般的利益，所以，那些期望当选议员表达自己特殊利益的选民可能会对自己支持的政党失望。

第二，不同的政党体制都会引发对政党的批评，尽管表现各有不同。两党制的竞争模式意味着它必然要拒绝两党候选人中的一人成为政府首脑，当落选的候选人被抛弃或被自己的政党和领导层激烈批评时，他会感到这个体制没有提供真正公平的选择机会。此外，由于界线分明的左右分裂造成的激烈对立和由于党内斗争的多变性而导致自己机会的丧失，也会产生对自己政党的冷漠，从而导致对这种体制进行批评；温和的多党体制应该比两党体制更能吸引中间选民，它为具有潜在结盟意图和意识形态比较中庸的政党提供了更多的选择机会。然而，多党体制在相当程度上意味着选民失去了对政府的极端行为进行控制的权力，而把这项权力留给了政党。多党执政联盟可能意味着政党之间为分享利益而无原则的讨价还价，而不是对选民负责。这样，许多人会感到尽管两党制在投票和政府形成之间有直接的联系，但选民的选择范围受到限制；而多党制虽然选择范围广泛，但选民对政府的控制力减弱了，因而都不能使他们满意。

第三，人们对由竞争带来的分裂和利益冲突已经感到厌烦。现在人们更容易团结在国家的标识之下，对超越党派的国王、军队和教会有较高的信任度，而对纷争不断的政党持蔑视态度。由于无论谁在竞争中获胜都会削弱团结和一致性，所以这种竞争必然会产生矛盾。有时还会由于竞争中的消极因素而产生紧张关系，因为在有些竞争中，与其说是以质取胜，不如说是通过使竞争对手失去可信度而取胜。甚至当人们都懂得必须通过竞争来达到集体目标、制定政策、实现利益和理想价值时，政党竞争也很难完全消除带有私利的目的和权力角逐。在这场争斗中，政党是主角，而选民是被动的，因此许多选民、甚至支持某一政党的选民处于消极而冷漠的状态是经常发生的事情，而超脱于这种争斗之上的国家制度以及那些持非党派中间立场的、主张一体化和团结的国家领导人则可能得到更大的信任。这样，政党可能成为它们在民主体制中扮演的基本角色的牺牲品，因为其基本功能是通过竞争来表达不同社会群体的利益，而大多数人却更加看重团结和一致性，尽管这并不现实，但它却由于可能代表人民的"普遍意志"而受到推崇。

第四，政党的代表或表达功能是政党的基本功能之一，但如何实践却存在着分歧。例如党的国会议员在制定立法和政策中具有多大的独立于党组织之外表达自己意见的权利？对这一情况一直存在不同看法，这常常会引起党内和党与党的支持者之间的矛盾。1997年有一项对西班牙选民的问卷调查，请他们在"政党内部应该有更多的团结"和"在政党内部已经有太多的一致性了"这两种状态之间进行选择。当时在不同政党的支持者之间对这个问题的看法的差异性很小，社会党等左翼政党和保守党等右翼政党赞成更多的团结，45%认为应该有更多的团结，37%认为党内的一致性太多了；由共产党支配的左翼联盟（IU）选民和非选民回答前面同样的问题时，选民中的比例是35比50，非选民中的比例是33比37。总的来看，西班牙有40%的人希望政党应有更多的团结，37%的人认为政党已经有太多的一致性了，还有不少人赞成党的国会议员应有更多的独立性。① 这些不同看法往往与政党提名候选人的过程联系在一起，有时候选人为了迎合某些人的偏好而提议在党内应允许更多的竞争、辩论或相反，前者可以缓解那些认为在党内已经有太多的一致性的人的担心，后者则会引起那些认为党内已经有太多的分裂和矛盾的人的好感，因为他们把政党看成是一个提供凝聚力的组织。进而，把派系制度化的行为都会增加他们对政党的好感。

第五，很多人认为现在政党没有什么作为，甚至是矛盾制造者。当调查问到人们对政党的看法时，很多人的回答是"所有的政党都没有什么不同"。这意味着什么？尽管这可能是对政党在许多政策问题上日益趋同的真实描述，但这仍不能排除是对政党的批评，是批评政党的无所作为。在许多国家中对这个问题都有着相当一致的看法，例如在西班牙，61%的受访者同意"政党相互批评，但实际上他们是相同的"，其中左翼主要政党的58%和右翼主要政党的60%的支持者都持这种看法。② 在意大利有51%的人认为政党制造了本来不存在的矛盾。由于对这个表述在所有政党、包括主要的执政党的支持者中都有着基本的一致，所以，可以把这种看法解读为对政党的批评。还有一个看法是"政党只是服务于分裂的群体"。政党是分裂的这种看法在过去的群众型政党时代和极化的社会中比全方位政党和意识形态弱化的今天更为强烈。

---

① Knut Heidar, Ruud Koole, *Parliamentary Party Groups in European Democracies: Political Parties Behind Closed Doors*, London: Routledge, 2000, pp.15-26.

② Sani G. and Paolo Segatti, "Antiparty Politics and the Restructuring of the Italian Party System", in Diamandouros P.N. and Gunther R. (eds.), *Parties Politics, and Democracy in the New Southern Europe*, Baltimore: Johns Hopkins University Press, 2001, table 4.2.

第六，政党引起批评的另一个原因是人们认为政党只重视选票而不重视人民的意见。当问到"政党对人民的选票有兴趣但对他们的意见没兴趣"这样的问题时，各国都有很多人持肯定态度。然而这是一种不完整的测量方法，尽管用投票这种简单的方法来表达支持或否定比阐述一种完整的意见是更为明确和快捷，但却不是一种完整的意见，充分地阐述自己的意见更能表达复杂因而更为准确的立场。选票只能对被捆绑在一起的一大包问题表达一个简单的声音，这在很多情况下都不能准确地表达选民的意见。由于政党总会面临大量问题，因而它不可避免地总是选择自己"听到的"或对自己形成压力的意见，而不得不忽视其他意见。选票是选民参与并影响政府统治的方式，因而它是民主体制中政党追寻的目标，只有那些只是把选举作为宣传自己的意识形态、获得政治压力和缺乏执政欲望的政党，才会感到拒绝选民的诉求是无所谓的，执政的和想要参政的党都不会这样做。

进一步来说，无论在何种情况下，总会有一些人认为政党没有表达"我"的合理利益，他们可能认为某些直接反映特定选区民众利益的问题在政策制定过程中被忽视了。选民要求政党维护自己的利益，但同时批评政党和特定的利益组织之间建立特殊联系，这就产生了矛盾。实际上，人们对利益的看法是不同的，且涵盖范围广泛，从社会阶级、种族集团或宗教社区的利益到特殊的产业，或在一个地区里社会群体的利益，都是如此。当他们感到自己所在的个别组织的利益没有得到应有的表达时，就提出政党应该表达"人民利益"的要求，然而，他们却把其他人的利益贬损为"特殊利益"，认为不应予以表达。

当这种对利益的看法是产生在传统意识形态仍居支配地位的社会中时，当它涉及的是像工人阶级这样的多数人的利益时，这种"我们"和"人民"之间并没有多大差异，在这种情况下，把"自己的"利益提升为"人民的"利益是一种相对合理的要求。然而，随着现代社会结构的变化和利益的分散，以及政策是如何反映特殊利益的这种信息的扩散，促使个人更加关注特殊利益，但全方位政党却并不认同这种特殊利益，甚至像工人或农民这样较为广泛的特殊利益也不能得到特殊关照，而是要竭力平衡各种利益。在这种情况下，与更多表达特定意识形态的反对党相比，执政党要面对兼容的意识形态和相互矛盾的诉求，面临着要进一步削弱保护自己选区特殊利益的压力。这样，一个人可能责备政党没有增加自己选区的利益，而同时政党又被批评增加了其他选区的利益或为"特殊利益"服务，因而政党无论何为也无法避免批评。

一些人已经把社会运动或非政府组织看成是比政党更具有吸引力的组织，看成是发展的趋势，这实际上是没有理解它们的性质和功能。社会运动通常只聚焦于单一问题而不去平衡相互矛盾的诉求，很少通过妥协来解决矛盾，这种单一性较容易动员持特定立场的少数人的热情，而当代具有兼容性意识形态的政党，由于企图获得大量而庞杂的多数选民的支持，所以很难做到这一点。社会运动通常会对政党的妥协和含糊性提出批评，以自己的原则性和理想性嘲笑政党的实用主义，但是没有平衡和妥协，一个社会就会充满冲突。

二、政治职业化所引发的角色冲突导致了对政党的不满

在一个崇尚职业的社会中，即在只有充分利用知识和经验并全身心地投入工作才能胜任的社会中，人们对职业政治家持有一种否定的态度，因为在传统的职业或人们的传统观念中，政治家并不是一个单独的职业。这里的涵义是政治家不应该仅仅是一个政治家，不应该仅仅是一个"经营选票"的人，而首先应该是一个从事某种过去人们所认可的基本职业、只是在业余或人生的部分时间从事政治的人。然而，马克斯·韦伯早年所阐述的没有必要专职从事政治的理由已经由于政治活动所需时间的增多而难以成立了。在过去，许多精英的位置是稳定的，特别是名人和工会领袖，因此他们没有动力进行选战和与地方党组织保持密切的联系。然而现在选举已经经常化了，不仅在

国家一级，而且在地方议会、地方政府和欧洲议会也是如此，选民已经懂得如何用选举来支持或惩罚政党，因而政治精英也就不得不全力地争取选票。除参加党组织的竞选活动外，政治家个人需要媒体的时间也增加了，当今政治家保证当选和保住公职的负担都增加了。此外，某些国家的政党由于有意削弱公务员的职业化和独立角色、加大其被政党的"殖民化"程度和民主化程度，使政党的活动增多和权力增大，从而进一步推动了政治的职业化和对政党的依赖。

与此同时，私人部门对现代职业的要求使个人进入政治一段时间后再返回原职业工作也很困难了，在过去只用部分时间就可以从事的职业，今天则需要全时投入。只有公务员、教师和某些大学体制中的学者可以在他们的政治任期结束之后返回到原来的位置上，虽然一个教授在离开他的学科四年或八年后不可能受到原专业的欢迎，但他们也可能带来诸如名望和实践经验等相关的好处以及受到政党的关照。现在，像法国第三共和国时期所发生的情况那样，一个投身政治的医生继续治病和教书是不可想象的，职业化不可避免地限制了业余政治家的数量。

尽管现在要同时从事公共事业和私人事业已经很困难了，但这一神话仍然有着相当的生命力，仍有许多公民反对政治的职业化并继续给业余政治家以信任，即信任那些为自己的选民服务但同时最终也不放弃自己原有工作的政治家。这是指那些高技能的、已经在私人部门建立了自己事业的人，在从事自己事业的同时拿出一部分时间投身政治，或暂时停止一段时间从事自己的事业转而从事公共事业，然后再返回到自己的私人事业中。因为在一般民众看来，一个连自己的事业都没有干好的人怎么能为公众提供好的服务？但是，政治性质和政治技术的变化使得这种发展路径与现实越来越脱节：从事政治事业的艰难使多数人不得不在私人事业还没有发展起来之时就进入了政治，在选举失败后，他们发现自己很难再回到原来的私人部门中去，因而不得不依靠政党为自己提供生计，到政党组织或有关的公共组织中去任职。甚至像英国工党这样的长期依靠工会领袖担任国会议员的党,也制定了工会职位与议员职位不得兼容的规则。一项调查表明,对这种规定的支持率很高,58%的西班牙人赞同议员应该停止任何其他的职业活动,因为这可以使其有更多的独立性;只有27%的人持相反的态度,认为议员不应该放弃他们的职业活动,因为只有如此他们才能很好地了解普通人的问题,与社会有更多的联系;15%的人没有意见。[1]

当这些原因在推动政治职业化时,另一些民主的或民粹主义的创制则由于对政治家的任职期限进行了限制而削弱了政治职业化程度,它把那些希望通过选举担任公职的人置于十分困难的境地。政治的职业化意味着人们进入政治、通过选举担任公职或政党的职务不再是一种临时性的活动,而必须是一种长期的或终生的事业,这使一些人在青年时期就投身政治,并且不再追寻任何其他的职业或事业目标,但是这种任期条件的限制使得担任公职者或者在相对短的时间内就终止了事业,或者使他们的职位处于不稳定状态,不得不在任职一定时间后转向另一个职位,在这两种情况中,无论选民是否认可他们的表现,都会造成他们的工作和事业的困难和限制。民主政治的职业化是不可避免的,在一定条件下也是可取的。一些激进民主派的批评是不负责任的,他们提出的防止政治职业化的规则和条件不仅会产生不良的后果,而且是与民主的基本原则相违背的,因为公职的去留应由政治家所代表的选民决定,而不是这些条件。

如果由于这些条件的限制而很少有人愿意加入政党,党就不再能作为一个政治动员和招募政治精英的工具,不再能成为遴选高资质候选人的蓄水池。尽管政党可以从社会运动中招募到候选人,但问题是这些本来只专注于单一问题的人要转向多维问题和具备政党政治所需要的妥协角色是困难的,也是不够的。

---

[1] J.J.Linz, "Parties in Contemporary Democracies: Problems and Paradoxes", in Richard Gunther, José Ramónmoneero (eds.), *Political Parties: Old Concepts and New Challenges*, Oxford: Oxford University Press, 2001, p.305.

三、党内民主的削弱导致了对政党的不满

政治个人化的趋势是削弱党内民主的重要原因。在当代选举中，选民的个人偏好决定着选票的投向，这表现在尽管他们可能对某个政党的纲领和地方候选人冷漠，但是只要这个党的全国性候选人有吸引力，他们就会把票投给这个党和它的全国性候选人；这种趋势增强了党的领袖个人的地位，削弱了党内民主，强化了党的最上层集权的趋势，抑制了可供选择的领导人的出现。有人指责这是把党组织的监督功能委托给了领袖个人，从而削弱了党内民主；另一方面这在党内发生矛盾时缺乏调解机制，从而容易出现分裂。无论产生哪种情况或感觉，都会使人们对政党持批评态度。

自从 1962 年罗伯特·米切尔斯（Robert Michels）的书出版以来，欧美政界和学界已经就党内民主问题进行过多次讨论，现在的宪法和党章都有政党应该是民主的这样的规章。这一时期党内的民主改革主要是为了回应对政党寡头制的批评，因而把采取直接民主的程序作为首要的改革目标。在这种直接民主制中，所有的党员可以直接选举党的全国性领袖；同时，参加竞争的候选人要保证他们不建立自己的派系，而是捍卫全党的团结，认同党的纲领。但实际上所有这些努力和设想都存在着矛盾和理想化的问题：如果没有积极的成员或党的干部以及足够的资金进行党内竞争，如何确保公平和民主？而党的干部的活动越积极越可能导致他们支配党的选举和选择党的领导人，资金筹集的越多也越会加强党的上层和职能部门的特权。

由于过去党的大会不能直接选举党的领袖而受到日益激烈的批评，因而许多党不得不实行直接选举。实行党内直接民主会得到民主派和多数党员的支持，但是它可能产生某些意想不到的后果：党的提名会议过去是候选人进行辩论和党的中层精英了解候选人的场所，现在这一中间环节已经不必要了，转而成为党的橱窗，为党公开表达一致和团结提供机会，最显著的变化是由党的著名人物、友好政党的领袖甚至外国领导人在大会上发表演说，结果是

党的会议被异化为媒体活动,并没有真正地发挥直选功能。

要求党内直接民主的民粹主义也扩展到对党的国会议员的不信任,它在党的各种机构中都主张限制议员的影响,其理由是议员是由党组织提名的,而不是由普通党员或支持者提名的。这种情绪已经引发过多次关于议会党团是否应该服从于党的代表大会的辩论,这种要求议员和政府依附于党组织的行为与支撑现代民主制度的不受托管的宪政思想相矛盾。这实际上反映了党的组织与党的公职领导即党的议员和政府领导人之间的利益和责任差异,因为他们现在是以不同的选民为基础建立起的一种双头政治,即分别承担着对党员或选民负责的政治责任。

这种推进政党民主化的要求是教条主义的,它把参与度低的原因归咎于政党本身,认为如果有一个更加民主的政党,就可以提高公民的参与度。之所以会有这种看法,是因为它把人们参与社会运动的积极性和热情与参与政党的相对消极情况进行了比较,没有考虑到参与某一社会运动的人是很少的,其热情之所以高涨,与运动的单一性有很大关系,而政党是解决综合性和全国性问题的工具。

在现代的欧美,那些提出进一步的民主化和设置更多的选举职位的人显然是对推进这种改革的复杂性缺乏足够的认识,因为这需要选民掌握候选人和决策过程的大量信息和知识,并且要弄清这些信息和知识是由谁来扩散和制造的,选民如何通过分析这些信息来提高对有关问题的认识?在此基础上才能推出有资质的候选人。人们经常抱怨候选人的素质不高,抱怨可供竞争的公职太少,然而,如果竞选新设置的公职的候选人仍然是由政党提名的,如果大多数人仍然是按照政党的路线以习惯的方式进行投票,那么这样的民主化还不是加强了政党政府吗?另一方面,如果政党在提名候选人方面不扮演主要角色,那么谁来扮演这种角色,是利益组织、媒体还是候选人个人?如果选民不能依据政党的标识来对其进行判断的话,那么他依据什么作出判断?如果大多数选民得不到这些较全面的资讯,那么他们的选票投向就缺乏合理性。

从政党与选民的关系来看，一方面，选民一般都会感到自己经常受到政党或政治家的干扰和愚弄；另一方面，完全由民意推动的民主也是缺乏理性的。民主的诉求有两种表达方式，一种表达方式是政治家应该表达和贯彻人民的意愿，至少要表达支持他们的选民的意愿，他们应该对选民负责；另一种方式是政治家可以更多地表达自己的偏好而不是选民的偏好，只要他认为这是对人民的长远利益负责。前者是大众式民主，后者是精英式民主。当今的民主诉求与政治现实之间存在的差距在很大程度上是大众民主与精英民主、直接民主与代议制民主之间的差别。现实民主的基本价值是：民主的治理或受托是对广大民意负责；负责意味着重视后果，在目标和手段之间建立一种理性关系，这意味着不会完全迎合选民的要求。因为选民在很多时候并不了解事实真相，他们不是专家，没有专门的知识，也没有政治家的经验，也会追求自己的眼前利益。选民一般只对即时的情况、对直接的刺激而不是对复杂的情况和中长期的后果作出回应。一些人批评现实体制不够民主，实际上是忽视了民主政治的一个基本问题，即当领导人看到民意在错误的方向上漫延时，他们应该重塑、改变或抵制民意。引导并不意味着不尊重人民的意愿，而是通过在根本上维护政策的公平而对人民负责，选民则可以在下一次选举中根据政党或政治家的表现来报答或惩罚他们。

无论在议会体制中还是在其他体制中人们都要求政党对它所推举的公职人员的行为负责，即对那些不是由党的中央任命而是由不同选区选出的在地方政府、立法机构和城市行政委员会中任职的官员的行为负责，这意味着在很大程度上党是被作为一个整体来看待的。然而，当选的公职人员和他们的选区又会对党中央干涉他们自主行事的权利进行抗议。所以，政党及其中央既会因为在地方层面上无所作为而受到批评，也会因为它们过多的干预或企图控制地方而受到谴责，还会因为干涉党的基层组织和支持者的自由选择而受到抵制。

小　结

与 20 世纪前半叶相比，现在没有人再质疑政党的民主功能，自由民主的意识形态也得到了确立，从民主的发展来看，这是进步的，但这也使政党不再专注于捍卫自己的传统民主。在过去，传统的民主随时准备抵御非民主的侵犯和捍卫自己的基本特征，而自己本身的缺陷被忽略了。而现在的欧美，由于对民主的强力挑战不复存在，从而引发了对政党和民主制度自身缺点的关注，这样，在不否定政党的基本的民主功能的前提下，对政党的冷漠和不信任就滋生和漫延开来，这是很正常的，但正如上述，这并不意味着对政党的否定。尽管政党及其领袖有自己的私利和追逐私利的行为，这是产生对政党冷漠情绪的重要原因，但这种冷漠产生的更重要的原因恐怕还是政党发展引发的变迁和冲突以及广泛存在的对政党的过高要求所致。

第六节　政治市场化对政党民主的影响

本节主要以英国工党和保守党为个案探讨政治市场化对欧洲主要政党党内民主的影响。通过对相关的数据和言论的分析，对实行政治市场化战略后反映工党和保守党的党员、支持者、基层组织、议员和候选人的态度和观点进行阐述，进而进一步探究政党内部关系的性质、它们的政治市场化战略以及因此而导致的党员和支持者态度的变化，并指出党的性质和党内关系正处于从具有强组织型的群众型政党向职业选举模式转变的过程，党内民主正在衰弱。

一、问题的提出

把市场的概念和手段引入政策制定和政治交流正在被看成是政党选举战略的核心问题。过去近 50 年来，欧洲的政党越来越依靠雇佣选举专家和顾问来进行选举,包括研究和策划进行政治交流的策略和方法,并为政党树立自己的形象而设计政党的各种标识。领袖的风格和形象、重要信息的发布与传播、党徽以及各种对外宣传,这些本来只是消费者与商家和生产者之间交流的专利,与政党无关;与此相反,政党一直是很严肃地禁止这种活动。但当今,在面对日益增加的非组织化的、对政治冷漠的"消费型"选民的环境中,进行这种市场化的推销和设计似乎已经必不可少了。这种竞选战略可能会对西方的自由民主产生消极影响。对此持批评态度的人说,这是用机会主义替代政治信念,降低了党员的作用,进一步恶化了政党所面临的合法性和支持性危机。对此持肯定态度的人说,政治市场化有利于民主的社会化,从而给选民提供好处。例如,在那些政党结构脆弱的国家中,民主没有完全被内化,围绕选民的需要和希望进行推销和设计可以加强民主发展的基础。

当代多数西方民主国家的主要政党在最初形成时往往与社会的一个特定阶级有着紧密的相关性,像英国工党与工会的联系那样。这样的政党已经深深地镶嵌在社会之中,它们的名称本身就代表着特定的价值、政策和信念。以此为基础,它们在不同的忠诚度和依附度上有着范围广阔的支持者。一些最坚定的支持者长期给它提供经费,并在竞选期间提供积极的支持;其次,是忠诚的支持者,这些人尽管可能没有正式的党员身份,但承担着重要的工作;最后,还有较弱的支持者,他们的支持较为脆弱,当他们决定采取多大程度的支持时,他们考虑的前提条件是自己能得到多大的经济利益。

按得到的经济利益多少来决定选票投向的行为在中间选民中最为盛行,在美国这被称作"口袋选票"(pocket book voting)。这种投票模式意指选民把票投给哪个政党取决于他估算哪个政党或候选人会给自己带来更多的回报。这种从关注理想和信念向关注哪个政党是最好的经营者的转变,产生了大量的漂移性选民,在社会格局多元化的时代,由于人数众多,他们对哪个政党获胜起着关键性作用。

随着参与的扩大和越来越少的选民会终身依附于一个政党,漂移性选民在政党制定政治市场的策略时越来越被看成是一个重要因素。在经济市场中，竞争者是用商标来分割市场，这可能是在地理上进行分割，也可能是按照社会人口学的分布进行分割，大型超市是按照消费者流域的边界进行竞争，而其他的竞争者则争取较为贫穷的家庭。这里最重要的是它们都在努力寻找"自己的"消费者，以此为基础来给消费者提供他们所需要的商品和服务。政治市场也有相似之处，各政党越来越关注和竞争同一部分选民，即漂移选民，而不得不忽视那些它们曾经认为是属于自己的选民，或者那些把政党看成是自己的党的选民。这种竞争导致了政党与它的党员和忠诚的支持者以及较弱的支持者之间联系的中断，因而这种竞争方式可能会对政党产生一种深远的消极影响。

二、党的价值观的分裂

在党的领导集团与普通党员之间，过去共享的价值观正在发生分裂。我们可以从分析党员的作用和动机以及党与党员的相互影响入手，来看这种变化。第一个需要分析的因素是人们为什么要入党。加入一个组织意味着对它的价值观和目标的承诺。尽管关心环境的人可能加入如绿色和平组织、地球之友和绿党这样的组织，这一点很容易理解，但个人主义者为什么会加入一个群众性的政党这一点却不那么容易理解。

英国两大政党的长命表明它们发展起了为很多人所共享的系统而鲜明的价值认同。这些认同由长期为党工作的党员进行了最好的表达，一位1949年加入工党的忠诚的工人党员说："工党是这个国家的弱者的政党，它捍卫穷人和受压迫的人。尽管商人很强大，但工党仍为我这样的人尽力而为。"尽管这个表达很朴素，但这种具有社会主义性质的表述集中反映了许多个人对工党的看法，这就是他们总是支持工党的原因。一位1954年参加保守党的党员表达了类似的观点，当问到她为什么加入保守党并一直是忠实的党员时，她说："我们是以强者为基础建立的国家，这些强者处理人们的生活，促进社会进步,建设他们的家庭和家园,并通过艰苦的工作来支撑这些。我们不认为我们应该为那些自己都不为自己做事的人来做所有的事情;我们认为那些投资者应该得到回报。"这表达了保守党大多数党员的动机,并且说明了人们为什么入党。对于共同的社会目标的信念促使人们不仅加入而且积极地支持政党的竞选活动,一些人出钱,另一些人投入大量的时间,以使自己的政党或候选人当选。他们是党的草根战士,是党的生力军,他们承担着党的地方事务,组织和协调选举活动,发送传单,运送选民,在选举时提醒他们的支持者去投票。由于英国对政党的国家补贴是很少的,所以党员及其支持者的作用就更为重要。证据表明,政党的地方的竞选活动对全国性竞选的作用正在增加,因为这可以增加支持者。[1] 尤其是对于某些席位,在两个相互竞争的候选人差距很小的地方,分发传单、门对门的传送和一般的宣传工作这些选举的草根活动,对于一个政党获得民意来说往往是关键性的。正因为如此,党需要有基层党员。

党的领导集团对党员的需求使党员有了在党内进行讨价还价的砝码,他们形成了一个可以对党的目标进行批评的压力阶层。如果他们不同意党的候选人或党的领袖提倡或推行的一项政策,就会拒绝为党服务;如果党背离了促使他们入党和支持的核心原则,一些人就会撤回自己的支持或退党。

现在像工党和保守党这样的政党已经不再是靠弘扬特定的意识形态或靠捍卫特定的社会组织来生存了,其领导集团都是在追随社会共享的价值观。总体上来说,欧美的主要政党的目标是力图建立某种能够得到广泛支持的、以社会主流价值观为基础的社会。由此,政治市场化战略应运而生。其作用趋于使政治权力从地方组织和普通党员向党的中央和漂移选民转移。这会使党的草根成员与党的领袖之间的距离拉大;对于某些党员来说,这可能会导致他们与党的关系完全破裂。

---

[1] Denver D., Hands G., Fisher J.et al, "The Impact of Constituency Campaigning in the 2001 General Election", in *British Elections and Parties Review*, Vol.12, 2002, pp.33-43.

三、政治市场化与权力结构的变化

把市场观念引入政治,不仅要求政党的政策形成和信息交流方式发生改变,而且也要求党的领袖的思维方式进行转变,随之而来的还有党内权力结构的调整和修改党纲。这种政治市场化战略由布鲁斯·纽曼(Bruce Newman)最早提出,简尼弗·利斯·马施敏特(Jennifer Lees-Marshment)则提出了一种自上而下的路径:党的领袖从政治市场中搜集数据,提出包括政策制定方式在内的党纲,然后通过整个党的机构来对其进行过滤,以确保纲领和策略的凝聚力。① 实际上,市场信息对于政策制定的作用是相当含糊的,因为每个人的判断不同,因而从市场信息中得出什么结论、从而制定出何种政策是很难预料的,其结果仍然是取决于领导集团的决断。这样,政策制定会逐步转到领导集团手中,权力结构也在这一市场化过程中进行重新调整,其结果是使普通党员感到自己没什么作用,被疏远了。

自1990年代以来,工党的政治市场化战略明显地剥夺了普通党员的权力。工党的战略专家菲力普·戈尔德(Philip Gould)提出,工党应该使它的政治纲领转向适应"中间英格兰"(Middle England)这一类组织。这是一个放弃了工党转而赞成保守党政策的难以归类的组织。他指出,对政治市场的研究显示,只要党作出战略调整,人们是可以被重新诱导回来的,尤其是工党要削弱与工会的联系,放弃它的民族主义政策。此后,工党吸收了大量的赞成"新工党"目标的人。大部分党员对这种为得到更广泛支持而进行的党纲改革非常关心,尤其是许多人对党纲第四条款的改革表现出了深深的不安,该条款是1918年制定的,包括"生产资料共同所有"的内容。虽然实际上自1940年代以来这一条款对工党的政策制定没有什么影响,尤其是当它执政时

---

① B.J.Newman,*The Marketing of the President: Political Marketing as Campaign Strategy*,Sage,1994,p.108; J.Lees-Marshment,*Political Marketing and British Political Parties: The Party's Just Begun*,England:Manchester University Press,2001,pp.152 -201.

也从不实行，然而它的意义蕴含在它对社会主义的追求之中，这一传统价值凝聚了许多人的理想。最终还是于1995年4月在党的特别代表大会上通过的新党纲中取消了这一条款，这标志着老工党与新工党之间的根本性的分野。

工党改革的后果就是权力结构向更加有利于党的领导集团而不是基层组织的方向转化。它通过对政治市场的研究了解了"中间英格兰"，也就是大部分中间选民的政治需求，他们主张经济、法律和秩序绝对优先。为此，工党的领导集团设计了一套被某些学者描述为是对撒切尔主义进行轻微调整的政策。它在努力使那些对党向右转的政策不满的人边缘化的同时，在保守党已经连续统治18年、已经取得了很大的优势之时，通过付出巨大的努力，通过迎合中间选民的愿望来争取对工党的支持。工党领导集团面临的问题是过去的不满并没有消失，那些处于下层的人仍然怀念过去的路线，利兹·戴维斯（Liz Davies）就是由于在党内提倡斯大林主义而一度赢得了声誉。党的市场化导向削弱了党内民主，而在这个党中许多人把党内民主仍然看成是党的根基。

布莱尔班子的政策及其政策制定方式一度引起了强烈的反对，甚至引起一些议员和候选人的严重担忧，一些后座议员群起反对党的领导集团。大量东中部的议员在2001年大选中追随党对悌斯·金哈姆（Tess Kingham）的态度，后来则对党的领导集团感到失望。金哈姆在1997年被选入众院，但由于受到党的高层压力而拒绝连任工党议员。与她亲近的党员暗示，她的这一决定主要是由于她反对工党提出的使单亲家庭获得好处的改革方案，因而受到了党内高层的严厉谴责。还有，党中央不允许"Wyre Forest"选区（1997—2001）的议员戴维·洛克（David Lock）介入当地医院的紧急救护和医疗政策改革问题，理由是"介入地方卫生当局的决策不是政府的角色"，然而这导致他在2001年的选举中被一位以严肃的医疗问题为竞选口号的独立候选人所击败。还有一些工党的候选人也感到他们受到了类似的干预。一位没有当选的候选人说："如果党束缚着你，那你不可能在一个选区中做事，我很高兴我失去了被这种气氛所包围的机会。"这一变化的本质是，这个党似乎已经对"良心政治"不再感兴趣，代之以关注"好的管理"。工党的决策者认为，在管理政治的时代，思想仍能加强政治决策，但这种思想必须是来自于市场，而不是来自于抽象的理想。这意味着工党的决策不再受意识形态的制约。已经习惯了传统决策方式的人很难接受这种转变。

保守党市场化的企图则不是那么成功，部分的原因是它从自己的半自治的附属组织或曰基层组织手中夺取权力的努力没有成功。不过，这也意味着它在党的领袖和普通党员之间围绕着党的发展方向的看法比工党更为一致，更为团结，也有更多的党内民主。然而，在党外，在撒切尔任期的最后几年和梅杰政府时期，党的议会党团陷于分裂，选民看到了他们的无能，看到党的领导层在执政18年之后变得脱离选民了。尽管此后党的领袖海格（Hague）和他的继任者思密斯（Iain Duncan Smith）都承认需要重新调整党的政策以争取广泛的民意，但要达到这个目标的主要障碍是如何提升普通党员的地位。在参加2001年大选前，党的候选人都认识到他们必须改革党的政纲，由此来满足更多选民的需要而赢得支持，但这却与党员的既得利益或特权有所冲突。尽管海格是有才能的，但是他被党的地方组织中日益增长的右翼势力所束缚住了，这一时期开展的"更新保守党"运动和"共同保守主义"改革都相继失败了。党在2001年选举中被迫把精力集中在那些难以控制的党员所关心的很少几个问题上，例如欧盟和移民问题，然而这不是大多数选民最关心的问题，选民主要是对公共服务感兴趣。所以，保守党没有获得更多选民的支持。

斯密思在改革传统政策上仍然进展甚微，例如他没有淡化党的"欧洲怀疑论"意识，而党的许多支持者都有这种意识，反而由于剥夺了"Glasgow Easterhouse"委员会的财产而强化了保守主义的标识。在保守党中，主张进行社会自由改革的人与那些持有牢固保守观点的人之间产生了隔阂和矛盾，这限制了党的改革。这在20世纪末至21世纪初党内几次改选领导集团的过程中显现出来，两派之间的权力之争已经非常激烈。一位议员候选人说，尽管他认为保守党可以轻易地赢得选举胜利，但由于党的地方组织更为关心的是如何维持自己在党内的权力,不愿进行改革,所以无法取胜。然而,尽管在选举中连续受挫,但党仍保留着党员的特权。在1997年党的大会演讲中,海格说党的主要支持或市场来自于党内。说这种话对于保持党员的活力和积极支持或许是有效的,但是当这些成员不能代表更为广泛的选民时,他们本身又只占选民的少数,这种支持或民主的局限性就表现得非常明显了。

纽曼的研究表明美国两大政党在实行政治市场化战略之后并没有因此而导致党内民主的衰弱和权力向中央的转移,这主要是因为那里的政党结构原本就很松散,党的基层组织和中央都没有多大权力,它是以候选人和公职成员为中心的政党,因而本来就没有多少党内民主。也有人指出乔治·布什为获得2000年的总统提名而有意制定了一些富有同情心的保守主义政策,从而在一定程度上削弱了传统的共和党信条。他特别关注调节生产和供给需求,以争取党外的支持。[①] 他的这种改革或对政治市场的回应取得了成功。

英国工党也是如此,尽管其领导集团对党内市场的回应是失败的,但对党外市场的回应却是有效的,它通过研究从社会中搜集的民意数据,使党转向追寻政策和表达民意,而不是向党的基层组织妥协。尽管一些后座议员和候选人以及大部分党员对此感到不满,但党的权力结构还是由此向布莱尔的领导集团倾斜了。布莱尔的政策一开始就取得了一定的成效,但在布莱尔政府第一届任期届满之时,他的既定目标并没有实现,这导致了那种不满进一步扩大。如果广大党员感到党已经从重视自己转向重视其他社会集团的话,党的领导集团就会丧失党的基层的支持。但在布莱尔执政的后期,这一情况有所逆转。

这一时期保守党的情况是,党的政策主要是关注党员,而较少考虑中间选民的重要性,因而不能获得更大范围的支持,结果是在1997年、2001年和

---

① Knuckey J., J.Lees-Marshment,"American Political Marketing: George W.Bush and the Republicn Party", in D.Lilleker and J.Lees-Marshment (eds.), *Political Marketing: A Comparative Perspective*, England: Manchester University Press, 2005, pp.41-71.

2006年的大选中都无法削减工党在议会中的多数席位。党的领导集团设计的政策是使选举成功后给党员带来好处，而不是给选民带来好处，因而无法获得更多民众的支持。结果是主张保党的传统的米切尔·哈伍德（Michael Howard）取代了思密斯（Iain Duncan Smith）的领袖地位，这是党员的选择而不是选民的选择。这样做的结果是，党继续保持了它的一致性、支持基础和活力，但党也就因此而无法通过同时满足中间选民、忠诚的选民和普通党员愿望的方式来贯彻政治市场化战略，并最终导致保守党在大选中失败。

四、政治市场化导致了草根党员的疏离

如果党内和党外存在广泛分歧的话，那么对于一个希望通过其政策来吸引广泛选民的政党来说，就会面临重大考验。工党领导集团的策略是在党已经长期没有执政、党员渴望执政的情况下，通过宣传只有如此改革才能取得竞选的胜利，从而使广大党员不得不接受对党的形象和纲领进行改革。虽然工党达到了这一目的，然而一旦选举胜利的光泽褪色，许多党员仍然对党的所作所为感到失望。2001年和2003年在党的"安全"选区中对党员和党的追随者的调查发现，仅仅为争取中间选民而实行适应市场的战略是危险的，党的这一政治市场化战略分裂了党的支持基础。在一项主要围绕工党党员对新工党的态度和认为它在代表谁的利益的调查中，可以看到这种风险。

当人们承认对党的忠诚和支持正在缩小时，仍然有许多选民保持着对"自己的"政党的强烈的认同，例如在2001年选举中可以看到一些人对工党有很强的认同感。在某些特殊的选举和政治环境中，发生这一现象并不奇怪，然而，当我们仔细分析那些强烈地认同工党的人时，就会发现他们具有明显的社会阶级和经济地位的观念。那些认为自己是工人阶级的人和自认为是属于较低生活水平的人中有62%是忠于工党的。在2001年对工党的"安全"选区的一项调查中，处于这种地位的人中有32.5%强烈地认同工党。与此相对的是，有44.7%表示不打算投票，这些人似乎不清楚布莱尔的工党代表谁的利益，他们可能会不时地脱离这个党。这种情况表明新工党的政治市场化战略可能会带来严重的党内分裂。

尽管在一般的工党党员中很少有人了解党的政治市场化战略，但是在1990年代以来发生在他们中间的政治态度的变化是与党的政策向市场化转变相联系的。换言之，党员感到自己被党抛弃了，他们认为现在的工党领导只重视新的选民。当问到这个党发生了什么变化和为什么发生变化时，一些普通党员无言以对，另一些人则对这种变化持否定态度。有一位过去长期支持党的政策的党员对党纲的改革进行了这样的解释："它取消了社会主义的内容，意味着党不再有任何信仰，那是真正的变化。"有一些人说他们感到现在的工党并不比保守党对那些境况不好的人更为关心："工党不是像我们这样的人的政党，我们不属于一个政党。""这个党不再是红玫瑰、红旗、互相称为同志或其他高尚价值的党；不再是工人的党和照顾像我这样的人的党。我认为布莱尔只是为他自己那样的人服务的。"

另一些人采取了较为姑息的态度，说党纲中对传统原则的修改不是根本性的。这些被调查者，尤其是女性党员，说这种变化只是政策和策略问题。他们还说党显示出愿意帮助被保守党弃之不管的人；无论如何，它做的第一件事情就是攻击那些既得利益者。保守党的某些政策被他们解读为是对工党核心地区的攻击，例如关闭传统产业，那些被遗弃者是"撒切尔关闭煤矿和销毁工业的牺牲品"。这些人还希望工党政府为他们做更多的事情。

如果那些忠诚的选民认为党不再代表他们，那么他们认为党代表谁呢？在英国的南方和北方对这一问题的看法存在着分裂，不过在伦敦郊区人们却有着一致的看法。一些接受调查者说，布莱尔代表着"在股票市场上操作的大都市人"，"那些力争使自己得到所需要的任何东西的职业律师"，或者是"富人和南部富裕的人"。大部分接受调查者说不清谁是他们的代表，他们"感到工党代表的不是自己"。

一些人指出党在向"稻草"选民献殷勤，以争取他们，"这类选民不想把税收提高到他们不愿意看到的程度;他们一心只为自己着想"。工党的政治市场化战略所吸引的一般选民的特征是:大量个人化的、不参加任何党派的人;双工资家庭里的人;能够供得起私人医疗的人;有私人养老金和一辆公司汽车的人,总之,是生存"安全"的人。因此,相当一部分党员不仅感到与党产生了隔阂,而且认为现在党所追求的选民类型已经与自己拉开了距离。党的领导集团对党的选区组织缺乏热情也说明了这一点。一些老党员说,尽管自己有很长的党龄和对党的忠诚,但在2001年大选中没有人与他们商量如何投票,其中82个被调查者中有40人宣布他们没有投票,其中有35人声称这是他们自18岁有投票权以来第一次弃权。这种不投票的行为,是没有一个政党能提供一种为这些选民所接受的价值观。同样的情绪也反映在许多青年人中,一位牛津大学学生说:"工党以往服务于社会中大多数弱者的利益,现在不再是这样了;它照顾商人……似乎不再关心谁来投票。"[①] 这种状况说明政治市场化已经使传统工党的牌子贬值了,它丧失了理想。它似乎在重新提炼自己的价值观,但这"使它的价值模糊不清,它似乎什么也不是"。

这一时期保守党的党员看到了自己的党与工党相反的情况。党没有通过改变自己的标识去吸引更广泛的选民,仍然保留着传统保守党的核心价值。像一位地方党的领导人所言:"情绪会发生转向,工党会衰落,我们将再次兴盛,对这个国家来说,我们的价值将被看成是正确的……尽管布莱尔把它们偷走了,但无论如何人们将认识到我们是驾驶这个国家的正确的人选,因为我们有符合实际的信念。"他们认为,任何对党的核心价值的侵蚀都会受到顽强的抵制,并且不会由于取得选举胜利的渴望而有所削弱。当有人提出为了选举的成功应该改变已经过时的价值时,党的一个附属组织的主席说:"我不介意……只要我们有一个议员,我们仍然会坚持我们的立场。"一位工党地方委员会主席的观点似乎验证了他的观点,这位主席回忆1990年代工党的改革

---

① 〔英〕《每日电讯报》(*The Daily Telegraph*),2005年2月7日。

时说:"我们被选举的需要迷惑了,我们赞同布莱尔和他所代表的所有的事情……四年后我们说正是他而不是海格走上了撒切尔的道路。"

工党的状况说明它的中央缺乏与普通党员的协商,缺乏党内民主,说明工党的工作方式发生了改变。这使党的地方组织的领导人感到自己丧失了权力。一位老党员告诉他所在的组织,在"Gaitskell"时代,党在制定政策时已经引入了辩论程序,他在1980年代可以对单边核裁军政策投反对票,即使被多数票击败也是正常的。然而,在1990年代后期参加党的会议时,他发现对重要的问题也不进行辩论:"他们只做他们想做的事情,布莱尔只采纳亲信的建议,像我这样有不同想法的人他毫不在乎。"尽管党内实行了一人一票制,但党的基层组织负责人感到自己的意见不受重视,他们唯一能做的事情就是撤回他们的支持。当然,大多数党员还习惯于尽力对党施加影响,尽管他们也认识到这很难有什么作用。这是工党核心选区的状况。

这些忠诚的党员和支持者感到先是被撒切尔主义抛弃了,继而又被布莱尔主义抛弃了。他们仍然忠于传统的"工党主义",反对新工党的改革,尽力使党沿着传统的轨道行进,一些人把这解释成是为了"帮助弱者",是为了"工人阶级";另一些人则公开称之为"社会主义",尽管这实际上没有多少意识形态的涵义。他们认为工党的基本原则应该是确保社会有更多的平等,党员应尽力推动这一目标的实现,然而,他们感到没有人与自己商量,似乎被剥夺了公民权。许多工党选区的党组织似乎处于解散状态,这与保守党和自由党的党员热衷于党的活动形成对照。

五、政治市场化与党的核心价值的变化

面对党的组织涣散的状况,工党自2001年开始组建各种分支性的核心组织,到2003年已经创办了许多这样的组织,以更广泛地吸引党员和群众。然而,这一工作旨在建立广泛的社会联系,而不是加强党的基层组织和发展党

内民主。① 因此，这种改革并没有密切党中央与党的支持者和党员之间的联系。工党的基层党员最关心的是个人生活，由于他们中有许多人是通过就业代理机构就业的，每一次环境的改变都可能受到影响而被裁员。失业对他们的生活会有严重影响，因此，他们常常感到没有人真正重视他们的利益，因而很少有人认为工党正在与它的草根成员重新建立起有实质意义的联系。

同时，保守党似乎也有意图调整一下完全以党员为导向的政治战略，它在2005年竞选时提出了"我们所想的是你所想的吗"的竞选口号，其蕴意是保守党是全体人民群众的代表。但这并不是以改变党的核心价值为前提的，这在2005年确实比过去更为符合实际，因为选民对保守党的传统政策重新重视起来，人们对于它的信任和支持正在提升。与工党不同，保守党强调加强它的核心价值，它提出不要为某些含糊的、掺水的政策和纲领而放弃核心价值；这本身也是了解公众意愿后所提出的建议；无论什么样的推销战略都应该是以加强保守党内部的凝聚力、增强积极分子对党的支持为基础。

在2006年的选举中，没有一个政党关注年轻选民的观点，因为他们很少可能去投票。同样的情况也发生在工党传统的支持者和党员身上：由于他们习惯于生活在一个安全的位置上，所以，他们不会去投票支持工党的改革政策，当然也不会支持保守党的政策，所以他们最终不会去投票，也就不被重视。政党政策的这种变化部分地是由实行政治市场化战略所导致的，同时也是政党运用市场技巧和理论的原因。政策市场化是企图弄清和开发一个不确定的群体的支持，对于所有寻求权力的政党来说，这些选民都是缺乏忠诚的、不确定的和漂移的。实行这种战略就要求政党重新调整政策方向以适应这种选民的愿望，但要疏远自己的核心价值。工党在1990年代后期做到了这一

---

① J. Lees-Marshment, D.G. Lilleker, "Political Marketing in the UK: A Positive Start But an Uncertain Future", in D.G. Lilleker, J. Lees-Marshment(eds.), *Political Marketing: A Comparative Perspective*, England: Manchester University Press, 2005.

点，它的党员默许了这种以取得选举胜利为借口的对党的形象和政策的改革，当时对于取得选举的胜利比对社会主义理想的渴望更为强烈。

保守党的问题是，它是以牺牲短期目标为代价而争取权力的，这种战略可能会在将来取得成功。工党的问题是，漂移选民是不稳定的，环境的变化随时都可能改变他们的归属或转向保守党，这时它就不得不退回自己的心脏地带，从而失去大量的选票。所以，两党的战略都存在问题：在当前，保守党可能会失去中间选民的支持，但可能在未来赢得人心；工党则可能完全腐蚀自己的基础，但现在可赢得更多的选票。这是一个需要研究的政党的市场导向的适应性的问题。一个政党是应该有自己的强烈标识、烙印和身份，有较为固定的选民、支持者和群众，还是允许自己随着自己或竞争对手的政治战略的变化而选择不同的选民？保守党是按照前者的行动方式行事，它假设随着它的价值观的显著增长，会吸引人们的参与和支持，自己会在选举中得益；工党则认为取得权力的现实更为重要，为此可以改变自己的标识和政策。

小 结

在关于政治市场化的文献中最基本的论证是，政治市场化是政党寻求选举成功的不可或缺的一步。当讨论深入到哪一种政策和路线是市场导向的，是否所有的市场化政策、路线或模式都可以得到充分而恰如其分地贯彻并能带来成功时，人们就会看到英国的那些企图使政治市场化的政党所面临的风险了。在英国的环境中，在竞选中得到草根战士的积极支持是非常重要的，或者说如果党不能调动自己党员的积极性，就会使竞选的效果下降。现在的问题是，在选举中尽管有专人上门联系是重要的，但同时也必须依赖于中央资源和电讯传播。这也是工党所面临的问题：为了取悦于不同群体的选民，它在相当程度上背离了传统上最为成熟和最忠于自己的那部分人。这些人不再是党的积极的支持者，党也不再看重他们的态度，因而也就削弱了党内民主。还有，由于这一矛盾，那么是否党应该有更多的卖点，而不仅仅只推销一种政治市场化的战略？这些是所有政党必须设法解决的问题。由于政党面临着党员数量、效忠的下降和衰弱的问题，所以显然政治市场化不是一副包治百病的灵丹妙药。

第二章　政党政治与民主化

第一节　政党制度的制度化和民主化的变迁

比较欧美和东亚政党制度的制度化和民主化的变迁，是认识政党制度的一个有效视角。宪政架构、社会文化结构以及大众传媒状况构成了政党制度特色及其运作的基本的外部条件，而从以忠诚为价值取向的群众型政党向以忠诚和"问题"为纽带的全方位政党的转化是建立稳定而民主的政党制度的重要的内部条件，欧美和东亚在这些方面的差异是其政党制度的制度化和民主化存在较大差异的基本原因。无论欧美还是东亚，都要根据这些基本的条件以及发展阶段在各自的政党或政党制度之间寻找一个合适的平衡点，或者说在竞争性与合作性政党关系之间达成一种妥协，这是政党制度高效运作和提高自己的制度化与民主化水平的一条基本的路径。

一、政治环境对政党制度的影响

政党充分发挥作用的前提之一或外部环境是要有一个承认政党合法性和允许它自由运作的政治环境，而确定政治环境的自由度或政党运作边界或政党制度的是它的宪政架构、选举制度和大众传媒。也就是说，政治规则和程序对所有政党是否公平，政党是否能够平等而自由地与政府和媒体进行交流。

从欧美的情况来看，其民主体制的重要内容之一宪政框架给政党的运作提供了较大的自由空间。其民主发展史表明，对政党及其活动进行某些限制是必要的，但应该明确地划定界限，控制限制范围，过多地限制政党的存在和活动既不利于民主的发展，也会在根本上阻碍政治运作的效率。宪政架构是从两个基本方面来规范政党的活动或政党制度的：

第一个方面是行政与立法关系的宪法规则对政党的运作有重要影响，这表现在总统制、半总统制和议会制之间的差异对政党和政党制度有着不同的影响。从典型的总统制美国的情况来看，总统制显然导致了政党凝聚力的下降和组织结构的松散[1]，使政党对政府没有多少约束力。在那里，有两个长期存在又有深远影响的问题值得关注，一个是由于一个政党会推出一个以上的总统候选人进行长时间的竞争激烈的党内初选，这种竞争甚至与党与党之间的竞争都没有实质性的差异，因而这通常会加深党内的分裂，其裂痕往往需要较长时间才能愈合。与此形成对照的是，在议会制中党的议会党团之间争斗的时间较短，通常也不会很激烈，不仅普通党员不会为了支持自己的候选人而与党的其他派别或地区推出的候选人分裂，而且党的领导集团也是如此。这样，不仅宪政原则规定政府是由议会产生的，而且党的领导集团和议会党团的这种一致性使它们对政府有较大的制约力。马来西亚是一个特殊的例子，尽管它实行的是议会制，然而由于执政的巫统的所有党员都可以参加党的领袖实际也是政府总理的选举，这一点有点像总统制中总统候选人产生的方式，因而在推举党的领袖或政府总理时往往会产生党内的权力斗争。其部分原因或许是马来西亚的政党体制由于种族问题而从来没有像东亚其他国家那样经

---

[1] J.J.Linz, "The Perils of Presidentialism", in *Journal of Democracy*, Vol.1, No.1, 1990, pp.56-69; Matthew Shugart and J. M.Carey, *Presidents and Assemblies*, New York: Cambridge University Press, 1992.

历过一个一党完全垄断权力的阶段。

另一个问题是在总统制中行政与立法之间的对立导致了党的凝聚力的下降，而议会制中党的领导集团与政府的相对一致性则不会削弱党的领导集团。在总统制中，宪法规定立法与行政相互制约，总统是由全国性选举产生，议员是由地方性选举产生，服务的目标有一定差异，而政府和议员中又有相当一部分是属于同一政党，尤其是在两党制下，几乎有一半是由同一政党组成，这就在很大程度上可能会导致党的分裂或弱化。而在议会制中，内阁的存在依赖于议会的支持，议员是由政党推出的，这就在党的基础上实现了相当程度的统一，党组织的约束力得到了强化。同时，当多数党或其他党的后座议员知道他们的投票可能会导致政府下台时，一般也会谨慎地使用反对票，这也要求加强党的纪律。与此相呼应，内阁为了避免麻烦会利用一切手段寻求议会多数的支持，由此，在议会制中政府与议会多数成员间的关系一般会更为密切。而在总统制中，主要行政首脑和内阁不依赖于议会而存在，因此他们与议员的关系就更疏远一些，尽管他们通常也会寻求议会多数的支持。然而，尽管政党凝聚力的下降这一趋势在美国是真实的，但在某些实行总统制的发展中国家中并不完全如此，例如，在拉丁美洲的危地马拉、智利和阿根廷，政党在国会中有着严格的纪律；① 在东亚的印度尼西亚、菲律宾和台湾地区，政党在议会中还保持着较强的凝聚力和团结，这可能与它们的政党仍然在相当程度上是建立在纵向社会分裂的基础上有关，或者说其代表性并不广泛，民主环境还不够成熟。

宪政架构影响和制约政党和政党制度的第二个方面是由它关于中央与地方分权的规则而产生的，这一般在联邦制中更为明显，不过在其他形式的分权结构中也存在，例如由此而导致的地方党组织的选举独立于党的中央选举时就会如此。所以，尽管权力下放的初衷是一种行政设置，但它不可避免地会具有政治作用并影响到政党，尤其是在权力下放后各地方党组织竞争党的

---

① Mainwaring S.and Scully T.R.,*Party Systems in Latin America*,Stanford,Calif.：Stanford University Press,1995,pp.17-19.

最高领导人职位时，为了争取本地和其他地方党的支持，必须对地方问题表态和作出决定，这就可能与党的中央产生矛盾，而与其他政党的地方组织或党中央则尽量保持一种合作关系。

尽管一般来说联邦制是分权的制度，但不同联邦制的分权程度有很大的差距。在只给地方留下很小权力空间的联邦制中，例如奥地利和危地马拉，主要政党有更多的全国性；在地方分权很大的联邦制中，像美国、加拿大、比利时和瑞士，政党的全国性徒具形式或不具有全国性。加拿大和比利时与东亚的马来西亚的政党都不是全国性的，马来西亚执政的巫统（Sabah）和沙拉越（Sarawak）既是种族政党也与一定的地区相联系。瑞士的政党在名义上是全国性的，但由于它各州和行政区有很大的自治性，因而其地方党组织主要根据所在州的情况进行独立活动，因此由这些地方党组织组成的全国性政党就缺乏内在的一致性，而与本州的其他政党却维持着一定的一致性。

第二个方面是，无论是精心设计还是无心插柳，选举体制对政党和政党制度都有重要影响。精心设计的制约方式通常是通过制定歧视某些政党尤其是反对党的条款而实现的，这在欧美国家已经很少。不过有人指出两党制这种制度设计本身不利于两党以外的各种政治力量表达意愿和参与政治，也有一些人认为国家对政党公共资金的分配方式也是不公平的。东亚的新加坡和马来西亚的选举法规定正式的选举时间很短，并且是突然宣布的，反对党难有充分的准备，以及不公平的划分选区等。这种不公平竞争阻止政党发展起广泛代表性的结构，因而不但是外在环境而且内在条件也不利于建立一个多元的政党制度。

现在欧美各国甚至东亚的一些国家都通过制定《政党法》来规范政党制度。然而，尽管它的规则是公平的，但在实践中由于执政党和大党已经占据了优势，因而可以优先享受到优惠政策，可以利用合法手段优先占有资源，例如它通过得到更多的公共资金来弥补政党资金的不足。这方面典型的规则就是根据政党在选举中的得票率来确定各政党得到资金的多少，由于这使小党或新建立的政党得不到国家补贴而处于不利的竞选地位，因此这种政策是否公平受到了质疑。另一方面，如果政党由于得到了足够的公共资金而没有动力去改善自己的管理，那么它也就缺乏动员选民的愿望，最终也就削弱了政党的功能。大致来说，在欧美国家中使用公共财政分配政党资金的结果是利弊相抵。一方面，如果新政党是诞生在中心城市，那么它最初在中心城市之外的支持者是有限的，因此，如果这些党想获得广泛支持的话，就必须努力在地方展开党的活动。在这种情况下，国家不提供财政支持或许更为合适，即使这些政党活动艰难也应如此，否则会削弱它们动员选民的动力，削弱其责任感。另一方面，如果通过中央财政来支持原本只关注地方问题的政党而促使它们转而关注全国性问题，可以促进政党在国家层面上的整合，减少政治分裂，提高政党和政党制度的运作效率。在东亚一些国家或地区中，政党资金的使用常常为大党或执政党所操控，运作还不够规范，因而有很大的弊端。

选举对政党制度的影响还表现在选举的变化会对议席的分配和政府产生的程序甚至结果产生影响，例如胜者全得的选举规则会增强多数的力量，尤其是在大选区中更是如此，而比例代表制给小党和少数派保留了一定的政治空间，有时这会使众多小党可以对政局施加影响，这通常也是两党制度和多党制赖以存在的选举制度。议席分配方式和选举总统的方式对选民的投票会有间接影响，选民和候选人都会意识到具体选举制度的作用，他们会因此而考虑自己手中选票的投向。例如，在多党制和比例代表制下，选民一般会把选票投给最能代表自己的候选人，而在单一选区代表制下，选民可能会把票投给他认为比较能代表自己而又有可能当选的候选人。执政党和政府也会利用这一点，尤其是东亚各国的执政党通常会采取对自己最为有利的选举制度。例如，在马来西亚实行的胜者全得的选举制比实行比例选举制更有利于执政的"国民阵线"获得尽可能多的席位，新加坡的集选区制也确保了执政的人民行动党的优势地位。在东亚的一些国家中，执政党总是使选举规则为自己所用，这阻止了政党制度化水平的提高。当然，这在一定程度上与东亚的社会政治特色相吻合。

大众传媒对政党政治有很大影响已经是不争的事实，但具体影响如何却很难进行检测。一般来说，全国性和地区性选举通常要比基层选举更受媒体的支配，因为选民并不直接了解政党候选人，所以只能通过媒体来了解他们。在民主较为成熟的国家，尽管一些媒体也有党派和个人倾向，但媒体的客观和公平性一直受到民众的高度关注和法律的约束。在民主机制还不够健全的国家或地区，政党所拥有的媒体通常有很大的倾向性，像东亚一些国家或地区的媒体就是如此，例如台湾的民进党和国民党都有一些倾向性明显的电视台、报纸和广播电台，它们选前没有平衡而客观的报道，这使得受到不公平对待的政党和候选人的情况明显变遭，一个重要的例子是2004年台湾"3·19枪击案"后，亲民进党和政府的电视台、电台、报纸24小时连续报导这是亲国民党人士所为，从而在选举的最后时间改变了相当一部分选民的投票方向，致使民进党候选人陈水扁以很弱多数当选。不过，东亚各国或地区的情况近年来有了较大的改观，这是由于它们国内或地区内的选举越来越受到国际社会的关注和压力，媒体通常不得不给不同的政党和候选人提供相对平衡的表达机会，这就在相当程度上削弱了媒体的偏向或导向作用。

如果媒体的报道是公平的，能够发挥监督作用，那么可以维护政党间的公平竞争，因而也就有利于政党制度的民主化。从现实来看，媒体的态度公平与否在很大程度上取决于它们与政党的关系如何，如果它们与政党有着密切的关系，甚至是组织上的关系，那就很难做到公平。如果媒体是独立的，对所有政党都平等地提供信息，那么它就会促进公平，有利于政党制度的民主化。这种独立性在欧美国家已经基本实现，即便是国家注资的媒体，其党派倾向也受到严格的控制。在东亚和一些后发展国家中，私人资金在出版、广播和电视台中的占有率是有限的，而主要政党和政府是媒体的实际控制者，这种控制一般有两种方式，一种是执政党和政府直接进行控制，媒体成为党的一个部门，现在这种情况已经越来越少了；另一种是尽管媒体在经济上和法律上是独立的，执政党和政府也并不干涉其日常的运作和报导，但它们通过实行审查制度而享有根本上的控制权，以此使媒体给自己以更多的宣传和发表有利于自己的言论等，这在很大程度上维护了主要政党或政府的形象，但减少了民众对其他政党的了解。

二、社会结构和政党的变迁对政党制度的影响

民主的发展不仅需要政党有强有力的组织和表达功能以及运作能力，而且要构建民主而规范的政党制度。按照传统的民主理论，在这种制度中不应只有一个政党处于绝对支配地位，其他政党则处于被支配地位，而是要有平等竞争和相互制衡的政党间关系。政党制度的民主程度主要取决于主要政党的民主性和成熟程度。

欧美政党之间的关系或政党制度大致可以分为两个阶段，第一个阶段是在19世纪至20世纪上半叶，一方面由于主要政党都是建立在纵向的社会分裂基础上的，因而有着明显的利益差异和对立性；另一方面由于主要政党是在体制内建立的，所以其对立性并不像后发展国家那样强烈。例如尽管像英国工党或自由党和保守党是立基于不同阶级之上的，也有着长期的对立性，但其党的上层和路线都是立足于维护体制而不是反体制的，因此其对立性并不强烈。第二个阶段是第二次世界大战后，随着"意识形态的终结"，各政党的中间化更加明显了，各主要政党在基本路线没有根本差异的基础上进行着有时是相当激烈的竞争以及相互间的制衡，但它们的竞争都遵循着维护体制的原则或宪政框架所规定的边界，其政党制度是合作、竞争和制衡关系的反映。

东亚的政党制度形成的时间大都晚得多，自第二次世界大战结束后大多数国家出现政党到现在可以划分为三个或两个阶段。第一阶段是指1945年至1960年左右，这时各国的政党和政党制度建立不久，大都是多党制或两党制，

但由于很不成熟，因而其制度层面的民主难以制约实际上的无序和混乱。第二阶段是1960年代至1980年代或有的国家至今，是一党为主的政党制度时代，这时的政党制度缺乏民主但较为有序。第三个阶段是1990年代至今，各国或地区政治转型后大都又实行了多党制度，这时的民主程度有很大提高，但其运作的制度化水平还不及欧美的政党制度。

东亚与欧美政党制度的差异在客观上主要是由阶级和社会结构的不同或发展水平所导致的。在欧美，尽管也存在着阶级、宗教和社会分裂，但其中产阶级化和市民社会的形成已经大大弱化了这种纵向分裂和由这种分裂所导致的政党间的对立。尽管像比利时和加拿大这种由于国内种族或语言差异而导致的长期的族群对立有时会使代表它们的不同政党间的关系极为紧张，但最终仍会妥协，可以维持一个基本稳定的政党制度和政局。但在东亚，虽然作为工业社会主要特征的传统社会结构的纵向分裂从来就没有像西方那样充分，但是其向后工业社会的转型也同样很不充分，尽管它在较短的时间内就有了后工业社会的许多特征，然而现在其传统的带有两极对立色彩的社会、宗教和政治分裂以及由此导致的政党的对立仍然是其政党制度的重要特征。一些主要的政党仍然与自己所赖以产生的社会分裂界限相一致，对吸引其他群体并没有很高的期望或有效的动作，这种与特定的种族、宗教和阶级有深厚联系的政党可能仅仅是特定种族、宗教和阶级的代言人，这就造成了政党间的对立和政党制度的不稳定。

应该注意的是，尽管在欧美的某些国家如意大利和东亚的大部分新兴民主国家中都有政党制度碎片化的情况，但其社会基础和表现也有所不同。在欧洲，参加竞争的众多政党所代表的社会力量之间的利益差异较小，各政党之间的竞争像企业之间的销售竞争，每个政党都渴望提出可以吸引那些过去是自己反对者的纲领和政策。但在东亚，社会分裂的程度较为深刻，因而尽管各政党也希望自己有更多的支持者，但又很难跨越分裂的界限，因而其政策和意识形态还是表现出了较大的差异。

欧美自 1950 年代始、东亚从 1990 年代始，随着社会结构和经济关系的变化，都出现了政党的意识形态从以忠诚为价值追求向以忠诚和"问题"为价值追求的转化，其组织出现了从群众型政党向组织较为松散的全方位政党的转变，这对于在民主的基础上建立稳定的政党制度有明显的促进作用。传统的群众型政党容易形成两极对立，在社会结构横向分化后，它的社会基础瓦解了，而"问题"成为人们新的价值追求，尽管不同的人群会关注不同的"问题"，但与过去相比，对"问题"的关注或者不像过去那么执着，或者由于其众多而分散了人们的聚焦点，因而只是在较小的人群中有较强的凝聚力，而在更大的范围中难以造成僵化的个人崇拜。如果关注不同问题的选民感到可以从"自己的"政党中得到对自己所关注的问题的支持，那么"自己的"政党就会得到更多的支持，而这种支持既可能来自于不同的社会群体，也可能由于关注这些问题的人数较少及政党较小而不得不联合其他政党，这就减少了政党间分裂和对立的可能，也为政党制度的稳定和提高制度化水平提供了前提条件。这既可以避免群众型政党所具有的对立性，也可能避免地方性的个人魅力型派系或政党中通常会存在的由于缺乏对全国性政党的忠诚而发生的分裂，而这在东亚政治转型国家或地区中是比较普遍的情况。保持较为广泛的社会群体的并非强烈但基本的忠诚可以使党的领袖们较少受到特定社会群体的制约。

由此看来，政党制度制度化和民主化水平提高的前提之一是主要政党要突破以纵向社会分裂为基础的社会束缚，成为以社会群体支持和问题支持相结合的新型政党，从而改变旧的政党格局或政党制度。这一转变过程是传统的群众型政党要逐渐放松与原有阶级之间的联系，使自己不再是特定阶级的专有工具，同时要扩大自己的支持基础，争取和主导各种支持者的政治倾向，并愿意或不得不尊重政党之间公平竞争的原则，这就会使各政党都有动力去争夺中间选民，而那些中间选民也不再对他们原来所隶属的社会群体履行严格忠诚的义务。欧美大多数主要政党都完成了这一转变，东亚的政党正在完成这种转变。当然，无论对欧美还是对东亚来说这都不是轻而易举的事情，一些政党很难完成这种转变。北爱尔兰的两大主要政党都很难脱离它们最初建立时所依赖的社会群体，在20世纪的最后几十年还进行着尖锐的对抗。或许马来西亚也是这种情况，它的各主要政党都是按照种族界限建立的，已经经历了70多年的时间。东亚各国在政治转型后出现的问题是，转型后传统的僵化的全国性忠诚迅速瓦解了，但没有建立起民主的忠诚或价值，而是由传统的地方性忠诚或完全没有忠诚的利益所取代，从而使政党和政党制度很不稳定。

三、政党制度的制度化与民主化的发展

政党制度的制度化和民主化程度从根本上来说取决于这个国家社会分裂的强度和性质，构成政党制度的政党的状况，包括党的结构、党的领导集团的立场和党的路线等。每个国家甚至每个时期主要政党的力量对比和相互关系都有可能呈现不同的格局，因而政党制度的形式和作用也就有所不同。议会中政党的数量越多，它们的规模就越小；在议会中起作用的政党越多，每个政党的作用就越小。当然，如果小党的纲领和政策得当的话，那么它们有时也能发挥重要作用，它们会从大党竞争的格局中得到好处。但是一般来说，在已经巩固的民主制度中重要政党的数量不会很多，从两三个到六七个政党不等，否则政党间的争斗可能会无休无止，政党制度会陷入混乱，也会影响议会和政府的效率。

竞争性的政党制度大致可以分为四种类型：两党体制、两个半政党体制、有支配党的多党体制、碎片化的多党体制。在两党制中，两个力量相当的政党支配着政局，美国和英国就是这种情况。在第二种类型中，有两大党和一个小得多的第三党，但是这个小党通常能起到力量平衡的作用，这种情况在德国存在了很长时间，现在英国的自由党似乎也是这种政党。在第三种类型中，存在着几个起作用的政党，但是其中有一个处于支配地位，这是几个斯

堪的那维亚国家尤其是瑞典很长一段时间的特点。在第四种类型中，有几个或更多的政党力量比较平均，都能在国家政治生活中起重要作用，例如瑞士和意大利就是如此。① 这种根据政党在政党体制中的力量大小和地位划分政党体制的四分类法是根据西方的情况建立的，但是这种分类方法早已被用来划分非西方国家的政党体制了。从东亚来看，典型的两党体制还没有出现，但两个半政党制度在台湾已经出现了，在那里，国民党和民进党力量相对平衡、对立且支配着政局，尽管目前这种平衡偏向于国民党一方；第三种势力尽管小得多但有时却可能改变两大政党的得票率或力量对比，只不过其第三势力不是一个政党而是几个政党。日本长期以来就是一种有支配政党的多党体制，自民党一党独大且长期执政，但其他政党在国会中也有相当的实力，可以对自民党及其政府进行制约，甚至可能短期内上台执政。在印尼、菲律宾、韩国和泰国都是较平衡的多党体制，几大政党的力量此消彼长，尽管上台执政的政党可能一度会处于优势，但它下台后又会回到相对弱势的地位上。

在东亚几十年的民主化过程中，各国主要政党的力量此消彼长，每次选举的结果变化很大，其政党制度极不稳定。在韩国、印尼和菲律宾，尤其是泰国，多党体制的制度化水平还很低，其巩固还需时日。台湾地区的政党格局相对稳定，它似乎是在缓慢地向两个半政党制度或有一个支配性政党的多党体制转变。从近年的情况来看，尽管除了泰国外没有迹象表明多党体制的民主化会受到挫折，但是也没有迹象表明它们很快就能够建立起一个制度化与民主化水平较高的政党制度。这在很大程度上是因为这些政党很少是建立在全国性支持的基础之上，而在相当程度上还保留着传统的地方性、阶级或族群支持，党内的联系纽带以及它们与选民的关系有很重的主从关系。马来西亚的情况和在一定程度上新加坡的情况显示，随着

---

① Blondel J., "Party Systems and Patterns of Government in Western Democracies", in *Canadian Journal of Political Science*, Vol.1, No.2, 1968, pp.180-203; Blondel J., *Comparative Government*, London: Prentice-Hall, 1995, pp.170-172.

社会结构的变化和反对党对全国性政府不断施加压力,政党制度正在从一党支配性格局向多元格局过渡。

政治生活本身存在着内在的利益诉求和竞争,而政党体制是包容和规范这些利益表达和竞争而不是消灭它们的工具。在某些国家,例如在政党和政党制度发源地的英国和美国,在其自由民主的范式中,崇尚竞争性的政党关系,尽管它也必须有一定的规范和相互妥协。在另一种西方模式中,多元体制包含着更多的合作和协商,尽管其中也有相当的竞争因素。在这种情况下,政党不是像公司在市场中那样竞争,而是选择合作甚至垄断。当主要政党的领袖们认识到他们中没有人能够单独赢得胜利,认识到不顾一切地争取权力只能引起分裂时,他们就会协调各自的活动,以取得一致。这种模式是欧洲大陆的多数国家,尤其是比利时、荷兰、瑞士和奥地利的特点。由于用这种合作和协商方式来协调各政党之间的关系大大加强了它们之间的团结,以致使它们形成了一种旨在通过联合而无限期地保住执政地位的卡特尔式的政党体制。

实际上,所有的政党间关系或政党体制都包含着竞争与合作的关系,都可以在竞争与合作这两种关系模式构成的直线中找到自己的位置。如果我们把纯粹的竞争和纯粹的合作作为这一直线的两端的话,那么通过把每个政党体制放在其适当的位置上就可以清晰地看清它竞争与合作的程度以及相对其他政党体制的位置。在一定意义上,政党体制采取什么方式来协调政治行为、政党间关系和影响政府,取决于这个政党体制是以竞争性为主还是以协商性为主。在两党制中,由于主要政党很少而易于协调与合作,所以它总是通过强调竞争来维持一种平衡;相反,在多党制中由于政党众多而易于陷入竞争或混乱状态,难以协调与合作,所以它总是通过强调协调和合作来维持平衡。因而两种政党制度都是处于竞争与合作的协调与平衡状态中。非常有趣的是,在相当意义上马来西亚的政党制度体现了这两种政党体制的状况,是这两种政党体制的一个混合体:一方面,它既有一个反对派政党联盟来与执政党进行激烈的竞争,因而体现了两党制的竞争性特点;另一方面,又有一个建立在种族分裂基础上的各政党组成的协商性的执政联盟，这又体现了多党制的合作性特点；从而集竞争性与合作性为一身。这种政党体制深刻而全面地体现了竞争与合作的平衡关系，这也是为什么难以判断马来西亚是正处于民主巩固过程之中还是仍然处于威权主义框架之中的原因。

小　结

各政党之间的竞争有时激烈，有时缓和；其合作有时密切，有时松散，由此而产生的关系模式既可能是一种对抗性的，也可能是一种合作性的，竞争不能过于激烈，以至于政党制度经常处于分裂或被一党威权主义所替代的危险之中；合作不能过于紧密，以至于形成一种卡特尔来统治国家，抑制了利益表达并使政治生活失去活力；这就是政党制度所要发挥的包容和规范作用。无论是欧洲还是东亚，其政党制度的制度化和民主化都是在这两种关系的角逐中不断变迁或向前发展的。

第二节　政党在民主化中的作用

本节以政党在民主化过程中的基本作用为起点，对政党尤其是东亚政党在民主化过程中的作用和特征进行了分析。指出政党组织结构和意识形态的特征及其变化对政党作用的发挥及民主化有着重要影响，由于欧美和东亚处于不同的发展阶段、政党变迁的路径也有所不同，所以在欧美政党的群众性基础瓦解的同时，东亚的群众型代表性政党则成为民主巩固的重要工具，东亚只有发展起具有一定群众性和代表性的全方位型政党才能在民主巩固过程中发挥重要作用。同时，有一个相对自由的宪政环境对于形成既有竞争性又有包容性的政党体制是不可或缺的，这是政治民主化稳定发展的重要前提。

一、政党在民主化中的功能

政党是现代民主国家的核心组织与制度,尽管它有这样那样的缺点,但仍然是最重要的具有政治凝聚和表达功能的组织和结构。通过这一组织和结构,人民的意愿、态度和观点能够被传输到国家的最高决策层中去。概括来说,作为民主过程的关键性组织,政党发挥着三项主要功能:为公民和政府之间提供持久的联系;提出政策,由选民进行选择,由政府进行贯彻;是选择政治家担任公职的主要工具。

事实上,政党在威权主义体制中也发挥着关键性作用。在这种体制中,政党多是在一党或一党为主的政党体制中进行运作,在20世纪,后发展国家几乎都经历了这样一个阶段,东亚各国多是在自20世纪50年代以后的几十年间实行过一党统治。从拉美的墨西哥、非洲的津巴布韦到亚洲的日本、韩国、印度尼西亚、菲律宾、泰国、马来西亚、新加坡等无不如此。新加坡和马来西亚等许多国家现在仍然是一党统治。在这些国家中,一党和一党制度是统治者旨在长期控制国家政权的组织和制度手段。

在现代各类国家的社会组织形式中,尽管非政府组织的作用在不断增大,在不同的国家中政党的作用的大小也不尽相同,但是仍然没有任何其他组织形式能够比政党发挥更大的作用。尽管我们可以说在现代社会中每个政党都在协调人民和政府间关系方面发挥着重要作用,但在不同体制中它们的作用还是有所不同,或者说,在威权主义国家中的政党与在民主体制中的政党有某些不同的运作特点,在总统制中与议会制中政党的作用也有所不同。此外,这些不同特点不仅仅甚至主要不是取决于政党的内部结构,而且还与政党制度有关。政党和政党制度要有效地发挥作用,必须做到两点:第一,如果要充分发挥其代表性功能,那么它们就必须在群众中有扎实而广泛的基础,换言之,一个有活力和吸引力的政党不能只是一个把自己的活动局限于一个国家的首都或中心城市的派系;第二,政党不能只是一个辩论性的组织,而是要成为国家体制的一个有机组成部分,以对政治生活施加影响。这就是说,政党必须在一个相对自由的体制中进行运作,此外,政党体制还要有以下特征:必须有一个以上的政党存在,各政党之间既相互依赖又彼此独立;主要政党的数目不能太多,否则会影响决策效率。

从政党自身来看,就是党的组织和结构要能够代表民意,赢得选民的支持;从政党制度来看,就是要能够提供公平竞争的环境,尤其是有自由公正的选举。要有公平竞争的环境,就必须建立起民主的宪政架构,使政党和政党制度按照宪法原则来运行。而政党在这方面可以发挥关键性作用,因为只有政党可以通过自己的运作来确保宪法原则得到尊重,达到政局的稳定,不再受政变和其他威权主义因素的困扰,最终实现民主的巩固。按照经典的定义,除非一个政体能够保证政党间的公平竞争,否则它就不是民主的。这是政党与政体间的一种相互支持的关系,也就是说,政党维护宪政,宪政保护政党。因此,要在东亚评估民主巩固的程度,有三个基本标准:第一,看宪政安排及其实践允许多党制度发展到什么程度,例如,新加坡的多党制度是在不断发展的,这决定了它的民主程度;第二,看政党是否真正形成了表达民意的结构,成为表达民意的工具;第三,是否有一个以上独立的政党的存在,是否形成了一种多元政党体制,没有一种稳定的多党体制,就会阻碍政府提高决策效率。

一个宽松而有序的政治环境是政党得以发展的前提条件。有了这样的环境,政党就可以在国家政治生活中充分地发挥作用。但只有这个环境是不够的,政党组织本身的状况也很重要。一些国家的情况表明,在自由民主已经发展了几十年的地方,政党仍然很软弱,例如在法国,政党一直都是相对脆弱和不稳定的。许多拉丁美洲国家也是这种情况,尤其是在巴西,政党一直被认为是不成熟的。美国也有相似之处,其政党长期以来就近乎是空壳的,在 20 世纪最后几十年以来更是如此。不过美国与法国和巴西的情况有所不同,其政治环境和文化似乎适于建立这种空壳性的政党。与此相反,在大多数欧陆国家，也有某些拉美国家，像墨西哥、哥斯达黎加、委内瑞拉、智利和阿根廷，都存在着强势政党。东亚多数国家或地区都有强势政党，像日本的自民党、泰国的泰爱泰党（后改为人民力量党）和民主党、印尼的民主斗争党和专业集团党、菲律宾的基督教穆斯林民主力量党（LAKAS-CMD）和民族主义人民联盟（NPC，Nationalist People's Coalition）、马来西亚的巫统和国民阵线党、新加坡的人民行动党、台湾地区的国民党和民进党等。

以下要对政党尤其是东亚政党的变迁及其对民主进程的影响进行考察，以明确政党在民主转型过程中的地位和作用。

二、东亚政党变迁的特征

我们知道，最早的政党类型是产生于欧洲的精英型政党，其特点是以地方知名人士组成的非制度化的组织，没有正式的组织结构，在农村通常是地主和农场主的组织，在城市则可能是律师、医生、教师的组织。这些名士的支持者是那些受到庇护和关照的人。在17世纪末政党产生后的近200年时间里，政党都是这种围绕着某个名士运作的派系组织。精英政党与当时的社会政治状况是相适应的。自19世纪后期开始这种情况变化了，它们逐步被全国性群众型政党所替代。尽管在少数地方还保留着这种名人政党，尤其是在一些后发展国家中，由于那里的政党产生很晚，军人政府和独裁者建立的政党多是强人政党或名人政党，但自20世纪60年代以后，这种政党已经越来越衰弱，代之而起的是群众型政党，在东亚也是如此。

一般来说，东亚各国的精英型政党是在其现代化启动后，在西方政治的影响下建立的。东北亚各国，如日本、韩国和中国建立的较早，在19世纪末就建立了。东南亚各国较晚，多是在第二次世界大战后建立的。

在泰国，自1932年第一个近代政党"民党"建立后，政党时起时落，很不稳定，各政党多是以名人为中心建立的，政客、种植园主、参议员、省长、将军等都可能成为政党的领袖，尤其是军人派系多次政变并取缔政党活动，甚至在 2007 年 10 月还发动了一次成功的军事政变。在菲律宾，第二次世界大战后出现了政党，此后虽然有一个两党政治的时期，但两党内组织结构松散而派系林立，致使政局很不稳定，甚至马科斯的军政府统治在很大程度上也是以他个人为中心的派系统治，不过这时是它向群众型政党转型的开始。韩国的精英型政党延续的时间很长，无论是在 1960 年代初至 1990 年代初的军政府时期还是在其后的多党政治时期，主要政党都是以名人为中心建立的，制度化水平很低。在印尼，第二次世界大战后进入多党政治时期，此时政党多是名人的附庸，各政党都是以个人魅力型的领袖为中心运作的，从苏加诺到苏哈托时期是政党向群众型政党转型的过程。马来西亚和新加坡的执政党都是在第二次世界大战结束后产生和发展起来的，当时都是一些精英型政党。新加坡的人民行动党一直到现在都保持着精英型政党的某些特点。

由于东亚的精英型政党所处的发展环境与欧美的精英型政党当年所处的时代或环境有所不同，因而自身的特性也有所不同。东亚的精英型政党是与革命运动和民族主义运动相联系的，具有较强的"革命性"而不是"保守性"，所以，那些与欧美精英型政党相似并比较保守的政党很快就衰落了，而革命性强的政党则有一些发展起来并取得了政权，但它们在执政后没有进一步地发展民主而是实行了威权主义统治。当然，这与这些国家的现实状况有很大的关系。

群众型政党是在社会纵向分裂的基础上产生的，其中左翼群众型政党多是在体制外的工人中建立并发展起来的，而右翼群众型政党多是由精英型政党演化而来。19 世纪后半叶以后，欧洲和美国的选举权扩大，选民对政党有了稳定而广泛的认同，民主环境渐趋成熟，政党也趋于强大。在政党成为民主化的关键因素、政党认同又扩展到整个民族国家范围内的情况下，政党就会发展成群众型政党。群众型政党有较大的规模和较多的党员或支持者，有强有力的灌输型结构，有多层严密的组织网络和全国性领导机构。

就群众型政党的发展而言，一般要经历两个阶段。第一个阶段是政党在工业化造成的巨大的纵向社会分裂的基础上的维持和发展。工业化导致了社会结构的变迁和人口的流动，产生了新的社会分裂和建立在此基础上的新的群体关系模式，这是以种族、宗教和阶级分裂为基础的，这就是纵向的社会分裂和群众型政党。[1] 19 世纪和 20 世纪初出现的巨大的社会分裂是欧洲社会的主要特征，这种社会分裂至少造就了两代人的社会和政治认同。[2]

在 19 世纪后期至 20 世纪上半叶以及以后的一段时间里，阶级分裂是欧美工业化世界的主要特征，在此基础上产生了许多政党，稍晚进行工业化的国家也在其后加入了这一过程，例如东亚的日本、中国，西亚的以色列和拉美的墨西哥和智利等，以及再晚些时候的东亚其他国家等。同时，种族分裂，有时候与宗教分裂联系在一起，也成为社会分裂的边界并影响着许多社会。

需要指出的是，这些不同群体之间的分裂并不能自动地导致政党的建立，还要有政党可以建立和发展的环境，在条件具备的地方，全国性群众型政党才能从这些关系模式中产生。在这一时期，部族关系、主从关系和精英型政党都没有完全消失，有的还继续在现代社会中发挥着某些作用，尤其是在那些地方认同还很强烈、地方领袖还被看作是体现和捍卫地方利益的强有力的代理人的地方。

群众型政党发展的第二个阶段是逐步地把对种族、宗教或阶级的忠诚转变为对政党的忠诚，使选民逐渐认识到是政党而不是那些传统的社会组织才能有效地代表他们。

在 1960 年代初，首先是在美国，接着在其他工业社会中，随着社会结构的变化和纵向社会分裂的削弱，由横向社会分裂产生的多元的中间阶级的兴起渐趋成为社会结构的主要特征，因而传统的对群众型政党的忠诚开始减弱，开始出现不以纵向的社会分裂为基础的新型政党。这些新型政党和传统型的

---

[1] Blondel J., *Comparative Government*, London: Prentice-Hall, 1995, p.102.

[2] Stein Rokkan, *Citizens, Elections, Parties*, Oslo: Universitetsforlaget, 1970, pp.12-62.

群众性政党都开始寻求以选票或进入政府为导向的支持，它们不再寻求传统的阶级忠诚和支持，而是寻求所有社会群体的支持，因为只有如此它们才可能得到更多的选票，并在选举中获胜。

政党的支持基础从纵向的社会分裂向全社会各群体的转移提示我们，政党正在成为"政治产品"的"生产者"，像公司是商品的生产者一样，选民将像他们选择商品一样来选择政党。不过，这种变化不可能是完整意义上的，一个政党不可能只卖商品，因为一个国家的管理者需要忠诚的支持者以避免权力来源的起伏不定，也要避免政策变来变去。实际上，忠诚的存在也有利于政党"销售"它的政策和计划。这同样也适用于公司的情况，如果公司要长期维持自己的销售数量的话，它就必须有"忠实的"顾客。但是无论如何，从以社会分裂为基础向以选票或政权为基础的转移是政党发展的一种趋势，也是不争的事实。社会结构的这种变化瓦解了群众型政党的支持基础，并产生了大量的"漂移"选民，他们的选举取向漂移不定，从一个政党到另一个政党，从过去建立的阶级和种族政党到选举型和问题型政党，经济发生变化。显然，后者在组织结构上更加松散。

在当代发展中国家的政党中，还有一种以部族和主从关系为基础的传统色彩较浓的地方精英型政党，即以有广泛的大众声望的领袖为中心而建立的政党。这种政党的建立是20世纪后半叶许多发展中国家政治转型后出现的普遍情况，其原因或许是刚刚从威权政治中脱胎出来，个人魅力还留在人们的意识和社会关系中，民主的观念和社会政治关系还未成熟。尤其是非洲的很多政党的部族和主从关系很强。在东亚，尽管很少有以部族关系为纽带建立起的政党，但有一定的主从关系和地方性的政党并不少见，例如韩国政党的地方性色彩很浓，近十几年执政过的政党都是如此。而东南亚的菲律宾、泰国和印尼等，尽管政党往往具有全国性，但大都是地方派系的联盟。这种现代个人魅力型政党比传统的精英型政党具有更广泛的代表性，但是在传统性上一点也不示弱。

三、现代群众型政党和宪政安排对民主发展的影响

在精英型政党、群众型政党、全方位型政党和现代个人魅力型政党这四种类型中,群众型与选举型的结合最可能成为东亚民主化的基础,这或许是由于东亚政党落后于欧美政党一个时代,或许是由于这本身就是东亚文化和社会关系特色的后果。也就是说,如果东亚要实现民主的巩固,那么它就应该发展起有相当群众规模的选举型政党,但是如果没有群众型政党所赖以存在的广泛的社会基础,这就很难达到。

东亚各国或地区的政党并不完全相同。在马来西亚,主要政党是以种族界限为基础建立的,不过近年来反对党也像执政党一样结成政党联盟,从种族间的分裂向各种族联合以竞争所有种族的选票转变,从而有更广泛的代表性或全国性,在此基础上,反对党联盟与执政联盟的力量对比的差距正在缩小,选举体制日趋完善,正在向民主体制转型。

在新加坡,最初的政党也是以阶级分裂为基础产生的,1950年代后期至1960年代间人民行动党先后与右翼政党、工人党和社会主义阵线之间进行过激烈的较量,但在人民行动党的政权稳定后则开始向选举型的全方位政党转变,尽管这种转变还远远没有完成。

在韩国、菲律宾、泰国和印尼都不同程度地存在着这种情况,这些国家的政党已经和正在从阶级性、群众性和传统的主从关系向选举型的全方位政党转变。例如泰国的政党是一种派系关系严重、派系内部主从关系与法律关系并存的选举型政党,印尼和菲律宾的主要政党从种族性、地方性向具有较多群众性和选举性的状况转变。在这种双重关系中,尽管政党和政党联盟的不稳定状态会持续下去,但民主的竞争规则已经越来越为各政党所接受。

政党的特点和宪政安排对党的领导集团有重要的影响。具体说来,就是党的权力继承方式、内阁稳定的程度和领袖权力的大小与执政党是精英型党、群众型政党、全方位型政党还是由个人魅力型政党有很大关系。同时,党的

领导集团的作用还取决于这个国家是议会制还是总统制,尤其是执政党受政体的影响更大一些。

在议会制中,由于政党众多,人们的选择机会多,漂移的可能性大,因而党的领导集团的运作比较困难。其特点是政党多处于分裂状态,所以政府也难以稳定,领袖的权力因此而受到限制。在这种情况下,政党推出的候选人众多,这或者是由于政党规模小而数量众多,或者是由于大党内部存在着众多派系,而这些政党或党内派系都要推出自己的候选人,典型的情况是按照地方结成派别并推出候选人。在议会制中,党的领导集团的斗争趋向于在议会内部或围绕着议会进行,以争取当选议员及其权力。因而领导集团大多是一种临时性的安排,他们的形成更多地是以争取权力或利益为基础的,在争取不同的权力或利益时,它们会围绕着这一中心而形成特定的领导集团;当这些问题解决后,这个领导集团也就解散了。在东亚,泰国在政治转型后政党在议会中的数量较多而规模较小,后来虽然出现泰爱泰党一党独大的情况,但党内派系林立,最终解体,就是这种情况。

在议会制中也有党的领袖很强势并长期占据公职的情况,一般来说这首先需要其政党得到广泛的支持。在这种政党中领导集团的关系和竞争有时也会紧张和激烈,但一般会很快得到缓解。如果这些党的领袖在担任公职后能够取得一定的成就,那么他们就会在党内树立自己的威权,尤其是当一个党大得足以由自己组成政府时更是如此。如果它们是多党执政联盟中的一员,那么它们通常只有较小的权力和独立性,因为它们总是不得不与其盟友相妥协,除非这个政党在执政联盟中处于支配地位,像德国那样的情况。

东亚议会制中党的强势领导集团的例子是日本。日本的自民党长期执政,权力分配几乎都是在其党内的不同派系之间进行的,尽管有时也会发生权力之争,但很快就会解决。但新的领袖如果执政政绩不佳,也会很快失去支持,像 2007 年安倍短暂的首相任期就是如此。另外,马来西亚的情况也部分地说明了这一点,在那里,巫统是强势政党,党的领导集团的竞争是在执政的巫统内部进行的，党内的权力斗争偶尔也会处于紧张状态，但是新的领导人一旦当选，就会清除反对派并牢牢地握住权力。

总统制中党的领导集团的继承和稳定问题较少，这取决于政党的特性，至少在总统所属的政党里是如此。因为在这种制度中，总统和主要官员一旦当选，其任职和权力并不取决于本党的状况，即使在本党已经失去全国性影响力的情况下也是如此，例如在韩国，政党是个人魅力型的，并且各主要政党处于对立状态，但政府超脱于执政党而有稳定的任期，这使得各政党之间和执政党领导集团内部的争夺通常只能按照政府任期来进行，而难以超出这个范围随意进行。

但另一方面，在总统制下，地方性的魅力型政党很难壮大，因而竞争总统候选人的数量可能很多，他们中没有人可以获得有实质意义的选票比例，就像1990代菲律宾的情况一样，在1992年举行了驱逐马科斯以后的第二次总统选举，由于候选人众多且素质低下，致使总统这一职位失去了威权。1999年演员出身的阿斯特拉达当选总统并很快以贪污罪而被弹劾，更说明了这一点。所以，总统制所带来的问题是，长期缺乏成熟而组织良好的政党，总统和政府无法依赖一个稳定而有力的政党的支撑，其后果是缺乏稳定而广泛的支持。印尼和菲律宾在政治转型后的情况都是如此，尽管近年来的情况似乎有些好转。

四、政党的意识形态和政策对民主发展的影响

从意识形态和政策取向来看，当代政党大致有三种情况：一种是主张全面性改革的政党，这种政党的主要目的是尽可能多地获得选民的支持，可以给它们贴上"全方位"或"代表性"政党的标签，那些认为意识形态已经终结的观点就是支持这类政党存在的；另一种是主张维持现状的政党，一般具有鲜明的意识形态，可以给它们贴上"纲领性"政党的标签；而大多数政党是处于两者之间，既希望贯彻自己的改革路线但也不愿意为此而过多地失去

传统选民的支持，它们没有稳定的政策取向，一般被看成是"不成熟的"政党。第一种类型由代表性的群众型或非群众型政党即全方位政党组成；第二种类型都是传统的群众型政党，从它们的起源中就可以辨明它的纲领，尤其是其中的左翼政党，但是它们现在也已经发生了不同程度的改变；第三种类型由个人魅力型政党在其中起主要作用的政党包括完全以取得公职为目的的政党所构成。

在政党不成熟的地方，政府的政策和纲领也很难是成熟的，因为政策和纲领需要通过政党这个中介来深入人心，以此换取有力而稳定的支持。显然，这种情况更多地存在于议会制中，而总统制中较少。不成熟的政党可能成为制定和贯彻政府纲领和政策的障碍，它至少会反对推行明确的政治路线。另一方面，具有高度明确纲领的政党通常是僵硬的，它们的兴起是以组织严密的群众型政党的形式实现的，因此，在意识形态淡化以后，它们在相当一个时期中难以转变，因而失去了大部分民众的支持。

纲领性政党在多元政治环境中更多地是一个神话而不是现实。尽管我们有时发现当这种政党处于反对党地位时确实表现出很强的纲领性，但是当它争取执政地位或处于执政地位时就不再是这样了，否则就难以执政。当代许多西方政党都由于传统支持基础的瓦解而不得不放弃纯洁的意识形态和纲领，而且即使没有支持基础的瓦解，在意识形态衰落之前欧洲的群众型政党已经在政策和纲领上表现出一定的灵活性。

发生这种变化主要有两个原因：第一个原因是群众型政党的中央越来越具有独立性而不受基层组织的左右，它需要也确实得到了比自己的基层组织和党员群众广泛得多的选民的支持。这个特点不是自20世纪后半期才有的，在20世纪上半叶在有的国家中就已经有所表现，例如在英国的自由党和工党中都能看到这种情况。当党内反对派强烈地反对领导集团淡化意识形态的行为甚至由此而发生严重的党内分歧时，在大选中获胜的政党领袖就会强行诉诸自己的观点。因为这时他们更大的支持是来自于党外而不是党内。第二个原因是群众型政党为了执政很早就开始考虑选民的情绪，尤其是考虑那些是党取得胜利的最重要的选民群体的情绪。这两个原因都会导致西欧的群众型政党以"全方位"的意识形态来取代极化的意识形态。所以，尽管"全方位"这个词是在20世纪中叶以后才发明的，但其实践要更早一些。

代表性的群众型党比纲领性的群众型党更为灵活，因此在像东亚这样的官僚集团在经济发展中一度扮演关键性角色的国家中，这种政党是支持政府的有效工具，因为它代表的广泛性可以弥补少数人对政权的长期垄断所造成的不满。那些不成熟的政党和个人魅力型政党以及它们推出的众多候选人相互间的竞争通常会使党产生分裂，不能坚持一以贯之的路线，而领袖有权威并且组织结构较为严格而复杂的代表性群众型政党，在党遇到矛盾时容易采取妥协路线，以确保自己的整体利益。他们会在整体利益与自己的具有一定意识形态取向的纲领之间进行协调，以努力争取执政地位，因为这是贯彻自己纲领的首要条件。

所以，要想持续推进东亚地区民主的巩固，政党就必须顾及广大民众的情绪和利益，由此具有较大灵活性的代表性群众型政党就会在这个地区成为一种范式。不过，在社会分化缺乏全国性而以地方性为主的国家中，这类政党难以建立，而东亚各国或地区在不同程度上都有这种情况。

到本世纪初年，台湾是这个地区民主化过程中政党具有较强代表性特征的地区，尤其是在2008年3月的大选中国民党更是极力争取中间选民，其对民生的强调而不是像民进党那样对"转型正义"的强调本身就说明它在弱化自己传统的意识形态，然而台湾在一定程度上的族群分裂削弱了政党政策的灵活性和代表性。韩国自1990年代民主化以来政党一直表现出较强的地方性特征，甚至执政党的主要支持都是来自于一个或几个地区，这是政府支持率一直不高的重要原因之一。

菲律宾、印尼和泰国的地方分裂和地方势力仍然很大，因而其政党众多，主要政党的力量此消彼长,即使一个政党发展起来,像泰国的泰爱泰党一度一党独大,但其内部派系林立,因而分歧很大,只能靠他信的个人魅力甚至独断专行来维持,从而遭到了反对派的强烈反对,这也是军人接管政权的一个重要原因。种族分裂也是一种地方性分裂,有时这两种分裂交织在一起,这是印尼和马来西亚的状况,两国的政党因此都缺乏普遍的支持,因而不得不靠多党联盟来维持,后者还要借助威权主义。不过这些特征都在弱化,代表性强的政党在取代传统的意识形态政党。

当代东亚政党发展的路径应该是逐渐减弱党内的主从关系,向更具广泛代表性和更为制度化的方向发展;改变政党的地方性特征,使它们超越地方性而具有全国性并接受具有全国性的政策和路线。当然,这种变化不是轻而易举就可以实现的,但是如果政党领袖们认识到,为了保持本国的稳定并使民主制度化,政党必须有一定的群众性和组织性,必须努力实现政策的广泛代表性以对大部分选民有足够的号召力。

实际上,这种变化已经不同程度地发生了。也就是说,只有当政党领袖认识到并做到实行一种比现在更具广泛代表性的国家政策并以此作为他们执政的基础时,且党也必须有稳定的支持者时,他们的领导地位才是稳定的,而后一个条件正是东亚与欧美政党的差异。在欧美,政党变化的趋势是它们越来越不需要自己的政党有大量的党员和稳定的支持者,漂移选民越来越成为选民的主流,他们对政党政策和执政效率的看法是决定他们选票投向的主要依据,当然,一定数量的稳定的选民仍然有存在的必要,但即便如此,这种稳定的支持者也是在政党意识形态谈化的基础上保持稳定支持的。东亚则还需要更多的相对稳定的支持者。

小　结

政党是一种工具,既可以用来促进民主,也可以用来阻碍民主。在后一种意义上,尽管政党也是在加强人民和政府之间的联系,但这主要是为了动员人民追随政府，而很少表达人民的意愿。如果要实现民主的巩固，就要有充满活力和功能完备的政党。如果政党自身的制度化水平不高，那它就不能充分地发挥作用，也就很难促进民主的巩固。

对于东亚的政党来说，如果政党在社会中没有深厚的基础和制度化的交流管道，那它们就不能与选民进行深入的交流、代表选民和领导他们。然而，要达到这一点，各政党之间就要有差异和竞争，每个政党都要有自己的标识，但这种标识不能是传统的意识形态。只要自己的支持者对自己有比较稳定的支持或不随意流向其他政党，那么政党与自己支持者之间的联系就是强有力的；换言之，如果自己的支持者明确地反对其他政党，他们就会给自己的政党以强有力的支持。这样才有竞争。另一方面，除非各政党之间相互容忍并且有一定的合作精神，否则就会发生没有法制的冲突，因而也不会有真正的民主。因此，构成民主巩固的关键性困难是，为了保持强烈的忠诚，政党之间必须有足够的对立和竞争；同时，为了造就民主和法制的环境，它们也必须有足够的容忍度。这种矛盾关系存在于政党体制之中，决定着政党间的差异和相互合作。这种合作有时是密切的，有时是松散的，由此而产生的关系模式既可能是一种合作性的，也可能是一种对抗性的，合作不能过于紧密，以至于形成一种卡特尔来统治国家，使政治失去活力；对抗也不能过于激烈，以至于政党体制经常处于分裂或被一党威权主义所替代的危险之中，东亚大部分的情况是对抗过于激烈，这是其政局在相当一个时期里不稳定的主要原因。

在民主巩固过程中各种政治势力或政党之间的冲突是不可避免的。在政治转型之后，如果推行优先发展经济而压制民主发展的政策，政党间的矛盾就会加深，因为在野党很难接受执政党的专断；如果发展民主，政局可能会发生混乱，因为这时民主和法律的机制和权威还未形成，各政党都无民主治理的经验。只有在各主要政党懂得必须相互尊重和协调它们之间的关系之后，必须在对政策制定过程中各集团例如官僚集团进行妥协之后，民主才有可能获得稳定的发展。

第三节　当代政党和政党体制在民主巩固中的作用

1990年代以来是发展中国家民主发展或巩固的重要时期，在这一时期很多国家都发生了向民主的转型，尽管程度有很大不同。一些国家进入了自由民主的阶段，另一些国家还保持着选举民主，当然也有少数国家恢复到了威权主义体制。这些变迁都与政党和政党体制的作用有着密不可分的关系。

本节对政党和政党体制在1990年代以来发展中国家民主巩固时期的作用进行了分析，包括对学界已有的成果进行了某些评析。认为由于这些国家或地区政治转型完成的时间还不长，因而矛盾较为突出，这也导致了这些发展中国家政党的作用较西方政党同一发展阶段时的作用更为凸显，尤其是在协调各种矛盾以推动政治转型和民主巩固方面。同时也对政党体制的特点、制度环境对民主巩固的影响进行了评论和探讨，指出不同的政党体制以及它们所处的不同的制度环境下，对民主巩固的影响是不同的，并具体分析了这种影响。

一、民主巩固的涵义

政治转型完成后，一般就进入了民主巩固的阶段。但什么才是巩固的民主，或民主巩固的标准是什么，这对于区分正处于巩固过程中的民主和已经巩固了的民主是不可或缺的。学界使用较为广泛的民主巩固的定义是，民主已经成为"一种政治制度，它作为一个复杂的系统中的制度、规则和激励模式已经成为'城市中唯一的游戏规则'"，在行为、态度和宪政上都是如此。"行为"的巩固在这里是指已经没有重要的活动者企图以非民主的手段实现自己的目标。"态度"的巩固在这里意味着绝大多数人都把民主的程序和制度作为组织政治活动的优先选择。"宪政"的巩固意味着政治活动者都受制于民主的制度和法律。这里并不讨论民主巩固的标准,而是以此为标准来探讨民主巩固过程中政党和政党体制的作用。

二、政党在民主巩固中的作用

对于欧洲来说,政党是民主化的后来者,但是在发展中国家中,政党一直是民主化的推动者,这已经成为重要的研究课题。克罗梯指出:"没有竞争性政党,民主的政府是不可想象的,也是不可能建立的,有序的政府,更不用说民主的政体,没有一定的稳定的政党表达形式是不可能存在的。"[1] 尽管由于发展中国家与西方国家的政治发展路径有很大差异,因而其政党的作用也不相同,但一般认为在民主巩固阶段发展中国家的政党都起到了关键性的作用。用利普塞特的话说,就是"政党的不可或缺性"[2]。克雷佛对非洲的情况进行了调查,指出在非洲南撒哈拉地区民主的巩固中,关键性的标识是"发展一种能在不同的社团中起聚合作用和在不同的政党之间实现竞争的政党体制的能力"[3]。戴尔蒙德通过对十个亚洲国家的研究得出的结论是,政党在这些国家中都很重要。[4] 在研究拉丁美洲转型的文献中,政党的作用也受到了特别的关注和肯定,例如迪克斯在评估这一地区民主生存和巩固的前景时指出,这在"很大程度上要取决于政党"[5]。

学界不但对政党在民主化过程尤其是在民主巩固中的作用持积极肯定的态度,而且事实上没有任何正式的研究分析过政党在哪些方面不起作用或起

---

[1] William Crotty, "Notes on the Study of Political Parties in the Third World", in *American Review of Politics*, Vol.14, 1993, p.665, 684.

[2] Seymour M. Lipset, "The Indispensability of Parties", in *Journal of Democracy*, Vol.11, No.1, 2000, pp.48–55.

[3] Christopher Clapham, "Democratization in Africa: Obstacles and Prospects", in *Third World Quarterly*, Vol.14, No.3, 1993, p.347.

[4] Larry Diamond, "Introduction Persistence, Erosion, Breakdown and Renewal", in L. Diamond, J. Linz and S. M. Lipset (eds.), *Democracy in Developing Countries*, Vol.3, Boulder, CO: Lynne Rienner, 1989.

[5] Robert Dix, "Democratization and the Institutionalization of Latin American Political Parties", in *Comparative Political Studies*, Vol.24, No.4, 1992, p.489.

不了多大作用。在这方面唯一重要的表现是一般认为在政治转型的早期阶段政党的作用并不大，在那一阶段威权主义政权仍可以在很大程度上限制有组织的政治活动。但是随着自由选举的推进，反对党发展起来并发挥越来越大的作用。奥·东尼尔和舒米特指出："如果政党有它的英雄时刻的话，那么这就是它为选举进行准备、选举期间和接踵而来的'奠定选举'的时刻，这时是在威权主义体制之后第一次在理性竞争的环境中关注全国性选举的意义和地位。"[①] 这时政党进入了国家政治的中心舞台，此后就是政党推进民主巩固的阶段。

戴尔顿和沃坦伯格把政党的民主功能分成三类，它们构成一种三角结构。他们把政党分成选举的政党、政党组织和政府中的政党三部分。与此相适应，政党的功能和活动就是征募和培训政治领袖，表达和汇聚群众利益。这是以政党组织为中心进行的。这些活动主要是政党联系选民和政府的工作，所以这主要是在中介层面上进行操作的工作。

把政党的功能进行分层，至少可以看到它有三类功能：一是选举导向的功能：包括表达人民的要求，把选举的结果简化和结构化，把选民融入体制，进行政治教育；二是联结功能：聚合和疏通利益，征募和培养政治领袖；三是与政府相联系的功能：使政府负责任，贯彻政党的政策，实施对政府行政的控制。这些功能有时还会结合起来以发挥其他更为宽广和更为制度层面的功能，即矛盾的处理和促进民主的制度化，以增强民主体制的稳定性和提高其合法性。

关于表达功能和聚合功能及其作用。政党在民主巩固过程里正式的竞争性选举中发挥着关键性的作用，但是这不是它唯一的作用，在这之外它还有着宽泛得多的表达方式和功能，它不仅要在选举中代表自己的选民，而且还要代表选民表达政治偏好和利益。正如萨托利所言，政党应该是"表达人民

---

① Guillermo O'Donnell and Philippe Schmitter, *Transiton from Authoritarian Rule: Tentative Conclusions about Uncertain Democracies*, Baltimore, MD: Johns Hopkins University Press, 1986, p.57.

要求的工具"①。德赫尔特进一步指出这是政党的关键性的功能。② 当然，政党并不仅仅是反映大众的要求，也不仅仅是重要政治资讯的来源和向政府解释那些要求的组织，而且还会通过它的表达功能来影响公众的政治选择。

聚合功能和表达功能有相当的重合，一般来说，表达功能是最初的阶段，是政党吸收和表达个人或团体诉求的过程，而聚合阶段需要对这些请求进行筛选、协调和结合，其最终结果反映在政党的纲领、计划和意识形态之中。当然，各个政党的纲领和意识形态的地位是不同的，例如，在野党的党纲和意识形态与各主要执政党通过和平而有序的竞争而产生的具有支配地位的党纲或国家意识形态的地位或影响显然不同，而后者的兼容性或聚合性对解决政党之间的矛盾有重要的作用。德赫尔特认为政党的聚合功能很重要，并对现在过于强调"市民社会"作用的趋势表示担忧，一些人甚至认为市民社会是比政党的作用还大的民主的承担者。他认为市社会不能替代政党的作用，尽管市民组织可以表达组织的要求，但它不能聚合利益和整合组织。③

关于整合的功能和作用。在民主巩固阶段，政党通过自己的活动，特别是但不仅仅是选战，直接和间接地在最大程度上把民众引导和带入民主体制。诚如很多政党研究者指出的，民主选举是市民教育的课堂，而政党是教师。在被政党引入以政党为主导的活动中后，民众在社会和心理上逐渐产生了对政党以及政治体制和政治秩序的依附，这既是政治社会化的过程，也是把民众整合进政治体制的过程。

在民主巩固阶段政党的一个突显的整合作用就是动员民众。政党有助于动员政治参与，尽管这种积极的参与程度与维持一个健康的民主体制的关系

---

① Giovanni Sartori, *Parties and Party System*, Cambridge: Cambridge University Press, 1976, p.27.

② Ivan Doherty, "Democracy out of Balance: Civil Society Can't Replace Political Parties", in *Policy Review*, April/May, 2001, pp.25-35.

③ Ivan Doherty, "Democracy out of Balance: Civil Society Can't Replace Political Parties", in *Policy Review*, April/May, 2001, pp.25-35.

是相对的，即适当的参与会促进民主的巩固，而过度的参与会导致民粹主义的泛滥或民主巩固的倒退，但无论如何参与都被看作是民主的精髓所在。

关于征募和培训功能及其作用。在一般讨论政党功能的文献中，征募政治领袖占有很重要的地位。强调这个功能的部分原因可能是，与其他功能相比，这个功能的概念和界定较为容易。我们这里谈的征募是与民主巩固相联系的，也就是说，只有有了实质意义的选举权，才能谈得上政党的征募或选择政治领袖。因此，在民主的巩固阶段，政党的这一功能有助于聚合和疏通民主的意愿而为某些人实现政治抱负提供一个平台，并防止权势者走非民主的道路。

然而，政党的培训功能或许更为重要，随着在党内的不断升迁或受党的纲领和规则的约束，它能使潜在的领导人习惯于民主的程序和准则。这里还需要考虑的是政党内部民主的程度，因为在竞选政府公职时，政党候选人要经历民主选举的过程、规则和如何贯彻民主决策的考查，而这首先要求其在政党内部也是如此，所以，党内民主的程度及其制度化水平是其是否有利于民主巩固的重要基础。

关于监督政府的功能和作用。在民主巩固阶段，政党的监督可以使政府更为民主和运作有序。政府的责任包含许多内容，可以把这些内容划分为垂直的和水平的两种类型，政党在两者之间扮演着中间或中介角色。通过参加竞选，政党充当着一个导管，把民众的要求过滤并整合进党的纲领，然后通过执政使其成为政府的纲领和行动。获胜的政党要确保政府的凝聚力，防止政府的分裂，并且也在相当程度上控制着政府的行政运作。正如戴尔顿和沃坦伯格注意到的："随着政党（单一的或政党联盟）对政府的控制，显然它要对政府的行为负责。"[1] 政党的这一功能和地位有利于选民对自己的选择作出正确的判断，即把选票和支持给什么样的政府。

---

[1] Martin P.Wattenberg, Russell J.Dalton, *Parties Without Partisans: Political Change in Advanced Industrial Democracies*, Oxford: Oxford University Press, 2002, p.9.

在民主巩固的过程中，组织反对派是监督政府的一种有效的方式。反对党在立法机构中形成反对派可以有效地挑战和监督现任政府。在这种环境中，当需要对政府的行为进行批评甚至替换政府时，反对派的政治热情可能会很高。尤其是在民主巩固的初期，政党的这种作用特别重要，因为那时威权主义者和传统的习俗在决定执政党的政策和行为方面仍然起着重要的作用，而反对党可以阻止因少数传统势力的干扰而发生民主的倒退。

以上是政党在民主巩固中的基本和直接的功能和作用，然而我们还可以在以下两个方面进一步引申其潜在的作用：

第一，政党的运作有助于矛盾的解决。在一些民主体制的转型和巩固过程中，脆弱的民主进程和民主文化可能会由于身处激烈的矛盾冲突和互不信任的环境而发生倒退。民主的政党及其领袖实际上可以促使转型和巩固向前推进并在达成各种势力的妥协方面发挥重要作用，而这最终总是有利于民主的进程。随后，由于建立了民主的行为框架，它们能够防止旧的势力破坏新的结构。例如，普瑞德汉姆指出，在1990年代地中海地区各国的民主巩固过程中，一些曾在旧制度中担任要职的人，面临激烈的新旧势力的冲突表示愿意"休战"和合作。① 韩国1990年代初以及东亚的菲律宾、印度尼西亚等在1990年代的转型和巩固都是在各主要政党的这种妥协中完成的。

第二，政党是民主体制制度化的关键因素。回到林兹和斯蒂潘关于民主巩固的定义的三个方面来分析，可以发现作为一种制度的政党对于态度和行为的巩固是非常关键的，它有助于引导公众并向公众传播民主，把他们纳入民主的进程。同样重要的是，"政党，单个的和集体的活动，使宪政原则得到落实和加强并由此扩大了转型的正式的后果"②。在所有这三个不同的方面，

---

① Geoffrey Pridham, *Securing Democracy: Political Parties and Democaratic Consolidation in Southern Europe*, London: Routledge Press, 1990.

② Ivan Doherty, "Democracy out of Balance: Civil Society Can't Replace Political Parties", in *Policy Review*, April/May, 2001, p.22.

政党都能够促进政治体制获得合法性，建立一个有利于民主的储备结构以帮助新的脆弱的民主体制渡过艰难时期，从而达到民主的制度化。

三、政党体制在民主巩固中的作用

在 1990 年代发展中国家的民主变迁或民主巩固的过程中，它们实行的政党体制对这种变化有很大的影响，我们可以以三种类型的政党体制及其变化程度来评估其对民主发展的影响，这三种类型或变量是：碎片化的政党体制及其变化程度、一党支配型体制及其变化程度和稳定的政党体制及其变化程度。如果说这三种类型是独立性变量的话，那么总统制与议会制、多数选举制与比例选举制则是可控制的干预性变量。尽管仅仅用这种分类来解释政党体制的特点及其影响还远远不够，但这并不能否定它在某些情况下非常有效。例如，它可以阐明，在那些实行多数选举体制的国家中，一党支配体制和高度碎片化政党体制都有损于民主的发展。在议会体制中，民主的发展与政党体制的碎片化程度的关系是反向的，等等。

由此，我们的问题是，第三世界民主的变化是否与这些国家的政党体制的变化有关，有什么样的关系，是否可以用政党体制的特点和变化来解释民主的变迁？具体来说就是政党体制的稳定程度或碎片化的后果如何，一党支配型体制变化会对政治体制和民主巩固产生什么影响？进而，这也有利于对政党体制和国家制度之间的相互作用进行分析，或许在一定程度上能说明不同的政党体制与制度设置对民主化的影响是不同的。

在展开对这个问题的讨论之前，我们应该首先强调一下民主巩固时期民主发展的标准。一般来说，民主国家必须有自由而公平的选举，有对政治职位的竞争机制和有效的政治制度。然而，充分的民主还必须进一步具备某些特征，即有能够平衡和限制多数进行绝对统治的机制，这表现在广泛的人权和公民自由已经深深地嵌入民主体制之中，以至于不可能被滥用并导致多数暴政；只有当多数人的统治受到限制而个人和少数人的权利受到强有力的保护时，民主才是成熟的。换言之，发展中国家的许多新的民主政府还不那么愿意尊重个人和少数人的权利而限制自己的权利，或者说他们还不那么愿意让渡那种用自己的民主合法性来惩罚少数人或反对派的权利。正如拉里·德戴蒙指出的，许多年轻的民主体制保留着非自由的选举制度，这阻碍了民主的巩固或向自由民主的过渡。①

当评估民主的水平、实际上这还包括民主的不同程度持续的时间时，我们发现这一时期发展中国家的民主变迁有八种不同的路径：从选举民主走向非民主的国家；从自由民主走向非民主的国家；从非民主走向选举民主的国家；从自由民主走向选举民主的国家；保留了选举民主的国家；从非民主走向自由民主的国家；从选举民主走向自由民主的国家；这一时期一直保留着自由民主的国家。第一种路径表示民主发展的程度最低，依次递增，第八种路径表示民主发展的程度最高。

其次，我们再来分析政党体制的特征。一般认为政党体制的碎片化是不利于民主发展的，这个看法很大程度上源自对两次世界大战之间欧洲情况的经验性的观察，首先是对魏玛共和国民主命运的观察。赫尔曼斯论证了多党体制比两党体制存在着更多的内在的不稳定因素。② 他认为，要想建立强大而稳定的民主制度，就要避免建立多党体制，因为多党制内的政治联盟往往很不稳定，这种体制缺乏整合能力，意识形态也较僵硬。一项对16个欧洲国家两次大战之间状况的研究有力地支持了赫尔曼斯的这一观点。③

政党体制的碎片化程度是我们所要分析的第一种体制和独立变量，这是按照在国家立法会议中政党数量的多少来进行分级的，即以每个政党分享的

---

① Larry Diamond, *Developing Democracy: Toward Consolidation*, Baltimore, MD: The Johns Hopkins University Press, 1999, pp.24-63.

② F.A.Hermens, *Democracy or Anarchy? A Study of Proportional Representation*, Notre Dame, IN: The University Notre Dame Press, 1941.

③ L.Karvonen, *Fragmentation and Consensus: Political Organization and the Interwar Crisis in Europe*, Boulder, CO: Social Science Monographs/Columbia University Press, 1993.

议席数量为基础进行分级,最低碎片化程度表示所有的议席都为一个政党所拥有,而在另一端,即最高碎片化程度是每个议员都有自己的党。

政党体制的稳定性程度是我们要分析的第二种类型和独立变量。学者们大都强调了稳定和有良好结构的政党体制的重要性,例如萨托利指出,一个结构化的政党体制是建立稳定的政治制度的前提条件,没有它就很难使政治制度发挥积极有效的作用。[1]戴尔蒙德把一个"软弱的、碎片化的、初始的和高度易变的几乎对社会没有渗透力的政党体制"看作是"会危及刚产生的民主制度的生存"。[2]曼沃尔瑞和斯库里在对拉丁美洲的综合研究中也强调了"制度化政党"对于民主巩固的重要性:"在政党体制化较弱的地方……民主政治就更为不稳定,建立其合法性就更为困难,治理也是混乱的"[3]。

通过对从一次选举到下一次选举政党体制碎片化程度的比较,就可以对政党体制结构的稳定性程度得出基本明确的结论。对此,我们可以在经验上划分出四个理想化的制度形式:一直是低度碎片化的制度;一直是高度碎片化的制度;不断降低碎片化程度的制度;不断升高碎片化程度的制度。一党支配体制是第三种和第四种体制。对于一些人来说,这两种类型在很大程度上是一种可替代的民主体制。一般认为,一党统治是阻碍民主制建立的,这一观点来自于对许多新的民主制度在前民主时期都有一党或霸权政党体制这一事实的分析。然而,在民主化实现后,这些霸权政党并没有消失,而且它们与新建立的政党相比有选举上的优势,因为它们通常有遍布全国的组织机构和过去形成的大量的可支配资源。如果过去的霸权政党重新在民主体制中获得了支配地位或上台执政,那么就存在着它们异化民主发展的危险。

---

[1] Giovanni Sartori, *Comparative Constitutional Engineering: An Inquiry into Structure, Incentives and Outcomes*, London: Macmillan, 1994.

[2] Larry Diamond, *Developing Democracy, Toward Consolidation*, Baltimore, MD: The Johns Hoplins University Press, 1999, p.27.

[3] Mainwaring S.and Scully T.R., "Introduction: Party Systems in Latin America", in S. Mainwaring, T.R. Scully (eds.), *Building Democratic Institutions: Party System in Latin America*, Stanford, CA: Stanford University Press, 1995, pp.1-34, 22.

制度设置对政党体制的影响也是不能忽视的，因为政党体制是在变化的制度环境中和与环境相互影响的状况下运作的，其运作效果及对民主变迁的影响与它所处的政治制度结构有很大的关系。政治体制是影响政党体制运作的主要制度，在民主巩固过程中，总统制与议会制、多数选举制与比例选举制在民主巩固过程中是两组直接影响政党体制运作并影响其功能发挥的制度。

当代关于民主巩固的学术成果大多对总统制持批评态度，而对议会制政府形式则有更多的赞赏。用萨托利的话说，总统制是"导致阻塞的宪政机器，这是为什么它基本上……运作的很差"[1]。林兹等人详细阐述了总统制的缺陷：双重的合法性，体制僵硬，"胜者全得"，没有解决责任性问题，以及"由平民来表决领导者"存在着很大的危险。[2] 与此相反，人们指出议会制更具有协商性，容易结成联盟和增加党内纪律的约束性。尤其是"政党体制的碎片化在总统民主制中比在议会民主制中更成问题"[3]。总统倾向于"把政党和立法机构看作是自己占上风的障碍"[4]。确实，如果政党不是强大得足以挑战行政，总统就更容易处于权力上风。在总统制下缺乏建立政治联盟的动力，这一点使总统制阻碍民主制度的制度化。

最后，我们可以综合地分析一下制度设置、政党体制对民主巩固的影响。学界一般的研究结论是，在独立变量（政党体制）和依附性变量（公民自由度和权利度）之间没有重要的联系；而两个干涉性变量的影响，即对实行比例选举制的国家和实行多数选举体制国家的分析显示，对选举体制的选择和

---

[1] Giovanni Sartori, *Comparative Constitutional Engineering: An Inquiry into Structure, Incentives and Outcomes*, London: Macmillan, 1994, p.86.

[2] J.J.Linz, "Presidential or Parliamentary Democracy: Does It Make a Difference?", in J.J.Linz and A.Valenzuela (eds.), *The Failure of Presidential Democracy: Comparative Perspectives*, Baltimore, MD: Johns Hopkins University Press, 1994, pp. 3–60.

[3] Mainwaring S.and Scully T.R., "Introduction: Party Systems in Latin America", in S.Mainwaring, T.R.Scully (eds.), *Building Democratic Institutions: Party System in Latin America*, Stanford, CA: Stanford University Press, 1995, p.33.

[4] Mainwaring S.and Scully T.R., "Introduction: Party Systems in Latin America", in S.Mainwaring, T.R.Scully (eds.), *Building Democratic Institutions: Party System in Latin America*, Stanford, CA: Stanford University Press, 1995, pp.1–34.

控制一点也没有改变民主巩固的状况，对另一组干涉性变量，即对政府形式的分析结果表明，在议会制和总统制中民主巩固的进程对政党体制特征的变化没有多大影响。

然而，政党体制特征与民主的关系却需要进一步的分析。过去认为，一党统治力越大，则民主政府的巩固就越难。此外，还认为高度碎片化的政党体制也同样不利于民主的巩固。进而，假设以政党统治力和政党体制碎片化为一边，以民主发展为另一边，在它们之间是线性关系。然而实际上却并非如此简单。政党体制的低度碎片化通常反映了一党处于统治地位的状况，换言之，当政党统治力强大时，就会出现政党体制碎片化程度降低的状况，在这种情况下，我们断定民主政府的巩固是困难的，随着政党统治力的下降，巩固就越发容易了。然而，如果政党统治力过度地下降，民主的发展又会面临阻碍，因为政党统治力过低是与政党体制的高度碎片化同时出现的。

政党的统治力和政党体制的碎片化两者之间是密切相关的，其逻辑关系很明显。如果一个政党得到了大量的选票，并获得了相称的议席，那么总的议席分配就不可能分裂到许多小党手中。换言之，对最大政党的支持度越强，政党体制的碎片化程度就会越低，反之，政党体制的碎片化程度很高则意味着最大政党得到的支持度相当得低。尽管在政党体制的碎片化和政党统治力之间存在着很强的反向关系，但这种相互依赖关系是非线性的。在此基础上，我们建立了一种关于政党统治力和政党体制碎片化相互关系的三种类型及其变化关系。第一种类型是一党独大的政党体制，第二种类型是温和碎片化的政党体制，第三种类型是高度碎片化的政党体制。按照上面的分析，在第一和第三种类型中民主发展是低度的，在第二种类型中民主发展是高度的。

三种类型之间并没有非常明确的界限。我们可以先分出极端理想化的类型并把那些没有划入这一类型的政治并入它们之间的中间类型。我们可以设定最大政党的得票率在60%以上的体制为一党独大型政党体制，把其定为高统治力的类型。同时，把70%以上选票和议员都归为不同政党的政党体制作为高度碎片化的政党体制的门槛，那些选票、议员与政党的关系和最大政党的得票率处于两者之间的政党体制则属于温和碎片化的类型。没有证据显示政党体制的特点和民主的发展有明显的逻辑联系，但是温和碎片化政党体制国家的民主化水平是最高的这一点得到了证明。

关于干预性变量（制度设置）对政党体制的影响。先以选举体制为例来分析其对政党体制的影响，在这方面，迪维尔热早就指出，多数选举制会导致两党制，而比例选举制会产生多党制。[1] 这表明在选举体制和政党体制碎片化之间存在着一定的联系。像把政党的统治力和政党体制联系在一起一样，对相关调查数字的分析表明，是采取多数选举制还是比例选举制，对三种类型的政党体制来说会有相当不同的结果。同时，对于多数选举制来说，如果一个政党体制的派系指数或分化程度超过60%的话，它就被定为高度碎片化的体制；对于比例选举制来说，如果一个政党得到的选票超过55%，它就被认为是支配性的政党体制。

分别在实行多数选举制的国家和实行比例选举制的国家中对反映政党支配力或政党体制碎片化与民主发展之间关系的有关调查数字进行分析，结果显示在独立性变量（政党体制的特点）和依附性变量（民主发展的程度）的关系中存在着明显的差别。在比例选举制国家中，无论如何都没有显示出两者之间存在着有机的联系。然而，在多数选举制国家中，会发现温和碎片化政党体制的国家比另外两种类型的国家有着高得多的民主发展程度，证明了在政党体制特征和民主化之间存在着一种非线性关系。

其次是分析政府形式这种干预性变量如何对政党体制施加影响、进而导致政党体制对民主的巩固产生影响的。这需要对各国政党的统治力或政

---

[1] M.Duverger, *Political Parties: Their Organization and Activity in the Modern State*, Trans. B. North and R. North, London: Methuen, 1964, pp.206-255.

党体制的碎片化这些独立变量进行划分或界定，以在所有三个类型中获得足够的案例支撑。对于实行议会制政府形式的制度来说，那些政党体制派系化超过65%的国家是与高度碎片化的政党体制类型相一致的；那些最大政党得到55%以上选票的国家被看作是支配性政党体制的国家。对于总统制来说，支配性政党的最低标准是60%的得票率，而碎片化政党体制的派系化指数应高于70%的水平。分析结果表明，在议会制国家中，政党体制的特点和公民自由程度之间存在着很强的联系，而在总统制中却没有发现这种联系。结果证明民主的发展和巩固对政党体制稳定性或政党体制碎片化变化的反映并不敏感。

小　结

这里论述的发展中国家政党对民主巩固的作用，其中的主要标准是从发达国家的政党情况中总结出来的，这包括政党在征募和培训政治精英方面、在组织负责任的反对派方面、在矛盾处理和把民主的态度和行为制度化方面，并认为即便政党不能作为充分的表达通道，它们也一定会在维持民主体制的刚性和质量上有严肃的积极态度。但是实际上发展中国家政党在这些方面与西方民主国家政党有很大的差别。

在逻辑上，政党应该发挥什么作用和如何做才能发挥这些作用是不同的两个问题，然而人们在实际讨论时经常把这两点混淆起来。一般认为政党推进民主巩固的能力在相当程度上取决于政党和政党体制的特点。例如，政党要有全国性的规模并构建一个广阔的联盟基础，而不是被限制在一个特定的选区中，这样的政党才有力量。还要看政党和政党制度的作用和制度化水平。在政党体制中政党的数量，或有效政党的数量也是值得重视的，例如，一个高度碎片化的政党体制，特别是同时又是一个不平衡的政党体制，意味着有关政党不能够提供有效的政治支持或反对资源。

我们的分析显示政党体制特征对民主发展有一定的影响，但这是在与一定的政治制度相联系的情况下发生的。不同的选举制度和不同的政府形式下的政党体制以及它的不同特征对民主发展的影响是不同的。

然而，在理论上很容易得出选举体制比政府形式对政党体制影响更大的结论。这首先是由于高度碎片化的政党体制在实行多数选举体制的国家中比在实行比例选举体制的国家中更可能影响政治体制的稳定性。一般认为多数选举体制会产生两党制，这反而会产生稳定的一党多数政府。同时比例选举制会产生多党制，它几乎不可能产生一党的多数政府。这样，在多数选举体制中，碎片化的政党体制不可能形成一党多数政府，也就不可能对民主体制构成实质性的威胁。在比例选举体制中，一般认为如果政党体制是高度碎片化的，就不会对民主政府构成潜在的威胁，因为在这种情况下不可能形成一党多数政府。当政府是由支配性的或单一政党组成时，它的政党体制既不会是高度碎片化的，也不会是温和碎片化的。在比例选举体制中，尽管政党体制是高度碎片化的，但民主政府的合法性是不成问题的。与此相反，在多数选举体制中，当政党体制的碎片化达到了可以阻碍单一多数政府形成的程度时，政府的合法性就成了问题。

第三章　东亚的政治发展

第一节　东亚的两种政治发展模式

从迄今为止政治发展的模式或路径来看，东亚可以划分出在政治体制内推动民主化和已经发生了政治体制转型的两种模式或路径，第一种路径是以新加坡和马来西亚为代表，第二种路径在台湾地区、韩国、菲律宾、印度尼西亚和泰国得到了实现。新加坡和马来西亚是一种体制内民主化的模式，而台湾地区、菲律宾、印度尼西亚、泰国和和韩国是另一种通过政权的更迭而实现多元民主的模式，我们可以通过比较两者之间的相似性和差异性来思考东亚模式的某些特点，尤其是以分别隶属于这两种模式的新加坡和台湾地区这两个华人政治实体为案例进行相关比较，这可能具有特殊的意义和更多的合理性，因为东亚模式的一个重要特征就是儒家文化的存在，而儒家文化的主要载体就是华人社会。

一、体制内民主化模式的特征和基本动因

新加坡和马来西亚一直保持着威权主义体制，一党长期执政并在国会中占据绝对优势，执政党全面控制着国家

权力。但实际上仅仅从宏观制度形式来看并不全面，尤其是仅仅对这种制度进行定性而不进行量化的考量并不符合实际，而这有时是更重要的视角。这就要求我们来观察其威权体制中的民主因素，进而是什么原因使它在高度现代化的情况下保持着这样一种体制。

新加坡政治体制的适应性是很强的。"第三波"时期多数国家在人均国民生产总值1000美元左右时就发生了政治转型，稍后发生政治转型的国家或地区，例如韩国是在人均6000—9000美元、台湾地区是在7000—13000美元发生政治转型的，而新加坡的人均GDP已经达到5万美元还没有发生政治转型。西方的转型理论主要是从经济变化必然引发社会和政治结构变化这一视角进行分析的，没有从政治体制本身有多大的可塑性来看这一问题。不同的政治体制之间的适应性有很大的差距，同时，同一个政治体制是否改革自己的结构也会使自己的适应性有很大的变化。

新加坡政治体制的一个重要特点是它在威权主义体制内把民主发展到了一个较高的程度，威权主义与多元民主制度的适度结合使其具有较大的适应性。这与在转型前很多国家的政治体制比较僵硬不同，在那些国家，僵硬的威权主义体制不能容纳和同化不同的意见和力量，致使社会矛盾越来越激化，因而在反对力量强大后，就不得不以政权的更迭或体制的转型来与之相适应。当然，除了其一党体制下的民主程度较高外，其行政效率高、政治体制运行通畅也是其政治和社会稳定的重要原因，因为它可以化解许多经济、社会和政治矛盾，同时这也是保证政治体制（无论是威权的还是民主的）运作的基本前提和机制。

由此可见，英国法律和司法制度对构建新加坡法制社会的影响，同时英国的法律制度与新加坡文化在现代性上的统一与和谐是它有效运作的基本前提。

从文化上来看，新加坡文化的一个重要来源是华人带去的儒家文化，这是它的传统文化；另一个是英国文化，英国在新加坡进行了140多年的统治，尤其作为新加坡殖民地的创建者，华人移民多是在它的主导下移居这里的，因而英国文化对新加坡社会尤其是上层社会的影响极为深刻。

早期移居新加坡的华人移民，虽然文化水平很低，但在他们的观念意识和风俗习惯之中都深深蕴藏着儒家文化的因素。在整个19世纪，华人仍是身穿长袍马褂，捧读四书五经，梦想有朝一日回到中国光宗耀祖。直到20世纪上半叶，华人社会基本保持着这一状况。华人社会中教育资源的贫乏导致了西方文化的传播，自19世纪末以后，英国和西方人的传媒、宗教和学校教育不断填补着这一片文化空白。① 第二次世界大战后，随着科学技术的发展和交流的增加，在殖民政府的支持下，西方的电影和书刊大量涌入以填补这个空白，这大大促进了西方文化的传播。但即使是在这一时期，由于华人社会和殖民统治者的上层社会之间相对分离，因而华人社会中的儒家传统文化仍然是主流的文化，只是在上层社会尤其是国家层面上英国文化及制度则占据着主导地位。

1959年人民行动党上台执政标志着民族主义者掌握了国家的领导权，从大多数国家的发展历程来看，这一时期民族化应成为时代的主流，西化会受到遏制，然而新加坡却与大多数新兴国家有所不同，它从一开始就实行了全方位的对外开放政策，并与前殖民者保持着密切的关系，不仅国防依靠英国军队，而且促进与世界市场的联系，不间断地引进西方的商品、机器和科学技术以及现代管理方式和价值观念，例如，新加坡为了纪念它的英国殖民开拓者莱佛士，树立了他的雕像，以他的名字命名了广场，这在很多国家是不可想象的。

无疑，这会对新加坡社会造成巨大的冲击。1988年时任新加坡副总理的吴作栋说："新加坡的华人，与香港、台湾或中国的华人相比较，是西化多

---

① 统计数字显示，1938年全新加坡在校学生为47586名，其中只有30%在英文学校中就读，其余在华校、巫校和印校就读。到1959年，在校学生共计324689名，其中就读英校的已达51%，见〔新加坡〕《联合早报》编：《李光耀40年政论选》，现代出版社1994年版，第364页。

了。新加坡的马来人和印度人也同样西化。"① 1989 年时任新加坡总统的黄金辉进行了这样的概括:"我国人民尤其是年轻一代的态度和人生观,在不到一代人的时间内就有了改变。传统亚洲价值观里的道德、义务和价值观念过去曾经支撑并引导我们的人民,现在,这种传统亚洲价值观已经逐渐消失,取而代之的是西方化、个人主义的人生观。"② 新加坡的年轻一代与老一代相比,在个人生活方面,更愿意标新立异,模仿西方,而不是遵守传统;在宗教信仰方面,更多的人信仰基督教、天主教或新教,而且很多人是从信仰佛教和其他东方宗教中转变而皈依西方宗教的,而不是贡拜佛祖;在政治上有越来越多的年轻人支持反对党,希望政治格局的多元化;在文化娱乐方面,更愿意观看欧美的电影电视,读西方作品;在管理方式上,传统的家族式的管理方式已经逐渐被取代,代之而起的是产权分离的现代股份制的管理方式。

尽管自 1980 年代以来,新加坡发动了一场规模空前的弘扬新儒学的儒化运动,在一定程度上保持了儒家文化的社会和政治地位,但并没有从根本上改变新加坡文化变迁的趋势。"儒学复兴"有两个主要原因:一是东亚工业文明的兴起。随着 20 世纪七八十年代以来日本、新加坡、韩国、台湾地区和香港奇迹的出现,以及中国等其他东亚国家经济的起飞,出现了"第三种工业文明"的理论,提出了第三种工业文明与儒家传统有何种关系的问题。新儒家认为,儒家精神与现代化并不是互相排斥的,东亚各国正是走了一条儒家资本主义的道路,这种发展模式的特点是把儒家伦理糅和进资本主义的经营管理之中,把西方偏重个人才能发挥的机制改变为具有人文色彩的管理工程,注重心理调节和人际关系调节,并发挥群体的力量。它还认为儒家伦理的在群体中寻求自我实现的意识和勤劳节俭的品格是资本主义发展的动力。新儒学对李光耀、吴庆瑞等老一辈领导人产生了重要的影响,他们在教育和社会

---

① 曹云华:《新加坡的精神文明》,广东人民出版社 1992 年版,第 45 页。
② 黄金辉:《黄金辉总统的施政演说》,载〔新加坡〕《联合早报》,1989 年 1 月 10 日。

管理以至于政治治理中积极地推广这一理念。①

二是新加坡领导人企图用儒家文化来平衡西方文化和工业化引发的不稳定状况。工业化所引发的价值观念的失范和真空使人们关注儒学的作用。在李光耀等领导人看来,由社会转型所引发的道德失范导致了诸如离婚率增高和个人主义意识强化以及精神空虚、犯罪现象增多等问题,进而,这还会导致对人民行动党威权统治的挑战。对此,除了在法律上进行规范以外,建立新的道德价值体系更是不可或缺的重要方面,这其中也包括提倡儒家政治伦理来抑制多元化的要求。应该说,这在相当程度上达到了目的,但并没有从根本上逆转西化或现代化的趋势,而且这也不是新加坡政府的目的,它的目的在于调适而不是改变这一趋势。因而它的基本政策仍是现代性的而不是儒家的,这或许是它成功的一个重要因素。

马来西亚与新加坡相同的是它在独立前长期同属英国的一个殖民地,英国在马来西亚的统治带来了某些重要的后果:一是移居来的华人占到总人口的三分之一,是仅次于马来人口的第二大种族,也是马来西亚成为一个多种族社会的主要来源。二是由于殖民者保留了苏丹的地位和为马来人担任公职提供方便,所以这里的马来人一直占据政治上的优势,这一直持续到民族独立以后直至今天。三是英国当时在这里建立了较好的市场环境和氛围,提供了相当的商业基础,并传播了西方文化。四是英国留下了英式文官制度并培养了大量的政治精英,例如独立后的第一代领导人拉赫曼等都是从英国留学回国的。

由此看来,马来西亚与新加坡的政治发展有诸多相似之处,其中有重要影响的制度也与新加坡相同。它在独立后保留了英式的文官制度和一部分政治法律制度,这就使它在治理上较为有效,同时它所建立的一党长期执政的威权主义制度也一直允许有反对党存在,1990年代以来反对党还很活跃,力

---

① 吕元礼:《亚洲价值观:新加坡政治的诠释》,江西人民出版社2002年版,第433—483页。

量和影响要远大于新加坡反对党在国内的力量和影响,当然,这也与它有更大的地方自治权和种族多元性有关。因此,与新加坡相同的是,它之所以在人均产值已经达到 10000 美元左右时仍没有发生政治体制的转型,与它的威权主义体制的多元复杂性和允许多元民主在体制内有较大的发展有关。此外,如果说新加坡的威权主义体制的高度适应性还与政府的高效而廉洁有关的话,那么马来西亚的这种适应性则更多地是与它的联邦制所赋予的地方政府的自治性和种族的多元性所带来的对多元化有更大的包容能力有关。

同时,英国文化对马来社会的影响也较为广泛和深刻,英语虽然不是法定官方语言,但实际流行的程度却很高,包括普通农民在内的大多数人都会不同程度地应用英语。由此,一方面尽管伊斯兰文化是传统的主流文化,马来语是法定的国语,同时儒家文化在这里也有着浓厚的影响,但这并没有从根本上制约西方现代文化的传播和多元民主政治的发展;另一方面我们也注意到,英国传统文化中的精英主义也为精英治国甚至权威主义提供了某种文化支持,这或许也是它和新加坡没有发生体制转型的一个原因。

二、政治体制发生转型的民主化模式的特点和基本动因

台湾、菲律宾、印度尼西亚、泰国和韩国等地区和国家发生了威权主义政体向多元民主政体的转型,其基本原因是民主因素的积累和政治体制的相对僵硬。

从台湾来看,1949 年国民党政权迁台后,受美国的影响,尽管在"中央"一级实行威权主义统治,但在地方上开始逐步推行具有现代民主色彩的自治选举。其表现是开放省长以下,也即省议会和各层级行政首长和议员的选举,选民的选票在一定程度上决定了候选人是否当选。这不但为台湾的地方家族、士绅及社会精英争取地方权力与地位提供了制度性管道,开启了政治参与的大门,而且为台湾地区的政治发展积累了民主因素。当然,除了受美国的影响外,这也与国民党在大陆统治时的一些乡村改革和政治改革有一

定的传承关系，与其在大陆的失败反思有一定的关系。

到 1970 至 1980 年代，台湾地区逐渐由农业社会向工业和信息社会转变，城市化进程加快，从而也引发了政治生态的变化。一些大城市边缘的传统家族集团因房地产与建筑业的发展而迅速扩张，促使政商结合形态大为扩展。一方面，这些家族和派系在地方层面上通过贿选来操纵选举，从而推动了选举政治的发展；另一方面，城市化也加速了中产阶级的发展和教育水平的提高，从而也提高了人们的政治参与意识。同时，几十年来积累的地方选举和参政经验，使台湾的民主政治环境日趋成熟，各种社团的职业技术精英都投入到地方选举之中，开启了多元精英政治参与的时代。① 尽管这一时期的选举政治还带有很重的传统因素，例如家族和派系的参与，但民主因素已经有超越传统政治之势。

1980 年代以后，台湾社会的经济、社会与政治转型加速，民主力量日益壮大，要求政治转型的压力也与日俱增，致使国民党不得不相继解除了戒严，开放党禁和报禁等，尤其是 2000 年 5 月民进党通过选举上台执政，结束了国民党对台湾连续 55 年威权主义统治的历史。我们看到，台湾的政治转型过程是与西方政治学家对后发展中地区描述的经典的政治转型模式相吻合的，是一条从市场经济的发展到中产阶级壮大、最终导致政治体制转型的道路。

文化也是导致台湾发生政治转型的一个重要因素。台湾基本上是一个由大陆移民及其后裔构成的社会，民进党所说的本土居民实际上也是明代以后从大陆移居到台湾的，所以台湾文化与中华传统文化有着深厚的渊源关系，即使是世代生活在台湾的土著居民，也深受儒家传统的影响，而且他们的数量非常有限，这些因素都决定了台湾社会主流的传统文化是儒家文化。随着大陆移民的不断增加和"中华民国"政权对台湾的开发和管治，来自大陆的政治文化、伦理道德、文教内容等等也都在台湾生根。

长期以来，台湾社会中的传统文化保留得较好，中国社会的习俗、仪式、

---

① 赵永茂：《台湾的民主发展模式及其转型》，武汉，中国式民主国际研讨会论文集，2009 年 11 月，第 113 页。

宗教、繁体字都传承得较为完整，目前台湾最通用的语言也是从大陆传过去的普通话，我们会发现在社会生活中台湾人通常比大陆人更为遵奉儒家习俗。导致这一情况的主要原因可能有以下两个：一是五四新文化运动和"文化大革命"这两次对儒家文化持批判态度的运动都没有发生在台湾，前者对台湾的影响很小，后者则没有任何影响，而这两个运动对大陆文化的影响却很大。二是大陆发生过长期的革命战争。大规模的群众革命战争通常会传播强烈的平等主义文化，同时作为国家意识形态的马克思列宁主义理论也是一种具有浓重的平等主义色彩的革命文化，这两者都与儒家传统有很大的不同。而台湾的反对日本侵略者的民族主义斗争没有像大陆那样形成广泛的群众运动和规模，尤其是在此前后发生的革命运动和战争更没有形成规模，因此，平等主义文化对台湾社会儒家文化的冲击并不大。

然而自西方文化大量输入以来，尽管台湾曾试图在传统文化与现代文化之间保持一种平衡，但从近60多年的情况来看，西方文化日渐强势，而传统的儒家文化相对式微，这种趋势改变着台湾的社会、政治和文化图景。

具体来说，这种文化变迁既来自于外部的文化输入，也来自于本地市场化对现代文化的酿造。自1950年代以后，世界市场的发展进入了一个新的阶段，此时台湾正值由农业社会向工业社会转变，在这一过程中，以出口为导向的经济结构和与美国的特殊关系使它不但在经济技术上受到美国的援助和影响，而且文化上也非常尊崇并主要是输入以美国文化为主的西方文化。大量学生到美英等西方国家留学，从西方输入大量的文化艺术作品，这些都对台湾社会和文化产生了重要的影响。尤其是自1960年代末以后赴美欧留学的台湾知识精英陆续回台服务并担任要职[①]，其中相当一部分人主张以西方文化和现代民主模式来改变传统文化和儒式政治，以寻求济世途径。其时，国民党的老一代政治家并不主张西方文化的侵入，尤其反对多元民主，所以，台湾当局对西方文化采取了一定的抑制政策。不过，这在台湾特定的环境和政

---

① 台湾前"总统"李登辉就是这一时期留美回台的，前"总统"马英九则是1970年代留美回台的。

策背景下很难起到根本上的抑制作用，尤其是现代文化中所包含的民主与科学的内容有着很强的生命力和冲击力，与台湾现代市场经济和社会的发展有更大的适应性，因而这种文化冲突始终是由西方文化或现代文化主导着，并激活了党外运动和民主化。加之这种文化在特定的环境中为后来的"台独"势力所利用，找到了众多的载体，因而急速地改变了台湾的文化和政治结构。

当然，台湾的政治转型也在一定程度上与东亚其他国家或地区的转型一样，在一定程度上出现了水土不服的现象，它还没有能够很好地把中国的传统文化与民主因素融合起来，因而自转型以来台湾社会和政治的分裂和冲突一直不断，尽管与东亚其他转型国家或地区相比它还是相对温和的。实际上现在台湾社会中广泛存在的恩庇式政治、传统的家庭和派系政治与族群政治分裂的情况，以及在正式的法律规则之下并在很大程度上制约人们行为的"潜规则"的存在，说明台湾社会的传统政治和传统文化与现代政治和文化的角逐仍然激烈，只不过后者主导着正式的政治文化并表现得更为强势罢了。不过，另一个重要原因也不应忽视，政治转型后出现的一定程度的无序状况，尽管与现代与传统的冲突有关，但更重要的还是民主制度和秩序的建立尤其是人们适应它需要一定的时间，这其中既有民主要内化到人们的心理层面上会有一个过程的问题，也有要切身体会民主制度的内涵、建立与本地社会发展水平相适应的民主制度需假以时日的问题。这一过程需要时间，但其所面临的问题是发展中的问题。

菲律宾之所以在国民生产总值人均只有1100美元时①的1986年就发生了政治转型，显然与它受美国和西方的影响不无关系。自1898年美西战争后，美国在相当长的时间里操纵和影响着菲律宾的政权和经济命脉，在菲律宾取得独立后的1946—1972年间，菲律宾是东亚唯一模仿美国实行两党政治的国家，尽管并不成功。马科斯又在1970年代到1980年代中期实行了强硬而僵化的威权主义统治，尽管它初期稳定了政局，但由于它是一个军人政权，不

---

① 按照2010年的实际购买力计算，相当于2500美元。

能容忍任何反对派的存在，同时又没有提高政府的效率，没有建立起发展的机制，这使它很难在一个受美国影响很大且85%是天主教徒、已经深受西方文化影响的社会中建立牢固的基础，因而显得过于僵硬，很快就酿成了尖锐的矛盾。正如亨廷顿在阐述菲律宾政治转型的动因时所指出的："教会领袖的最极端的政治介入无疑是在菲律宾。红衣主教辛通过协商在阿基诺和劳雷尔（两位当时主要的反对派领袖。——笔者注）之间达成了协议，并把反对派的选票集中起来。……辛主教在结束一个政权和改变国家的政治领导中扮演了比17世纪以来任何天主教教士都更加积极和更加有影响的角色。"①

然而，另一方面，菲律宾民主的巩固之所以异常艰难和出现了较长时期政局不稳的情况，一个基本的原因还在于西方文化的输入对菲律宾的改变更多地是发生在正式的国家制度和法律层面上，发生在国家层面的政治文化中，而其社会关系和行为还保持着较为浓重的传统色彩，"人事关系充斥着菲律宾的社会和政治，甚至有时这种人事关系使一些拥有宪法权力的政治机构都黯然失色。这在很大程度上是该国政治和经济制度发展不平衡的结果。在基本上是农业的前自由主义因素的基础上，诸如家族关系、氏族制度、庇护制度，这些关系都不断地在同公共官僚机构打交道的过程中发挥作用。这些情况，连同其民族的特质（即为了达到政治目的可以不择手段），严重地阻碍了行政机构的稳定发展，使整个公共领域（不仅仅限于上层）极易发生以权谋私"②。因此，民主政治在菲律宾也发生了水土不服的现象，比台湾要严重得多。

印尼传统的主流社会文化是伊斯兰文化，同时，葡萄牙在印尼统治了几百年的时间，即使是在1960年代至1990年代末的威权主义时期它也与西方保持着密切的关系，因而西方文化在这里也有广泛的传播，这是它1998年发

---

① 〔美〕塞缪尔·P.亨廷顿：《第三波——20世纪后期民主化浪潮》，刘军宁译，上海三联书店1998年版，第96页。

② 〔澳〕约翰·芬斯顿主编：《东南亚政府与政治》，张锡镇译，北京大学出版社2007年版，第235页。

生政治转型的重要原因。与菲律宾相似的是，它发生政治转型时的社会结构、市场经济和中产阶级虽然比过去有很大的发展，但并不发达，它的人均国民生产总值也只有 1000 美元左右。然而，由于其政治体制较为僵硬，无法适应社会和政治格局的变化，加之 1997 年的经济危机引发了群众的不满，造成了威权政权的崩溃。尽管苏哈托的军人政权在执政后期进行了一些改革，但其专制统治并没有发生根本性的变化，它不能容忍反对派的存在和活动，缺乏正常的政治输入和输出机制，因而其体制的僵硬程度很大，最终不得不以转型来面对挑战或适应发展的诉求。

与其他转型国家或地区相同的是，印尼由于民主的基础条件还不够成熟，因而民主的巩固异常艰难，政局动荡不安，至使民主的冲动只延续了很少的时间，2004 年具有一定民主形象的梅加瓦蒂和民主斗争党在大选中败北，而早年由苏哈托建立的专业集团成为第一大党，尤其是当选总统加西洛是苏哈托时期的军队总参谋长、梅加瓦蒂政府的国家安全部长，这样的政党和军人而不是政治家执政显然标志着强人政治在一定程度上的回归，尽管这已经远不是威权主义的回归了，而是民主回归现实的表现。

实际上，无论是梅加瓦蒂还是加西洛，在一定程度上仍是个人魅力型领袖，他们的当选，反映了民众对威权主义的一种怀念，而这种怀念除了对民主政权的政绩失望外，还有更深层次的社会原因，"许多学者认为印尼人倾向于接受一个具有领袖魅力的领袖。印尼人觉得，领袖魅力并不绝对来自于政策观点或者是有雄辩口才——虽然这也常常是考虑的因素——而更多的是通过家族和权力继承的。苏加诺和苏哈托都声称他们的血统来自于古代王国或者著名领袖，就像当代的梅加瓦蒂和瓦希德现在做的一样"[①]。"尽管知识分子认为，随着印尼向民主迈进，（政治建设的）精力应该集中在发展民主制度和机构上，而不应该把注意力放在个人因素上。不过不能否认，向民主转变

---

① 〔澳〕约翰·芬斯顿主编：《东南亚政府与政治》，张锡镇译，北京大学出版社 2007 年版，第 235 页。

的初级阶段，印尼人对这种个人因素仍然无能为力。"① 因此，在民主的巩固时期，印尼的这种传统与现代因素的博弈仍然要经历一个较长的时期。

韩国政治转型的过程与台湾地区有较多的相似之处，即从渐进性与激进性来说，它应该是介于台湾地区与菲律宾、印尼之间，而转型的基础条件更接近于台湾，即人均国民生产总值已经在10000美元之上，且民主的巩固也更为稳定。从另一方面来说，它转型的过程比台湾更为激进一些，其威权主义政权之所以倒台，与军人政权没有在体制内建立起民主的机制、无法在更大程度上容忍反对党进行合法的活动和较为僵硬有关。尽管在军人执政的后期开放了党禁，但由于时间过短，没有能够建立起具有包容性和适应民主发展的体制。当然，导致其转型的基本原因也是西方文化的传播、中产阶级的发展和传统的政治体制难以适应多元化的要求。

1945年韩国从日本殖民者的占领下光复后，其政府或直接在美国的控制之下，或与美国保持着密切的关系，因而其西方文化的传播非常之迅速，例如，韩国的基督教徒从1945年占总人口的1%发展到1980年代中期的25%。我们知道，在"第三波"转型时，基督教是反对威权主义政权的主要力量，当时反对运动的主要领导人金大中、金泳三等都是基督教徒，"到1980年代初，教会已经变成反对政权的主要论坛"②，它们广泛地参加了反对威权主义政权的民主化运动。

推动韩国民主化的另一个主要因素是中产阶级的兴起，"只有当出现了一个庞大的中产阶级之后才对威权政权构成了严重的威胁，而且中产阶级专业人士也加入了学生们要求结束威权主义的行列"③。韩国的学生和工人进行了长期的反对威权主义政权的运动，然而这并没有对其构成严重威胁，真正起

---

① Dewi Fortuna Anwar, "Indonesia: The Presidential Election and Its Aftermath", in *Asian Affairs*, Vol.9, 1999, p.83.
② 〔美〕塞缪尔·P.亨廷顿：《第三波——20世纪后期民主化浪潮》，刘军宁译，上海三联书店1998年版，第85页。
③ 〔美〕塞缪尔·P.亨廷顿：《第三波——20世纪后期民主化浪潮》，刘军宁译，上海三联书店1998年版，第78页。

到关键作用的是中产阶级。同时,韩国的军人政权不但不允许有反对党存在,甚至弱化了执政党的功能,因此,面对社会和政治多元化的诉求,这一政权在政治输入和输出方面都不够畅通,这是导致它不得不转型的重要原因。当然,另一方面,韩国的市场经济和中产阶级都较为成熟,在此基础上韩国的军人政权在1980年代后期更换领导人后不得不同意举行民主选举,这是其转型呈现出渐进性的重要原因。

三、日本的民主化特征

日本的政治发展可以被看成是介于前两种模式之间的一种模式,也是最为成熟和稳定的。我们知道,日本的现代化进程和政治发展较东亚多数国家早得多,因此,"1955年体制"的建立并不像其他国家在那一时期的转型那样完全是从多元政治向威权主义政治的转型,而是建立了一种一党独大并长期执政和具有威权色彩的"多党体制"。在这种体制中,执政党并不像东亚其他国家和地区的一党的威权主义体制那样完全垄断政权,在野党能发出很强的声音,或者说在这个政党体制内有"真正的竞争"。自民党一党执政的情况在直到2009年民主党在选举中上台才发生了变化,而这种变化或"转型"不但在时间上要晚于前述东亚已经发生转型的国家或地区,按照西方经典的民主转型理论这似乎有些不合逻辑,而且其转型没有引发任何的动荡,甚至没有出现任何政治上的变化。这种"转型"模式是在经济和政治发展水平更为成熟的基础上完成的,因而几乎没有出现"水土不服"的现象。实际上,日本"水土不服"的现象可能一部分是被首相的频繁更迭消化了,即它是一种化解政治纷争和不满的方式。

日本无论是在一党为主的政党体制时期和现在的多党体制下均比东亚其他国家或地区的民主运作更为稳定和成熟,它在制度上保证了各政党之间有较为公平的竞争。但不可忽视的是,它仍然存在着很多行为和文化层面上的传统因素,例如家族政治传统影响着政治过程,这表现在日本社会中存在着对传统的精英政治的认同，存在着对地域和血缘的认同，因而政党政治和政治家们往往要利用这些因素或影响才能在政治上发迹。21世纪初的一项统计表明，日本国会里出身各等级政治世家的众参两院议员超过230名，所占议员总数的比例达30%。① 1998年的一项调查表明，众参两院中直接来自国会议员家族的"第二代议员"达103人。② 当然，这种家族政治已经与传统上的家族政治有很大不同，它融入了现代性因素，因而，日本是东亚社会中积累现代性最多也最成熟的民主体制，它的"世袭"政治在不断地向公民政治转变。自本世纪初以来，相当一部分国民尤其是青年国民对这种世袭政治已经越来越反感了，持这种看法的人在逐渐增多，反映在选举中就是每次选举都使"二世议员"的比例下降一个百分点，而布衣出身的候选人当选的比例在增加。③ 实际上，自民党的下台就是这一趋势的重要例证。日本政治的发展并没有改变文化和社会结构以及中产阶级的变化是东亚民主发展的主要推动力的结论。

四、三种发展模式的比较分析

尽管我们可以把东亚各国或地区的政治发展或政治转型划分为两种或三种模式，但是在政治发展的内容和阶段上它们都有着基本的相似性，这就是它们的民主政治都得到了很大的发展并基本处于同一历史阶段上。我们可以看到，在发生了由威权主义体制向多元民主体制转型的国家或地区，转型后都不得不在不同程度上发生了向威权主义的回归，而在威权主义没有发生转型的国家，则使体制内的民主达到了一个相当高的程度，它们都还在继续推动民主而不是回归权威。因此，不同模式之间民主的差距并不像想象的那么大，至少不能简单地以政治体制是否转型来划分它们之间民主的差异。由此

---

① 高洪：《日本政党制度论纲》，中国社会科学出版社2004年版，第174页。
② 〔日〕石川真澄：《今天的政党是什么?》，见岩波丛书（岩波ブックレット），岩波书店1998年版；转引自高洪：《日本政党制度论纲》，中国社会科学出版社2004年版，第174页。
③ 高洪：《日本政党制度论纲》，中国社会科学出版社2004年版，第174页。

来看，民主是东亚政治发展的基本向度。

我们首先对东西方文化的交汇对东亚社会政治发展的影响进行一个基本的判断。从确立民族主义政权之初就引入西方文化这一点来看，台湾地区和新加坡是异曲同工，前者被动的因素较多，后者更为主动。从前文对台湾地区、菲律宾、印尼和韩国这一类地区或国家的描述来看，文化变迁的现状和基本趋向是在正式的或法律层面上现代民主文化居于强势地位，而传统的政治文化相对式微，而在社会关系和行为层面上是平分秋色和激烈博弈的状况。人们基本已经接受这种文化变迁的结果并在正式的或法律的层面上评判政治行为，其多党竞争和选举政治基本上已经主导着这些地区或国家各个层面的政治运作或行为，它的政治体制和运作已经与现代政治制度没有根本性的差异。但在行为或操作层面上，它确实经常表现出传统的行为模式和社会关系干扰政治运作的问题，在相当程度上存在着政治制度超前于社会文化变迁的情况，有与社会政治文化不相适应的一面。

一般来说，由于后发现代化国家的现代性因素是从外部快速输入的，其政治转型都是以较激烈的行为和制度冲突形式完成的，民主因素在社会中内化的程度既不深刻也不稳固，因而体制转型后这些国家中传统性与现代性的博弈要持续很长一段时间。

在这方面，台湾地区和韩国在转型和民主巩固过程中社会和政治冲突的程度是相对较低的，它没有发生过度的暴力行为，人们基本尊重选举的结果。这说明它们在政治文化中已经积累了相当多的现代性因素。两者都是在儒家文化没有受到大规模的文化批判运动冲击的情况下输入西方现代文化并逐步走向多元文化格局的，这说明在一定程度上儒家文化与西方现代文化在它们那里找到了共存和融合的方式。

而菲律宾和印度尼西亚则相对来说没有更好地内化西方现代政治文化，在菲律宾这可能与它的经济发展水平低、市场化和社会的流动水平较低、地方传统的自治势力强大有很大的关系，印度尼西亚也有这方面的原因。

可见，尽管菲律宾输入西方现代文化已经有很长时间的历史，而且是全方位的，但如果没有一定的社会基础或发展水平与之相对，也无法使其融入到现实社会之中。而印尼则相对来说受西方文化的影响程度较低，因为它是西方相对不发达的葡萄牙的殖民地，同时它主要的传统文化是伊斯兰教，现在仍很强势，它的非伊斯兰教信徒所占总人口的比例远低于马来西亚，只有5%左右。其文化的相对封闭性是其接受现代文化较慢和民主巩固持续时间较长的原因，当然，这种文化特色在特定的情况下可以提供一些稳定的因素。

从这几个国家或地区政治转型和民主巩固的情况来看，我们可以发现市场化、经济水平和市民社会的发展水平越高或越成熟，其民主化过程越为有序。

新加坡和马来西亚的文化和语言政策有着相似的一面。新加坡长期以来一直推行一种双语或双文化政策，尽管在近几十年来一直提倡儒家文化，但这主要是一种对现代文化的调适而不是取代，加之历史和现实发展的需要，使其社会的基本政策和方针仍是以现代文化而不是儒家文化的发展为主导，因此其现代性甚至西化程度已经非常之高，高于其他华人政治实体。这表现在新加坡社会中不像台湾地区那样存在着较重的恩庇关系、地方势力和派系政治。虽然马来西亚把马来语定为唯一的国语，但实际上正如前述，马来西亚独立后并没有限制英语的普及，只是在一定程度上限制了华语的应用，这实际上也导致了英语的普及。同时，它的派系政治、恩庇关系虽然比新加坡更多一些，但比菲律宾和印度尼西亚要少得多，社会结构更现代一些。

在台湾地区、菲律宾和印尼，尽管在法律上公私界限已经分明，在实际运作中也有了很大的进步，但还广泛存在着混淆两者关系的现象，例如2008年以后对台湾前"总统"陈水扁的"国务机要费"和市县一级长官的"首长特别费"的审查非常具有讽刺意义，一方面台湾"总统"和地方首长的工资并不高，还有人把自己工资的一部分捐献出来，另一方面他们又把本应用于公务的首长特别费大量私用。而菲律宾和印尼则存在着大量的恩庇关系，它仍然是其社会和政治生活和地位的重要组成部分。

从政治制度上来看，新加坡和马来西亚的威权主义体制都有较高的制度化水平，这可能是它们政治体制转型较晚的重要原因。① 新加坡政治体制的制度化水平具有较高的适应性程度更多地是由于它积累了较多的现代性因素，在此基础上建立和培育了一种具有包容性、法制化和高效率的政治体制；尽管马来西亚这些方面略低于新加坡，但与印尼和菲律宾相比还是较高的，它还有一个重要的因素是，其种族和政治制度的多元性和复杂性使它的政治体制更具有包容性和适应性，这也在一定程度上保证了其政府的稳定性。另一方面，如果一种制度不能在面对环境变迁的挑战时对自身作出调整，就不能适应环境的变化而不得不以体制的转型来与变化的环境相适应，韩国、菲律宾、泰国、马来西亚、印度尼西亚、台湾等国家或地区的体制转型尽管各有原因，制度化水平也各不相同，然而政治体制的制度化水平较新加坡和马来西亚低是它们共同的原因。在转型前它们的政治体制都比较僵硬，领导层和体制缺乏现代性，不能适应环境的挑战，在社会经济结构转型后承受不了多元化的压力，不能像新加坡和马来西亚的政治体制那样在相当程度上可以容纳和规范反对党和各种利益集团的行为，从而发生了转型。其中一个重要的可比案例是腐败对它们的转型起了很大的推动作用，而新加坡和马来西亚由于制度化水平高而成功地抑制了腐败这种非制度化的运作，虽然后者的腐败比前者更多。

小　结

西方经典的政治转型理论把特定的政权更替作为政治转型的标志，例如长期执政的政党和政府及其领导人下台即民主政体取代威权主义政体作为转

---

① 李路曲：《关于民主化、制度化与发展水平关系的思考》，载《晋阳学刊》，2008年第1期。

型的标志，此后进入民主巩固的阶段。然而从世界政治发展的趋势来看，民主转型的方式在逐渐变化，其中一个重要特点就是其转型的标识越来越不明显，或者说越来越显现出其渐进性的特点。日本的政治转型或许是最早体现这一特点的，从"1955年体制"后自民党一党长期执政到1993年自民党一度下台，但仍保持着议会中第一大党的地位，再到2009年失去第一大党的地位并同时失去执政地位，其政治转型的渐进性和标识的模糊性已经显露出来。

这种变化与时代的进步及其社会、经济和政治的发展及文化特色有很大的关系。由此来看，新加坡和马来西亚的民主化乃至中国的政治发展，就其渐进性转型方式来看，尽管各有其特色，但从时序和人均产值来看，并不违背世界政治发展和转型的趋势和方式，即转型时间越晚则所需要的人均产值和文明程度越高，同时越可能使转型和平而渐进地进行。我们很难想象在新加坡这样的发展水平上会出现政权和政策的激进性的更替或转型。这也与认为中国的渐进转型模式具有很大的独特性的判断是不同的。

从政治发展的路径来看，东亚各国或地区具有后发展地区的明显特征，与拉美、非洲和亚洲其他国家的发展模式有着基本的相似性，尽管正如每个国家或地区都有自己的独特性一样，东亚也呈现出它的政治和文化特征。东亚与拉美在政治转型方面的不同之一表现在其转型都相对较晚并较为温和，这或许与儒家文化的影响有关，尽管东亚各国或地区自身之间也不相同。东亚的政治发展模式与西方模式确实有所不同，但这主要是政治发展的时序和实现民主的形式有所不同，而在一些基本的内涵上，例如人权、平等与正义以及民主内涵上则有很大的相似性，那种把东亚式民主完全看成是不同于世界其他民主模式的一种模式的观点并不准确。

从东亚各国或地区的情况来看，政治体制的转型或不转型与传统的儒家文化、佛教文化和伊斯兰文化没有根本性的关系，无论是在儒家文化圈内的新加坡、韩国、日本和台湾地区，还是在伊斯兰文化或佛教文化为主的印度尼西亚和泰国以及西亚的一些国家，都有已经发生了体制转型和未发生体制转型的情况。台湾地区、韩国、菲律宾、印度尼西亚和泰国的情况可能说明儒家文化或其他东方文化可以接受现代民主文化并在此基础上建立多元民主政体，而新加坡和马来西亚的例子则可能说明要想保持威权主义的体制外壳则必须在其中注入更多的现代性和竞争性因素，总之它们都没有说明东亚的传统文化与现代文化无法兼容。

第二节 一党长期执政与民主的空间

一、问题的提出

在一党长期执政并没有发生国家层面上政治体制转型的国家中，竞争性民主到底能发展到什么程度，这是一个近些年来遇到的新的政治发展问题。目前这一现象主要出现在东亚的一些国家中，即新加坡和马来西亚，在一定程度上日本和中国或许也是这种情况，尽管后者这两个国家本身差异很大，人们对它们是否与前者的问题相同存在着完全不同的看法。

后发展国家尤其是东亚的一党政治是从第二次世界大战后出现的多党政治中脱颖而出的，这种政党制度及威权主义体制具有一定的现代性并在一定时期内促进了经济与社会的发展，然而，各国政党制度之间的差异很大，这是导致它们是一党长期执政还是执政时间较短就发生政治转型的主要原因。具体来说，这种差异性表现在政治制度是否具有较强的现代性指向和较高的制度化水平、是否与本国的发展水平相适应性等方面。在具有较强现代性、较高制度化水平的一党体制内可以容纳很大的多元竞争。

二、一党政治与威权主义政体的形成及现代性指向

后发展国家的一党政治是在政党组织产生初期的多党政治的基础上孕育出来的。一般来说，刚刚从传统社会脱胎出来，出现众多而又人数很少

的政党组织是政党发展的一个必经阶段，因为这时的社会、阶级、阶层和政治意识的分化还不明显，政党与传统社会有着千丝万缕的联系，新的结构、利益和政治意识尽管还未成为社会和政治的主流，但已经促使人们急于推举出自己的政治代表，在这种背景下规模很小的政党就出现了。各地区和各国都在自己政治发展的相应时段产生了这一现象。对于东亚各国来说，第二次世界大战后各国的政党政治大都处于这一发展阶段，尽管有的国家尤其是日本和中国的政党产生的较早，但在战前在各种因素尤其是封建因素的束缚下也都没有发展起来，因此，第二次世界大战后它们大多仍然处于这一阶段。

当一个政治共同体中政党众多、政党政治处于无序状态时，实际上没有一个政党能够真正承担起整合社会的责任，相反会导致社会的无序状态，这就导致了人们对政党失去信任，致使政治体制发生危机。[①] 正是在这种背景下，具有较高制度化水平和权威的一党政治取而代之。

自1960年代中期左右，东亚各国或地区大都发生了由多党政治向一党政治的转变，即一党长期执政，独揽国家权力，其他政党处于在野地位，甚至取缔其他政党，或使其他政党无法履行正常的政党职能。与过去刚刚从传统体制中脱离出来而建立的多党政治相比，一党的权威主义政治有更多的现代性，这表现在执政党的领导层以现代化为导向建立了有一定制度化水平的政治体制来有效地贯彻自己的现代化意图，尽管他们本身不可避免地还带有浓重的传统色彩。一般来说，这种受西方影响较大的权威主义领导都非常注重市场经济的发展，这在当时的历史条件下是难能可贵的。在20世纪50—80年代绝大多数发展中国家都没有发展好市场经济，这有其深刻的原因。对于这些国家来说，为了在与发达国家存在着巨大差距的情况下尽快缩短现代化进程，加之革命或民族主义斗争的惯性，导致他们往往选择采取民族斗争的手段，企图通过动员全民族的热情和强化民族意识，获得在经济结构中无法

---

① 〔美〕塞缪尔·P.亨廷顿：《变动社会的政治秩序》，张岱云等译，上海译文出版社1989年版，第392页。

获得的现代化推动力。因此，它必然要激活和强化民族传统文化，造成一种严重违反现代化规律的政治狂热，这又反过来严重阻碍了现代化进程，使现代化的改革者陷入进退维谷的两难境地，甚至使现代化成为民族传统的俘虏，成为在新的历史时期维护传统体制的工具。东亚一党执政的权威主义领导一般都在不同程度上避免了上述非现代化因素的干扰，推动了有实际意义的现代化进程。

马来西亚与新加坡相同的是它在独立前也长期并且与新加坡同属一个殖民地，英国在这里也留下了良好的市场氛围，传播了西方文化，并培养了大量的有现代思想的政治精英，例如第一代领导人拉赫曼等与李光耀一样也是从英国留学回国的，这为它独立后保留英式文官制度、政治制度和法律制度打下了基础，这些都与新加坡有相似之处。它所建立的一党威权主义制度也一直允许反对党存在，1990年代以来反对党还很活跃，力量和影响要远大于新加坡反对党在国内的力量和影响，这种具有现代性的制度使它的治理也较为有效。

马来西亚是一种联邦制体制，因而地方自治程度较高；同时，由于少数族群华裔和印度裔在总人口中的比例较高，尤其是华人的经济实力一直很强，因而他们的社会地位较高，对政治的影响也在不断增加。正是这种地方自治的多元性和种族的多元性使得马来西亚政治体制的复杂程度较高，长期执政的国民阵线也具有这种多重性，是以马来族政党为核心包括华人和印度人政党的多党联盟，各政党一般也是多种族的结合体。这种复杂性与上述现代性的结合是马来西亚政治体制的重要特点。

我们注意到，东亚或后发展国家政治发展的三个阶段是与社会发展的三个阶段相适应的，即政治上的多党制或多元化、一党制或威权主义、多党制或多元民主政治，是与社会结构的传统的一元结构中的多元趋势或派系、社会的二元结构即政治上的一元制和经济和社会的多元趋势、经济和政治的多元化相适应的。

三、一党长期执政的原因

从1986年菲律宾的马科斯及其新社会运动党被推翻开始,东亚有许多一党执政的威权主义政府下台,依次是菲律宾、韩国、印尼、台湾地区、泰国、日本。新加坡和马来西亚长期执政的政党仍在执政,日本的自民党不仅是下台最晚的,而且它把一党政治下的民主发展到了很高的程度。那么,为什么新加坡和马来西亚在经济水平已经很高的情况下还没有发生政治转型,与此相关,为什么日本能在一党长期执政的情况下把经济和民主发展到一个很高的水平,这两个、实际是一个问题值得我们进行思考。

这三个国家一党长期执政的另一个重要原因是它们都较好地把政治发展水平与国情有机地结合起来,这表现在政治制度具有较强的现代性指向和较高的制度化水平[①]并使其与本国的发展水平相适应,从而使其威权主义适应了社会经济的巨大变迁。

新加坡和马来西亚的政治体制具有较高的适应性是由于它积累了较多的现代性因素,在此基础上执政者建立和培育了一种具有包容性和高效率的政治体制。具有包容性是指它在一党体制内把多党竞争和民主政治发展到了一个较高的水平,效率高表现在它们能够有效地主导经济和社会的发展,在上情下达和下情上达方面较为通畅;尽管马来西亚在这些方面略低于新加坡,但与很多国家相比还是较高的。它还有一个重要因素是,其种族和政治制度的多元性以及建立在此基础上的政党的多元性使它的政治体制更具有包容性和适应性,这也在一定程度上保证了其政治稳定。如果一种制度不能在面对环境变迁的挑战时作出调整,就会因自身不能适应这种变化而不得不以体制的转型来适应这种变化。韩国、菲律宾、泰国、马来西亚、印度尼西亚、台湾等国家或地区,以及发生在很多后发展国家的包括近两年在伊

---

① 李路曲:《关于民主化、制度化与发展水平关系的思考》,载《晋阳学刊》,2008年第1期。

斯兰国家发生的政治转型，尽管有诸多原因，但政治体制的制度化水平较低尤其是缺乏适应性或包容性是它们共同的原因。在转型前它们的政治体制都比较僵硬，领导层和体制缺乏现代性，不能适应环境的挑战，在社会经济结构或文化转型后承受不了多元化的压力，不能像新加坡和马来西亚的政治体制那样在相当程度上可以容纳和规范反对党和各种利益集团的行为，从而发生了转型。

政治制度的制度化水平是与社会的一定发展阶段或水平相联系的①，在此一发展阶段为高制度化水平的体制可能会阻碍体制向彼一阶段的转型。例如，新加坡、马来西亚和日本在一党体制中发展起了多党政治，这使它获得了稳定、有序和发展，然而这却使它发展更大的民主或实行多党制的时间比许多后发展国家晚了许多，所以它具有较高制度化水平的体制在一定程度上抑制了民主化或政治转型。

这三个国家一党长期执政的另一个重要原因是它们都较好地把政治发展水平与国情有机地结合起来。新加坡政治发展的特色之一是在对政治参与进行严格限制的基础上逐步培育公民意识并进行制度创新。现在看来，这在客观上有很大的积极效应，尽管人民行动党的领导人可能并没有完全意识到这一点。一方面，它在保证一党威权主义体制相对稳定的前提下逐步地放松管制，不像有些国家压制政治参与从而导致激烈的对抗和体制的崩溃。对民主的培育主要是允许反对党的存在的发展，使媒体越来越中立，允许民众投反对党的票和发表不同的言论，可以直接批评政府的某些政策。其中集选区制度是体现这一特色的重要的制度创新。② 集选区制度与相关的政治环境相结合在抑制过热的政治参与和培育有序参与方面起到了重要的作用。

马来西亚执政的巫统的政治领袖们利用其政治体制和种族的多元性，在政治发展的不同水平上有效地限制和培育了政治参与。其对政治参与的限制

---

① 李路曲：《政党制度的制度化和民主化变迁》，载《新视野》，2009 年第 5 期。
② 李路曲：《新加坡 2011 年大选与政治发展模式》，载《当代世界社会主义问题》，2011 年第 4 期。

主要表现在利用宪法和国家权力抑制反对党的发展，前者规定了伊斯兰在政治上的特权地位，后者是执政党利用执掌的法律、媒体和政治权力制裁反对党的领袖并限制反对党的发展。对政治参与的培育主要表现在这种控制是逐步放松的，它越来越能容忍反对党的发展，致使在近年来的一系列选举中反对党已经夺取了五个州的权力，并且在国会中的议员数量有了明显的增加。从另一角度来看，马来西亚的地方自治性容纳了更大的民主，使民主的发展没有更多地影响联邦政府的稳定。

日本之所以能在一党政治下把民主发展到很高的程度并保持政治稳定，既与它有比其他东亚国家更成熟的基础和民主环境有关，同时也与它使民主与社会现实相吻合有关，这个现实就是它比欧美国家保留了更多的传统，例如家族式政治，这一特点深刻影响着日本政治的运作。如果说日本内阁的频繁更迭削弱了其政治效率的话，那么家族政治则削弱了这种更迭对政治运作的干扰。家族政治及其相关的运作与日本的社会结构相吻合，它使日本的政治更为稳定。这也就是说，日本政治的现代性或民主程度还不及欧美一些成熟的民主国家，如果它完全按照欧美的程序和制度来操作民主，也会出现摩擦，所幸的是日本并没有那样做。

小　结

从东亚各国或地区的情况来看，新加坡和马来西亚的情况可能说明要想保持一党长期执政和威权主义的体制外壳必须在其中注入更多的现代性和竞争性因素，必须与时俱进地发展民主，同时进行现代国家制度建设，以与此相适应。从日本的情况来看，在一党长期执政的情况下，民主政治可以高度发展，其多元的竞争程度可以接近多党体制，然而在获得政治稳定方面则会更早一些。只要转型越来越呈现出渐进性，一党体制内容纳的民主就会越来越大。

第三节　后发展国家法治社会构建的政治生态分析

对于后发展国家来说，由于政治和法治现代化的任务要在比早发现代化国家更短的时间内完成，现代化进程在相当长一个时期中要依赖政治领导层的有力推进，因而法治建设相比早发现代化国家而言也就更多地依赖政治因素的推动，当然，这种推动与客观的政治生态包括对政治生态的判断也有很大关系。笔者通过对推动和保障后发展国家尤其是新加坡法治社会建立的政治因素进行分析，探讨了构建法治社会的政治基础、领导人的现代化意识和法治意识、一党长期执政条件下政治发展对法治建设的作用、社会文化与公平正义的关系与制度和政策设计等问题，指出运用好这些政治因素对法治建设有着根本的和直接的促进作用。

新加坡是一个高度法治化的国家，也是在第二次世界大战后独立的后发展国家中最早建成法治国家的，由于这一时期新兴的后发展国家在发展历程和发展环境尤其是政治发展模式上有诸多的相似之处，因此，其法治建设的经验为很多后发展中国家所重视；同时，它还是一个一党长期执政和具有儒家文化传统的国家[①]，因此，它的经验更值得我国重视和学习。我们知道，借鉴和批判都是一种潜在的比较，而比较需要对相关变量进行系统的比较及证实与证伪，而这正是比较的困难所在，但如果对像新加坡与中国这样有着诸多衡定变量或干预变量的相似案例进行比较分析，就会增加我们从中离析出相异变化的可能性，进而得出我们可以借鉴、如何借鉴以及借鉴程度或不能借鉴的内容。简言之，就是为什么新加坡已经建成了法治社会而很多后发展国家还正在建设之中？

---

① 颜清皇：《新马华人社会史》，粟明鲜等译，中国华侨出版公司1991年版，第265—271页。

一、现代性、政治秩序与法治建设

一般来说,由于经历了长期的革命斗争或民族主义斗争,革命或民族主义力量对革命的敌人或殖民主义者会产生浓重的敌对情绪,因而在独立后通常会全面废除旧的政治制度和法律制度,不但在政治层面以革命或民族主义政权取而代之,而且在行政层面和法律层面也会取而代之,即取缔旧政府的行政系统及公务人员和旧的法律系统及从业人员,而以革命或民族主义运动成员取而代之。这一做法,是特定时期的产物,有一定的历史必然性,但并不尽合理,从很多后发展国家的情况来看,它在不同程度上削弱了政治和法律现代化的进程。

我们知道,推翻封建的或半封建的旧政权或殖民主义政权,建立新的民族国家,是政治发展的必经阶段,也是现代化发展的必要条件,无论是旧政权还是新政权谁拥有更多的现代性,都不会削弱民族国家建立的这一时代意义。但是,现代国家的构建,包括法治社会的建设,是一个长期的过程,新兴政权不可能在短时间内建立起一个完全超越传统政权的现代政治法律体系,这也不符合政治变迁的规律,它只能在已有的现代化水平上,或者说在传统社会内部已经发展起的现代性包括政治和法治中已有的现代性的基础上,进一步培育和发展这种现代性。在这一过程中珍惜原有的现代性因素非常重要,否则可能会发生现代化的中断。

马克思曾经指出,尽管殖民统治是残酷的,但是它把殖民地卷入了现代化进程,启动了殖民地的现代化。[①] 我们看到,19 世纪以后英国在殖民地建

---

① 参阅马克思:《不列颠在印度的统治》,见《马克思恩格斯选集》第 3 卷,人民出版社 1972 年版,第 68 页。

立的殖民政权相较于当地的土著政权来说，有更多的现代性①，尤其是在专业层面例如行政和法律方面的现代性因素要多于刚刚独立的民族国家一些主要的政治参与群体。实际上，这意味着殖民的和外国的统治或因素，与现代性是不同的，不能把殖民者所做的一切都看成是殖民因素，尽管它们都是为殖民统治服务的，但是它们中有一些具有普遍价值的现代性因素，这不是殖民者所独有的，只不过这些国家早一些拥有，而是所有国家在现代化过程中所必须具备的因素。科学技术自不必说，一些制度性的像市场体制、科层的和专业化的政治、法律和社会制度也是如此。然而，不幸的是，大多数国家在独立后由于革命斗争或民族斗争的惯性都完全摒弃了过去政治和法治中的这种现代性，即在推翻了殖民政权或旧的政权时，连同它们的市场体制和专业化的制度因素也摧毁了，建立了"全新"体制。问题是，革命或民族主义力量由于长期从事革命斗争，没有培养起自己的专业系统和专业人员，已经培养起的专业人员的现代性和规模还远远不能适应现代民族国家建设的需要，更根本的是，这些国家的现代化水平还较低，整个社会中还缺乏现代性因素，因而这种取代实际上是在这一领域削弱了现代化进程。这一点，很多革命领袖也有所认识，毛泽东在新中国建立前夕就指出，要大胆使用旧政府中的专业人士，他们具有专业知识，以弥补城市建设之不足，这是新政权所需要的。② 但可惜的是，由于建国后革命斗争的惯性以及频繁的政治运动，这些人

---

① 当时一个著名的案例可以说明这一点：1824 年，苏丹的一些姬妾奴仆因受不了他的虐待而逃亡，其中有 27 位马来姑娘向殖民当局投诉，当时的殖民官克罗福下令释放了这些姑娘，使她们成为自由人。当苏丹前往质问为什么擅自释放他的奴隶，克罗福回答说，英国政府的立场是信奉人类平等，不允许有奴隶存在，并说如果你不服气可以向总督上诉。苏丹没有办法，只能拂袖而去。引自郑文辉：《新加坡从开埠到建国》，新加坡教育出版社 1977 年版，第 184 页。

② 中央档案馆编：《中共中央文件选集》（第 17 册），中共中央党校出版社 1992 年版，第 43 页。例如，北京市旧政府人员 4890 人，留用 3155 人，占 61.54%；《北京市人民政府接管工作总结》（1949 年 5 月 1 日），第 3 页。北京市档案馆：《北平的和平接管》，北京出版社 1998 年版。重庆市旧政府人员 6279 人，留用 5588 人，占 88.7%。《政务接管委员会工作报告》（1950 年 1 月 9 日），第 83 页。重庆市党史工作委员会：《接管重庆》，四川人民出版社 1985 年版。

很快就被边缘化了。在很多国家都发生了类似的现代化过程的中断。

在这方面,新加坡具有自己的特色。一方面,李光耀和人民行动党坚定地领导了推翻英国殖民当局统治的民族主义运动,懂得建立独立的民族国家是历史的必然选择。我们可以从两个方面来分析新加坡的非殖民化过程,一是它政治国家的建设,即新兴的民族政权的建设。民族运动胜利后,领导民族运动的新加坡人民行动党上台执政,由此,在国家政治层面上完成了领导集团的更替,即由民族主义领导者取代了殖民主义领导者。为了巩固其领导,人民行动党还对整个官僚系统进行了改造[1],让他们从服务于英国殖民当局向服务于新的民族政权。二是它的国家价值观的建设。这一建设的主要目的是把原本向心于英帝国的殖民归属感和向心于各种族来源国的归属感转移到向心新加坡国家的国族归属感上来。

另一方面,李光耀和人民行动党政府也认识到,推翻英国的殖民统治并不意味着要全盘否定英国的治理方式,尤其是其行政和法律制度。李光耀在上台执政之初就说,英国人给我们留下了很好的民事服务系统和法律体系,它们是长期实践和不断修成的正果,已经扎根于新加坡社会,有很大的优越性,新加坡可以把它拿来。当然,也要根据国情对这种政治、行政和法律制度进行必要的修改,民事机构和法律从业人员要从忠于殖民当局转而忠诚于新的民族国家。[2] 因此,人民行动党政府一方面在政治上保留了殖民时期已经实行的多党竞争体制,保留了行政和法律系统的人员和体制,同时又对多党体制进行了限制,实行一党为主的政治体制,对行政和法律系统的官员进行了民族化的改造。

我们知道,英国是最早现代化的国家,英国在新加坡建立的法律制度一开始就具有现代性。早在19世纪初新加坡开埠时,殖民当局就按照英国的法律制度来解放奴隶,其后的政治和法律建设都是以英国制度为蓝本的。

---

[1] 李路曲:《新加坡的现代化之路:进程、模式与文化选择》,新华出版社1996年版,第260—263页。
[2] 新加坡《联合早报》编:《李光耀40年政论选》,现代出版社1994年版,第319—321页。

实际上，不仅英国在新加坡建立的政治生态和法律制度具有一定的现代性，而且现代法治精神已经注入进了新加坡的民族运动和政治生活之中。这表现在作为民族主义运动领袖的李光耀就是剑桥大学法学院的优等毕业生，回国一直从事律师工作，并且他是以工会的法律顾问身份领导民族运动的。这一方面说明李光耀具有现代法律意识，另一方面也说明新加坡社会已经培育起了初步的法治意识，认同李光耀这个律师来领导民族运动，具有律师或法制生存的基本的政治生态。因此，人民行动党的这一做法即保证了政治上的正确性，顺应了民族国家发展的潮流，同时也保证了制度和法治建设现代性的连续。

李光耀和人民行动党懂得只有在合适的政治生态中才能进行法制建设，因此，他总是随着政治生态的变化而适时调整法律及政策，例如，早在民族运动方兴未艾之时的1955年底，李光耀考虑到当时人民群众高涨的民族主义情绪，为了争取群众反对殖民当局，表示如果人民行动党执政，将"撤销有违人权"的殖民当局制定的"紧急法令"。① 这一方面说明在当时李光耀懂得利用群众的民族主义情绪来反对殖民当局，另一方面他也是一个理想的民主社会主义者，主张法律制度充分地保护人民群众的自由。然而在三年之后，新加坡的形势发生了一些变化，面对国内民族主义运动的发展尤其是左翼激进势力的扩展和英国殖民当局的退让，李光耀看到可以通过与殖民当局进行有限的妥协来打击左翼力量并取得政权，因而调整了自己的政治态度，于1958年10月8日作出承诺，如果人民行动党在普选中获胜，他会保留殖民当局的"紧急法令"。他指出，"只要'紧急法令'是马来亚维系安全所必须的法令，'紧急法令'即是新加坡所必须的法令。"② 李光耀还进一步说，人民行动党对"紧急法令"的立场，是在全盘考虑形势和预料将有政治危机的情

---

① 〔英〕阿列克斯·乔西：《勇往直前的李光耀》，台北：新生报社出版部1970年版，第55页。
② 〔英〕阿列克斯·乔西：《勇往直前的李光耀》，台北：台湾新生报社出版部1970年版，第69页。

况下形成的。① 同时，他也指出，实行"紧急法令"并不是解决危机的根本办法，根本的办法是发展经济和民主力量，否则会出现极权。这说明李光耀把夺取政权放在第一位，把保证秩序看成是政治建设的基础，同时没有忘记其政治建设的长远目标是进行现代法治建设。我们注意到，很多后发展国家的革命的或民族主义政党在取得政权之前主张民主自由，但在取得政权之后推行集权统治，新加坡的变化也遵循着这一趋势，但不同的是，新加坡人民行动党执政后并没有建立起绝对的威权主义统治，而是把实行集权或秩序看成是进行现代法治建设的前提，建立起了对党和政府的法律约束。

1960年代初，李光耀结合新加坡政治发展的现实对他的法治观作了进一步的阐述。他说，对任何法律制度的评价，不在其理想概念的伟大或壮观，而在于其是否能在人与人之间或民众与政府之间建立起秩序与公平。在他看来，要建立起公平和正义，首先要建立起秩序，"因为没有秩序，法律根本就不可能执行。秩序一旦建立，在一个基础稳固的社会中，法令也就有了强制性，唯有在这种情形下，依照既定的法律处理人民与人民及国家与人民之间的关系，才能成为可能。同时，当一个国家内部日益混乱，当局不能藉现行法令有效控制之时，为了维持秩序，往往就必须制定新的、有时候且是激烈的法令，以使法律能继续处理人际关系。而另一种选择是放弃秩序，任其进入混乱及无政府状态"②。显然，李光耀在这里所说的"秩序"，就是不为英国和西方国家所认可的一种政府集权，是支持政府通过强力手段取得社会稳定的一种"紧急法令"式的法律制度，也是这一时期在新兴国家中纷纷建立起来的威权主义体制。也就是说，在他看来，要建立法治社会，首先必须有铁的手腕，采取一些"不合法"的所谓"人治"的专断措施来打击那些破坏

---

① 1959年10月14日，李光耀在新加坡议会发表讲话，此时他已就任总理数月，他说，人民已授予他继续使用"紧急法令"的权力，参阅〔英〕阿列克斯·乔西：《勇往直前的李光耀》，台北：台湾新生报社出版部1970年版，第71页。

② 〔英〕阿列克斯·乔西：《勇往直前的李光耀》，台北：台湾新生报社出版部1970年版，第71页。

秩序的力量，然后才谈得上进行法治社会的建设。李光耀的这些观点就是在1960—1970年代人民行动党政府对政治反对派和私会党徒保留特别拘留权的理论根据，也是它日后进行严格的社会管理的理论和实践依据。这也表明李光耀这时已经暂时放弃了他过去主张的民主社会主义理念，认为那不符合当时的社会和政治发展状况。

尽管新加坡建立法治社会的先决条件是利用强力手段建立政治秩序，但对李光耀来说这只是其依法治国的前提，而不是其依法治国的目标和主要内容。这表现在两个方面：一是即使是在威权主义时期，它也与当时的很多新兴国家有所不同，即在其威权主义体制内尽可能建立完备的法律制度，尽可能地依法行事，而减少使用政治权力或革命法规。例如，在1960—1970年代人民行动党政府可以依据"紧急法令"对左翼反对派进行抓捕，这实际上是运用"革命法规"或政治权力而非现代法律制度打击反对派，但是我们要看到，这种"革命法规"具有一定的现代法律的内涵，这表现在政府也不能完全不顾法律的约束，它必须在法庭上进行审讯和辩论，对媒体公布审判的过程和结果。[1]

二是新加坡领导人具有明确的法治建设目标和法律意识，这一点对于那一时期后发展国家的领导人来说或许更为重要。虽然他们运用政治手段建立国家秩序，但其目的是为日后的依法治国创造条件，而不是谋一己或一党之利，因而在政治斗争或竞争时越来越多地运用法律而不是政治手段。到1980年代人民行动党与重新崛起的反对党及其领袖进行竞争，这时尽管存在着利用政治权力进行打压的质疑，但它已经更为严格地按照法律程序进行了，这时李光耀、吴作栋等最高领导人都要到法庭上去控告反对党领袖，亲自出席法庭辩论，通过法院的审判来制裁反对党领导人。[2] 到本世纪以来，执政党与

---

[1] Riaz Hassan, *Singapore: Society in Transition*, NewYork: Oxford University Press, 1976, pp.52-89.
[2] 参阅李路曲：《新加坡现代化之路：进程、模式和文化选择》，新华出版社1996年版，第453—456、481—485页。

反对党的竞争都是严格按照法律尤其是选举法进行的，几乎没有对反对党直接进行打压的情况，尽管反对党会提出选举法存在着一定的不公平性。

由此看来，新加坡法治建设的前提是靠强势政党和领导人使用政治权力及强力部门来建立稳定的政治秩序，在没有法律可依或法律没有得到有效执行的情况下，敢于运用国家权力来打击和消除破坏和抑制法律建设的力量，使法治建设具有稳定的政治生态。同时，在优先建构国家的稳定和秩序并使其有效运作的前提下尽可能地依法行事，进而随着政治生态的变化逐步推进法治建设。换言之，其动用国家权力的目标是进行法制建设，而不是扩张国家权力。

二、推进法治建设的路径及其特色

回顾第二次世界大战后独立的后发展国家政治和法治建设的历史，可以看到，执政党尽快完成从革命导向向执政导向的转变是法治建设从实行革命法规向实行现代法治的前提，是构建法治国家的逻辑起点；不割断法治建设的历史，不受各种意识形态因素的干扰，持之以恒地进行法治建设，是有效推进法治建设的基本保障；坚持实行法律面前"人人平等"的原则，是法治社会建设成功的根本保障。真正地做到这一点并不容易，多数国家沿着这一路径发展的过程都是缓慢和曲折的，而新加坡有效地贯彻了这些原则，按照这一路径较快地完成了法治国家的建设。

我们可以从以下几个方面来分析其法治社会构建的路径和特征：

第一，正如前述，保留和修改而不是摒弃具有一定现代性的法律体系。这样做使得新加坡在建国之初就可以做到法律完备和有法可依，甚至有利于立法及时。尽管我们说过去的法律并不能完全适应新的形势，但是如果出现法律的空白或造成无法可依的局面，或者说革命法规缺乏现代性，那么要比适度地延用过去的法律更不利于进行现代法治建设，只有在保证法制系统一定的稳定性和连续性的基础上才有利于根据变化的形势及时地依法行事和进行立法。如果废除了原有的法律体系，以革命法规取而代之，不仅不能保证法治建设的现代性和连续性，出现法治建设的空白，出现革命法规与现代化建设不相符合的情况，而且立法工作浩繁，会在很多问题上无法可依。对于新加坡来说，由于其领导人认识到了原有的法律制度有较多的现代性，因而其法治建设较少受到传统的革命法规的影响，立法者很少受到意识形态的束缚，一旦发现某些行为无法可循或需要修正法律，就会很快作出反应并进行立法，或者对法律进行修改。此外，如果完全废除了原有的法律，还会出现一个技术上的问题，即这可能使得立法者忙于立法，把更多的精力放在应对法律的空白，而难以考虑和应对法律的发展或全面提升。

第二，法治建设的连续性不仅仅表现在对独立前的法律的扬弃，还表现在独立后能够持续不断地推进现代法治建设，结合国情和政治发展的水平渐进而实在地推进现代法治建设，贯彻法律面前"人人平等"的原则。"人人平等"作为一种理想和目标是美好而远大的，但人们经常要面对的是现实的选择而不是理想的宏大，因此，如何选择实现这一目标的路径，或者说在社会和政治发展的不同阶段选择什么样的政治和法律平等是更为现实和重要的。例如，从政治和法律上来说，人民行动党政府在1960—1980年代动用国家强力手段分别对左翼反对派和右翼反对派进行过打压，在这一过程中这些反对派认为自己没有享受到法律上平等的权利，但在人民行动党政府看来这是当时建立国家秩序和稳定所必须的，也为日后的法治建设和"人人平等"创造了条件。

从分配原则和政策上来看，人民行动党政府也是根据发展和国情来调整它的"公平正义"。对于很多后发展国家来说，在长期的革命或民族主义运动中孕育出了强烈的平等主义，由于其惯性作用，在这些国家独立之后这一思潮仍主导着它们的分配制度，那一时期，艰苦朴素和"平均分配"是较为普遍的分配制度。但是，随着国家的主要任务转到经济发展上来，尤其是市场经济的发展，这一分配原则已经不再适用，它抑制了人们的工作积极性。因此，能否改变这一分配原则以及在多大程度上改变以调动人们的积极性，就是制度建设也即法律建设的一项重要的内容。如果不解决好这一问题，从许多后发展国家的情况来看，可能出现两种情况，一种是腐败丛生，一些官员通过腐败手段来弥补自己收入的不足；另一种情况是抑制了官员的积极性，这时，如果存在着流动的可能的话，则会出现官僚系统的人才流失。

李光耀按照市场原则，通过割据精英主义文化和实行高薪政策来应对这一变化。在1970年代，新加坡曾发生了这样一种情况，先后有多名政府的部长和高官因为收入过低而提出辞职，这促使时任总理李光耀深入地思考当时的分配制度，并进而阐述了他的精英主义的治国理念和高薪揽才的政策。他指出，这些高官才华横溢，如果经商可以获得很高的收入，政府应该通过提高他们的收入把他们留住，这样才能保证政府提供高效而廉洁的服务。[1]他指出，新加坡是靠精英来管理国家的，唯此才能保持政府的高效和廉洁。如果实行平均主义的分配政策，那政府只能招聘到平庸之辈，这会使政府的效率低下，还可能出现腐败。只有给高级官员提供优厚的待遇，才有利于激励他们努力工作和奉公守法。具体来说，就是要用"接近市场价格的办法"来解决高级官员的待遇问题，根据经济发展的状况来决定高官的年薪数量。[2]

然而改革分配制度并不是一个简单的问题，因为制度与文化密切相关，因而一项制度设计要考量其社会文化的适应度，同时对后发展国家来说，也要有现代性的培育，这是制度设计与国情相结合的两个方面，缺一不可，这也是推进现代法治建设的有效途径。具体来说，在不同的发展阶段和不同的文化中，人们对"合法"与"合理"的看法是有差异的，例如，英国传统文化对平等的评价要比美国文化对平等的评价更低一些，而对精英和等级更为

---

[1] 新加坡《联合早报》编：《李光耀40年政论选》，现代出版社1994年版，第481—496页。

[2] 自1980年代以后，新加坡总理的工资比美国总统的工资高出许多，1990年代以来高出1—5倍，以2012年为例，新加坡总理的年薪约218万美元，这比美国总统的年薪40万美元高出5倍多，部长的工资也达到150万美元。而一般下级公务员的工资又比美国下级公务员的平均工资更低一些，非熟练工人的工资和待遇更低一些，这样，它的收入差距相对较大。

看重，但英国的现代文化已经有较多的平等因素了。新加坡曾经是英国的殖民地，吸收了英国的传统文化，又有儒家的文化传统，这使新加坡社会有着较厚重的精英主义的文化土壤。在此基础上，新加坡注重按照市场原则培育具有现代性的精英主义精神并实行与此相适应的高薪揽才的分配制度，就有深厚的社会基础。

进一步来说，精英治国的理念和高薪揽才的政策，虽然用当代西方的平等主义文化或马克思主义的平等价值观来看是不合理的，但在新加坡的现实中，它从自己的精英主义文化氛围中取得了合理性和合法性。也就是说，在一定的文化氛围中，合法性与合理性在相当程度上取决于社会的认同，"公平正义"是与一定的文化或社会认同相联系的。只要公众认可这种分配体系，那么不管它在其他文化的评价中是否具有"合理"性，或者在未来的发展阶段中是否被看作是合理的，它都在当下获得了自己的"合理性"与"合法性"，因而也就能规范人们的行为，它要比"合理"而"非法"的分配方式更有利于增加官员的荣誉感和自律精神。由此看来，当我们设计自己的分配制度时，既要考量自己的社会文化，也要培育其现代性。这里的现代性指的是分配制度尽可能是公私分明的分配制度，而传统性指的是没有公私界限的分配制度，这里没有价值偏好，只是认为分配制度既要与社会现实相适应，又要考虑到发展的需要，要随着社会的发展向现代分配制度发展。

需要指出的是，新加坡精英主义的分配政策并非不考虑"公平"的一面，而是对"公平"作出了符合自己国情的理解，以此为标准来处理公平与效率的关系。它在实行高薪揽才政策的同时，尽可能维持基本的社会公平。这可以从两项基本的分配政策来看，一项是住房政策。新加坡政府自1960年代后期开始实行公共组屋计划，到目前为止它已经经过三次升级，使全国80%以上的人住在组屋中。① 不仅组屋的品质和面积不断提升，而且价格也只有商品

---

① "到2010年，新加坡约82.4%的人口居住在政府提供的组屋中，其中94.8%的人口拥有组屋产权，只有5.2%是租赁住房。"李俊夫等：《新加坡保障性住房政策研究及借鉴》，载《国际城市规划》，2012年第4期。

住宅的三分之一左右，因此基本解决了全国中低收入者的住房问题。另一项是最低生活保障政策，尽管新加坡没有明确地划定最低生活保障线，但政府提供各种就业和创业机会及税收减免政策，从而保证了其最低收入者的收入和生活水平较一般国家更高一些，大约与美国的最低收入者的平均水平持平，2014年这一收入水平约为年12000新元。所以，新加坡的高薪揽才是在不断提高基本社会生活保障水平的前提下推进的，或者说收入差距是在这个区间以上拉开的，目的是既要保障人们的基本生活，又要调动人们工作的积极性，这是新加坡政府对公平与效率的一种符合自己国情的一种理解和实施。

如果说在1970年代李光耀和人民行动党政府是通过弘扬精英主义和实行高薪揽才政策来引导人民适应市场经济规律及其分配制度的话，那么今天李显龙和人民行动党政府则是通过坚持民主理性的治国理念，不为民粹主义的要求平均分配社会思潮所左右，在适度改革或降低高官收入的基础上坚持精英主义的高薪揽才政策。具体来说，近几年来，伴随着国内民主进程的推进，民粹主义思潮有所膨胀，群众要求平均分配的压力有所高涨，尤其是反对党利用这一点对人民行动党施加压力。面对政治生态的这一新变化，李显龙总理表示，"治国既要有人情味，也要有理性坚持，关键是在情与理之间取得平衡"。"争取民心固然重要，政府制定政策时却不能只'从感性出发，而不做'理性权衡'。"[1] 所以，人民行动党政府既适当降低了政府高官的收入[2]，应该说随着人们受教育水平和工作能力的普遍提高，这一改变是合理的；同时仍坚持着精英治国的基本原则，因为变化是渐进的，新加坡政治生态和社会文化的基本氛围还没有发生根本性的变化。这一点对处于转型中的后发展国家尤其是民主和民生问题已经越来越成为领导人争取民心的工具的时期来说，显得很珍贵。我们可以看到很多后发展国家的政党和领导人为了争取民众，或者实行过于民粹和民主的政策，或者实行民粹的和集权的政策，都不利于

---

[1] 游润恬：《李显龙总理10月3日在新加坡国立大学的演讲》，载《联合早报》，2014年10月4日。

[2] 参阅新华社·新华每日电讯，2012年11月2日。

经济和社会的发展。因此，难能可贵的是，人民行动党政府始终把握着分配制度改革的主动权，在改革中把市场原则、现代性和民众的平等主义的诉求有机地结合起来，使分配制度有利于政府运作的效率而合法性都较高。

第三，从依法治国到建立法治社会，适时地推进和强化法治建设。经过1960年代的党内斗争和政治斗争后，新加坡的政治稳定，经济发展，人民生活得到了改善，李光耀看到，过去那种过度使用政治权力打击反对派和因为生活缺乏保障而难以增强律己精神的时代正在过去，进一步推进法治建设的时机到来了，因而他自1970年代开始积极和坚定地推进法治建设。

由于新加坡继承了原有的法律体系，不需要重建法律，因而它的依法治国主要是在两个关键性领域推进：一是进行了国家领导体制的改革和法制化，从1970年代后期到1980年代初，开国领袖们和老一代领导人通过正常的退休制度退出了政治舞台，新一代领导人则通过制度化的遴选机制进入党和国家的领导体制；[1] 二是依法进行廉政建设，并从政府高层开始。新加坡通过加强反贪局的权力来打击官员的违法行为，它通过法律规定，反贪局直接隶属总理，不受其他领导人牵制，可以在证据还不充分的情况下先行拘押嫌疑人。当然，这时的法治建设仍然带有一定的依靠政府权力维护政治秩序的内容。在1970年代，开国功臣、国家发展部长郑章远因腐败而入狱，郑是李光耀的战友，他向李光耀求情，但李光耀没有答应，李光耀说，救了你，我的党就完了。[2] 自此，新加坡建立了非常严格的廉政措施，在国家层面的法治建设不断推进的同时，在社会层面的法治建设也在不断推进。新加坡以社会管理严格闻名于世，它之所以管理得严格并非常有效，与政府持之以恒地向社会普及法律意识，同时依法严格进行管理有关。在新加坡，人们的社会生活包括文化活动、经济活动以及政治活动等都有法可依，尤其是法律可以得到有效的执行。当然，宪法和法律也保护着人们的合法权益和人身自由。

---

[1] Cardyn Choo, *Singapore: The PAP and the Problem of Political Succession*, Malaysia: Pelanduk Publications, pp.85-121.

[2] 吕元礼：《新加坡治贪为什么能？》，江西人民出版社2011年版，第103—122页。

三、法治社会建设的基本经验

我们可以从以下三个方面来概括新加坡法治社会建设成功的基本经验：

第一，国家独立后能否对自己的政治发展水平即现代性程度作出正确的判断，国家发展战略能否尽快地完成从革命斗争向现代化建设的转变，对现代法治建设有着深刻的影响。很多后发展国家的执政党和领导人在建国之后的相当长一个历史时期中，缺乏对政治形势和国家主要任务的正确判断，致使国家长期陷入民族斗争或阶级斗争的人为争斗之中，没有完成从革命斗争向现代化发展的转型，主观地把政治和法律分为不同阶级性质的，以革命法规、民族法规甚至宗教法规替代现代法律原则，这就很难有效地进行现代法治建设。例如，在一些传统的社会主义国家，建国后很长一段时间里认为社会主义的法律是一种全新的法律，必须在全面废弃资本主义法律的基础上才能实行这种新型的法律体系，在没有弄清哪些是资本主义的、哪些是人类共有的法律原则的基础上刻意划清与资本主义法律的界限，致使一些现代法律的精髓也被抛弃了，因而它废除的不仅仅是资本主义的法律，更多的是废除了现代的法律原则，因而只能以传统的法规来替代现代法律制度。还有很多新兴的民族国家往往以民族主义的甚至是宗教的政治原则取代现代政治和法律原则，它们实行民族的实际是传统的甚至是宗教性的政治手段而不是现代法律制度进行统治。

我们知道，政治文化的变迁是一个长期的渐进的过程，它不会随着政权的更替而很快的变化，无论从近代西方的资产阶级革命还是20世纪以来的民族民主革命所引发的政权的更替来看，都是如此。因此，对过去的具有一定现代性的法律体系进行改革而非摒弃是保留和发展现代性的最重要手段；同时，按照文化社会化的规律，持之以恒地传播法治意识，推进法制建设，是法治建设的主要路径。以革命或民族主义法规取而代之，不设法保留原有的法治体系中的现代性因素，从实践上来看，会在很大程度上造成文化传播或现代性发展的"中断"。这种文化或法治建设的"中断"在一些国家至少有三四十年的时间，在另一些国家则可能使现代政治和法治建设延迟上百年的时间。

第二，相对于成熟的民主体制的法制建设主要依赖于政治制度和公民的监督而言，后发展国家的法制建设则要处理好领导人个人的作用、党内制约机制与司法制度的相对独立性之间的关系。一般来说，后发展国家在独立后相当一个时期中国家领袖个人以及政治精英的作用很大，这是由当时的政治和社会发展水平以及政治体制特征所决定的。充分发挥领袖个人和领导集团的作用是否有利于现代法治建设，要看领袖个人及领导集团是否具有现代意识和明确的现代化导向。如果具有明确的现代化导向和现代法治意识，则他们通过强力手段建立起的国家秩序会成为现代法制建设的基础和前提；如果他们缺乏现代化导向，则他们通过强力手段所建立的国家秩序则会成为传统的集权主义政治的基础。当然，对于这一时期多数国家的领导人来说，其现代化导向与传统的政治观念兼而有之，主要是强弱之间的差距，因而他们所建立的秩序中的现代性也主要是强弱之间的差距。同时，他们也都在或多或少的程度上培育和强化现代法治意识，尽管对有些国家来说这一过程是漫长和曲折的。

在建立法治社会的过程中，新加坡党和政府的高层领导尤其是李光耀本人把传统与现代性较好地结合了起来，具体来说，就是从新加坡的社会和政治现实出发，利用国家权力来建立国家秩序并进而推进现代法治建设。在建立国家秩序的阶段，国家的强力和政治领袖的"人治"起了重要的作用。尽管李光耀有西方法学的背景和明确的法治意识，但新加坡的政治现实使他认识到政治手段和领袖的个人魄力是建立国家秩序和推进法治社会的前提条件。因此，他在进行国家政权建设和政治斗争时，一方面运用国家政权的力量打击反对派和社会不稳定势力，另一方面在这一过程中尽可能依法行事，运用媒体保持行动的一定程度的公开性和透明性，通过司法程序保持一定程度的"合法性"。尽管新加坡在这一时期并非没有受到执政党领导人利用政治权力打击反对派的指责，但是人民行动党已经在当时的条件下尽可能做到有法可依，这在当时已经是难能可贵的了。在政治形势稳定后，则积极地进行现代法治建设，而不是像很多后发展国家那样在这一时期仍然坚持革命法规。

按照西方的民主理论，如果过于依赖领袖个人进行法治建设，那么其偶然性很大，也就是说，如果换了一个不那么懂法和执法不那么坚决的领导人，它的法治建设就很可能前功尽弃。这种看法不无道理，也曾是新加坡领导人指出需要解决的问题。然而这种看法也并不全面，因为民主机制的重点在于"纠错"，即防止领袖个人的专权或不受监督，但现在看来，在一党长期执政（但不是专权）的体制内可以在很大程度上解决这个问题。尽管新加坡仍是一党执政，但它对高层领导人的制约机制已经建立起来并且成熟，其司法的独立性已经越来越大。过去，除人民行动党及其政府的最高层对法院有实际的控制权外，其他人并不能凌驾于法院之上。而在近20年来，司法部门的独立性越来越大，执政党的领导人并不能随意对司法进行干预，加之政治透明度越来越高，反对党、媒体和公民对政府官员的监督越来越有力，因而其法治建设的成果不可能由于一党长期执政或领袖个人的更替而被破坏。当然，从根本上来说，这也是由于在威权体制内已经发展起了民主监督机制。换言之，在一个法治意识已经深入人心、对所有人的法律监督机制都已经健全的国度中，领导人能够违反法律而不受监督和制裁吗？显然不能。

很多后发展国家都在其政治发展的不同时期没有处理好领袖个人、执政党与党外机制之间的关系，在需要发挥执政党和领袖个人强力作用的时候，却照搬西方民主模式，从而导致政局的混乱；在政治稳定后需要进行法制建设时，却仍然使用政治斗争的手段推行个人强权政治，以人治代替法治；在政治发展较成熟后，又不能建立起相应的民主制度，致使政治体制的监督机制和现代法律制度无法有效地发挥作用。简言之，领袖个人和制度的作用都很重要，至于哪一个要发挥更重要的作用，要依据本国的国情和发展环境来定，不能偏废，尤其是要把两者有机地结合起来。在一个公众已经对现代法治意识有了普遍认同的国度中，过于强调领袖个人的作用显然是为违反法律者留下了活动余地。而在一个还保留着较多传统体制和传统意识、法治并不成熟的国度中，如果不重视执政党和领袖个人推动法治建设的作用，那么法律建设就难以成功。当然，即使是强势的政府推动法治建设，也要考虑到现有的法治环境，要尽可能地按照法律办事，逐步而有序地推进，更重要的是其建立秩序的目标在于建立法治社会而不是建立少数人的特权。

第三，从根本上来看，民主政治发展和宪政建设是法治社会构建的根本保障。尽管人民行动党政府是在保证自己一党长期执政的前提下进行法治建设的，但这不意味着民主政治对法治建设没有作用，相反，法治社会的不断推进和最终建成与其民主政治的发展具有密不可分的相关性。

法治必须在一定的政治制度中孕育成长，而人民行动党所设计的政治架构和不断推进的政治改革有利于保持执政党的合法性，这是其建成法治社会的重要原因。按照经典的西方政治学理论，法治社会只有在多元民主政体下才能建成，因为这是保证有效监督的制度前提。这并没有错，在一些国家的政治实践中也得到了证实，但这不意味着它适用于所有的政治现实，尤其是它不应忽视或否定人们主观上对善的追求。从政治哲学上来看，这一理论是依靠制度对人的"恶"的本性进行制约，在现实中是把官员具有无限的权力扩张欲望来看待的，而弱化了道德的自律性，但在人的素质提高和政治发展的今天道德自律已经越来越强。

尤其需要关注的是，经典的政治转型理论已经不能完全反映今天的政治发展现实，或者说西方政治体制的类型学在今天已经显得过于僵化了。西方经典意义上的政治体制的类型学，是在一元体制或专制体制与多元体制或民主体制，或一党长期执政的体制和多党轮流执政的体制之间的划分，而在当今的政治发展中，两者之间的界限越来越模糊。一些一党长期执政的一元体制力图在政治体制中建立起完善的监督机制和法律制度，它们在一党长期执政的前提下发展出越来越高的多元性或民主，因此，在这些体制中执政党及其领袖不可能不受到社会或民众的监督，不但非制度化的主体自觉的监督越来越有效，而且制度化的监督也被建立起来。尤其重要的是，执政者的改革意识和民主意识也越来越强烈，他们会主动地推进民主和法制建设，这与过去有很大的不同。[①]

与此相对，多元民主体制则在考虑如何提高政府的效率和有效地维持社会和政治秩序。实际上，绝对意义上的权力制衡是不存在的，它只是人们对权力制约的一种理想，即使是在西方多元体制中，权力制衡也不能过于严密，因为权力制衡与效率经常表现出矛盾的一面，过度的权力制衡会损害执政效率包括法律运作的效率。由此看来，要想保证政府运作的效率，就要给政府或法律系统一定的独立的不受约束的权力。正是由于这种趋势，西方学者例如福山已经越来越把秩序、效率和民主联系起来考虑，而不是仅仅强调民主的多元性。福山从分析西方殖民主义之后非西方国家国家能力低下的原因入手，提出一个秩序良好的社会需要具备强政府、法治和民主问责三个基本要素，缺一不可。在福山看来，政治发展顺序非常重要，在进入现代化转型之后，应先建立强势政府而不是民主制度，尚未建立有效统治能力就进行民主化的政府无一例外地会遭受失败。在此之后才能有民主。

小　结

为什么当代人们关于文化的多元性与文化的普世性之间的争论总是无休无止？其关键之点就在于今天现实中的文化既没有完全普世的，也没有完全个殊性的，而是普世性与个殊性之间的混杂，尽管有人也懂得这一点，但在探讨具体的文化时仍会存在程度上孰轻孰重之间的分歧。因此，文化的多元性与普世

[①] 〔美〕塞缪尔·P.亨廷顿：《第三波——20世纪后期民主化浪潮》，刘军宁译，上海三联书店1998年版，第202—203页。

性在当今只是一种类型学，是学理上认识事物的一种方法，是必要的，但它不能完全解决现实的复杂性。正如量性分析与质性分析之间的关系一样。当我们面对殖民统治还是民族国家时，在看到这是两种不同的政治类型时，还要看到这也是一种学理上的类型学，而在现实中应承认在任何一个国家从殖民统治到民族国家的转型时它们的治理方式都有着某种程度的重合，有一种量性的渐进性传承关系。专制与民主、威权主义与民主或秩序与民主之间的关系也是一个学理上的类型学及现实政治的量变与质变的关系问题。

从后发展国家的实践来看，在民族独立后是否能够尽快地实现从革命斗争向现代化建设的转变，从而推进现代国家建设，是推进现代法治建设的最基本的前提条件，这主要取决于国家领导层是否树立起明确的现代化意识。在基本完成了由革命党向执政党的转型或民主政治有所发展的时期，能否进一步推进法治建设已经主要不再是理论的说教，而是一个实践问题了，这时要看国家领导层是否树立起明确的法治意识并持之以恒强力地推动法治建设，尤其是让民众参与法治建设，换言之，即使是在一党长期执政的体制中，民主监督在法治建设的过程中仍是不可或缺的。同时要处理好政治秩序、法治建设、政府效率与民主发展之间的关系，既要保持社会和政治的稳定，又要使社会和政治具有活力并向前发展，过于多元化和过于稳定的制度都不能保证高效的运转。

第四章　新加坡的国家构建与政治发展

第一节　比较视野下新加坡的国家构建

新加坡的国家构建是在遵循国家构建的基本发展规律的基础上保持自己特色的构建过程。它在殖民主义时期现代性①积累和国族形成的基础上构建民族国家的权力机构,在市民社会发展的基础上培育起较为成熟的民主化制度。它在扩展民族国家权力的同时保持着相当的现代性和民主性,在构建国家的民主政治时期则利用国家权力抑制政治参与的过快扩展,同时由政治精英和民众相互妥协而共同推动民主的有序发展,从而达到了国家权力与民主发展的一种相对平衡。

---

① 福柯认为,现代性是"一种态度"。参阅〔法〕福柯:《什么是启蒙》,见秦晖、陈燕谷编:《文化与公共性》,生活·读书·新知三联书店 1998 年版,第 430 页。吉登斯指出,现代性的出现首先是一种现代经济秩序,即资本主义经济秩序的创立。它为具有理性能力的现代人的价值实现提供了舞台。参阅〔英〕吉登斯:《现代性——吉登斯访谈录》,尹宏毅译,新华出版社 2001 年版,第 21 页。

一、殖民主义时期现代性的积累

19世纪初英国殖民者在新加坡建立殖民地后,逐步瓦解了马来苏丹的封建统治,并大量吸收华人移民,逐步建立起自己的殖民机构进行统治。① 这虽然是一种民族压迫,但在当时的历史背景下具有构建现代性的作用。马克思在论述英国在印度②的殖民统治时说道:"英国在印度斯坦造成社会革命完全是被极卑鄙的利益驱使的,在谋取这些利益的方式上也很愚钝。但是问题不在这里。问题在于,如果亚洲的社会状况没有一个根本的革命,人类能不能完成自己的使命。如果不能,那末,英国不管是干出了多大的罪行,它在造成这个革命的时候毕竟是充当了历史的不自觉的工具。"③ 马克思在批判民族压迫的同时,也指出一些殖民者尤其是像英国这样的早发现代化国家在19世纪以后在殖民地建立了近代化的工业和社会结构,输入了现代性。一般来说,殖民主义的统治在早期十分残酷,到晚期则相对温和,新加坡是在19世纪才沦为英国殖民地的,因而其殖民统治较为温和。因此,殖民地时期的新加坡在较短的时间内积累了较多的现代性。

对于后发展国家尤其是曾经沦为殖民地的国家来说,其最初的现代化是由来自于西方的因素驱动的,而自身现代性的形成是在西方现代性的影响下逐渐形成和发展现代政治和文化的过程。在殖民统治建立之初,殖民当局就用现代法律程序排斥苏丹,力图建立英国式的现代政治和文化制度。1867年新加坡正式成为英国的殖民地,建立了宪法下的正式的政治制度,规定英国女皇是唯一的合法性来源,总督是当地的最高行政长官,掌握着政治、经济

---

① 〔英〕D.G.霍尔:《东南亚史》(下册),中山大学东南亚历史研究所译,商务印书馆1982年版,第599—608、899—908页。
② 新加坡是由英国的东印度公司开发的,因而最初属于英国的东印度公司管辖。
③ 〔德〕马克思:《不列颠在印度的统治》,载《马克思恩格斯选集》(第3卷),人民出版社1972年版,第68页。

和军事大权；总督府下设 11 个行政部门。① 哈贝马斯指出，现代国家制度是政治和社会理性化的产物，这种理性化的国家包括自上而下的、统一而稳定的税赋体系，统一的军事权力，统一的立法权力和执法权力，统一的行政系统和行政管理等。② 由此看来，这一举措建立了新加坡"国家制度"的基本架构。

这种"国家制度"非现代性的一面主要表现为英国统治者独占了所有的政治权力，统治方式不但是集权式的，而且也是一种民族统治，本土人民几乎没有掌握任何政治权力，尽管他们在经济和商业上是基本自由的。但此后民族的政治参与有所发展，虽然非常缓慢，但立法议会中民族议员的数量逐步增加，经济和社会利益的表达也越发有力，尽管仍然没有上升到政治层面，但这表明具有现代国家特征的政治制度有了进一步的发展。

新加坡的国家构建在第二次世界大战后进入了一个新的历史阶段。在反对日本侵略者的斗争中新加坡的民族主义意识开始觉醒，并形成了第一批民族主义者，战后他们都参加到反对英国殖民主义的政治斗争中来了，正是他们建立了新加坡最初的政党。③ 从 1945 年第一个政党马来亚民主联盟建立，到 1950 年代中期新加坡先后建立了几十个民族主义政党④，在它们的引领下，民族主义运动向英国统治者的合法性及其权威提出了挑战，政治发展进入到一个新的阶段。1954 年，随着政党政治的发展，作为超越政党基础狭隘、政党组织规模小而难以领导民族斗争的精英型政党的人民行动党应运而生，它是新加坡第一个群众型政党，有广泛的群众基础。在它的领导下，民族运动的形势得到了很大的改观，给殖民统治者以很大的压力。在民族运动的强大冲击下，英国被迫同意新加坡取得自治地位。⑤ 1959 年人民行动党上台执政，

---

① 李路曲：《新加坡现代化之路：进程、模式和文化选择》，新华出版社 1996 年版，第 6 页。
② 陈嘉明等：《现代性与后现代性》，人民出版社 2001 年版，第 137 页。
③ 郑文辉：《新加坡从开埠到建国》，新加坡教育出版社 1977 年版，第 184 页。
④ 〔英〕阿列克斯·乔西：《勇往直前的李光耀》，台北：新生报社出版部 1970 年版，第 56 页。
⑤ 郑文辉：《新加坡从开埠到建国》，新加坡教育出版社 1977 年版，第 185 页。

建立了自治政府，这标志着新加坡基本取得了民族独立。① 此后，新加坡的政治发展进程和现代国家建设进入到一个新的发展阶段，即由"殖民国家"进入到民族国家构建的新阶段。殖民时期的长时期的现代性积累对新加坡的现代化进程和政治发展有着重要的意义，从很多国家包括后发展国家的政治进程来看，民主的发展需要较长时期的积累，否则难以推动。

"殖民国家"与民族国家的现代性既有相同的一面，也有很大的差异。两者都在"国家层面"上发展了"国家机构"和"国家权力"，从而推动了"国家构建"和现代化进程，这是它们基本的相同点。但是它们所构建的"国家"的前途和性质也有很大不同。殖民统治虽然推动了现代性的发展，但是它也极力阻碍民族主义者获得政治权力和发展民族经济，这就决定了殖民统治的前途和现代性是有很大局限性的。因为现代化在政治上的反映就是民族国家的形成，现代化在很长一个阶段中是与民族国家的构建相重合的，也就是说，在特定的历史时期内，民族国家对于现代化有着不可替代的保护和推动作用，而现代化的持续发展则有赖于民族经济的发展和民族的市场环境的建立。当然，现实往往是最初的民族主义精英具有浓重的传统意识，因此在他们取得政权后可能一度迟滞甚至中断现代化进程。但是已经渗入其体内的现代性因素迟早会在政治体制内部发挥作用，会通过内部的权力更新发展出现代性。

从政治参与上可以进一步看到这种差异。在殖民政治下，民众享有的政治权利十分有限，其政治参与受到限制。而在民族主义运动之中，下层群众与上层领导在追求民族独立这一政治目标上是一致的，这使他们在运动中可以平等相待；在民族的威权主义统治建立后，尽管民众所获得的政治权力也很有限，政治意识也是激情多于理性，也是在追随的意义上被动员参与体制，但其前途是在民族国家体制内不断地发展自己的政治权利。而这一点在异族

---

① 这时在法律上新加坡仍属于马来西亚，属英联邦成员，1965年新加坡脱离马来西亚联邦正式取得独立地位。

统治下是难以做到的,因为民族之间的隔阂很难消除,异族统治者不能作为当地人民的代表获得合法性。当然更好的情况是民族主义领导在取代殖民主义之时能够吸收其已有的现代性因素,使之为民族的现代化进程和国家构建所用。新加坡在这方面做得比较成功。

二、强民族国家的构建及其现代性特质

早发现代化国家的现代化是从地方启动的,很长一个时期它只是一个局部因素,而对于后发现代化国家来说,现代化一开始就是一个全国性的问题,因为任何局部的现代化随时都有可能受到其他部分或上层的干扰而夭折,尽管现代化最初一定是产生于局部和少数人之中。因此,国家在现代化初期就成为后发现代化的最主要的推动力,因而现代国家的构建也就成为一个关键因素。这可以从四个基本方面来看:

1. 国家政治精英的现代化意识

由于后发展国家的现代化因素是从外部输入的,因而相对于早发现代化国家来说,主观推动在现代化的初期就很重要,这样,具有现代化导向的政治精英掌握国家政权就成了这类国家推动现代化进程和进行现代国家建设的核心问题。[1]

从世界各国尤其是东亚的情况来看,伴随着战后的不同发展阶段,其新兴国家的领导人也可以被划分为几种不同的类型,我们可以在这种框架下来对新加坡的领导人及政治精英进行分析。

第二次世界大战后东亚各国的第一代政治精英一般是职业革命家,他们主要的政治生涯是争取和巩固国家独立,以此为自己的事业和目标。他们通过长期的革命斗争或民族斗争取得了民族国家的领导权,但是此后在

---

[1] 〔美〕C.E.布莱克:《现代化的动力:一个比较史的研究》,景跃进等译,浙江人民出版社 1989 年版,第 56 页。

进行经济建设、法制建设和社会发展方面并不是很成功。这虽然与当时国内的斗争形势和整个国际环境的矛盾有关，但主要与他们自己和革命力量的革命惯性及其在斗争中形成的意识形态的转型非常困难有关，当然也与既得利益有关。

第二代领袖主要是技术官僚。最初担任国家领袖的技术官僚也是从较为年轻的革命家转型而来的，因为他们当政的年代已经不再有革命和斗争的环境，国家要进行和平与发展的建设，而第一代国家领导人也因年事已高等各种原因淡出政治舞台，他们自己选择了自己的追随者。此后，技术官僚成为这一时期国家领导人的首选和主要特质。从根本上来看，技术官僚成为国家领导人是时代的选择，因为这时国家的主要目标是发展经济和通过强化政府权力和行政改革来进行国家构建，这同时要求在政治制度层面上保持相对的稳定。

第三代领袖是新型的政治家。一般来说，这类政治家的出现要有民主竞争的环境，因此，很多国家是在发生了政治转型和民主化后形成的这样一批政治精英。这种新型政治家会逐步取代技术官僚成为国家的领导。他们的特点是，不再有理工科或军人背景，而是专门从事政治活动的职业政治家或政党领袖，越来越多的人有学习法律、政治等文科的背景。一般来说，这种新型政治家的主要事业和目标是构建现代国家尤其是进行民主政治建设。

新加坡的第一代政治精英的双重特质非常明显，他们大都具有长期留学英国或长期受英语教育的背景。与其他国家的领导人有所不同，李光耀的主要事业可以分为两个时代，一是作为职业革命家的事业，二是作为技术官僚的事业。应该说作为职业革命家他缺乏其他人领导大规模民族运动或革命战争的经历和锻炼，因而也缺少革命的品质和宏韬大略，但是，作为技术官僚，在他身上体现着有更多的现代性，这与他留学英国、以律师这种专业人士的和平"合法"身份领导民族斗争、通过选举担任总理并使新加坡一直在一定程度上允许反对党存在有很大关系。尤其是他积极推动市场经济和法治社会建设，这体现了他对现代化和现代国家建设的正确认识。

与此相适应的是它的干部选拔方式随着经济建设和国家建设的推进而适时地进行了调整。很多国家在独立后都经历了一个由狭隘的选官基础向较宽泛的选官基础转变的过程，但多数国家这一转变的过程很长或是在政治转型后才完成这一转变的，而新加坡在较短的时间内尤其是在一党执政时期就基本完成了这一转变。新兴民族国家的执政党在独立后的很长一个时期都执行了从较为狭隘的阶级内部、或是只从党组织中选拔党干部的路线。这种选官方式难以选拔到专业人士和在市场经济中的成功人士进入国家的领导层。而新加坡人民行动党在执政后不到十年的时间就实现了转变，1970—1990年代，为了适应经济的发展，大量的从市场经济的成功人士中选拔国家领导人，而主要不是从党的基层组织中选拔①，致使党的成分发生了很大的变化。我们知道，技术官僚取代职业革命家进行领导是后发展国家的执政党从革命党向执政党转变并领导国家建设的必要步骤，这适应了经济发展和国家建设的需要。

由于人民行动党有严格的选拔程序②，所以党的选官基础的扩大并没有削弱党组织的凝聚力和组织力。同时，由于政治体制的程序得到严格遵守以及整个体制的制度化水平较高，所以这些候选人在进入政治体制后，带来了现代性和对市场化和民主化的适应性，即通过改变而强化了政治体制。随着人民行动党的组织和路线更加开放，其党员也越来越具有现代意识，能够应对领导职务的挑战，因而自本世纪初以来它注重从党员中来选择政府官员，以保持党的吸引力和凝聚力。这一次它也没有削弱而是增强了自己的竞争力。现在看来，这种适应形势变化而进行的党的政治路线和组织路线的调整是有效的。

---

① Cardyn Choo, *Singapore: The PAP and the Problem of Political Succession*, Malaysia: Pelanduk Publications, 1988, p.2.

② 新加坡一直保持着有限度的竞选。

2. 政治体制的现代性和制度化水平

我们知道，建立起具有明确的现代化导向和中央集权的有效的现代国家制度及其权力运行机制是现代化起飞阶段后发现代化国家推进现代化进程的政治条件，也是进行现代国家构建的前提条件，新加坡较早地做到了这一点。

英国在新加坡建立的行政系统无论是官员的素养还是体制的运作都较为专业化和现代化，相比许多传统国家的行政系统甚至新兴民族国家建立初期的行政系统都更具有现代性。但是这种由殖民者建立的统治很难与当地的民族有机地结合并形成政治共同体，而在全民族及全国范围内形成有机的政治共同体是进一步推动现代化进程和构建现代民族国家的根本前提，这是一个无法超越的历史及政治建设过程。因而，在那个特定的历史时期，推翻无法融和的异族的统治并代之以民族主义的统治，建立本民族的政权有基本的合理性。新加坡的政治精英有远见地把这种基本的合理性与英国殖民统治所留下的文官系统的现代性结合了起来，为打造自己的具有现代性和高制度化水平的政治体制奠定了基础。

新加坡之所以能够较早地确立了现代国家制度，有一个特点值得关注。我们知道，从世界范围内来看，早发现代化国家的政党是在现代国家"体制内"建立的，其主要任务是进行民主政治建设；而后发现代化国家的政党是在"体制外"建立的，当时面临的主要任务是通过社会革命或民族主义运动建立现代民族国家，因而它们在革命或民族运动成功后大都推翻了旧政权或殖民政权而建立了全新的民族政权。而新加坡和马来西亚的民族主义政党在取代殖民统治后并没有推翻原有的国家机器，而是"进入"原有的国家体制，因而新加坡和马来西亚的强有力的国家机器并不是民族主义政党建设起来的，这与中国以及其他由强大的革命政党或许多强大的民族主义政党建立国家机器的方式有很大不同。这种情况在一定意义上有利于国家构建的连续性和现代性建设。

1959年人民行动党建立自治政府后，并没有像一些国家那样建立全新的行政系统并用革命队伍或民族运动的成员完全取代旧的行政官员，而是认识到旧的行政系统已经具有相当的现代化取向，要保持行政系统的连续性和专业性，应该保留它并在此基础上进行一些民族化的改造，即一方面通过增加民族人士进入文官系统，另一方面也通过思想教育使文官能够理解民族运动和民族政权①，从而使文官系统在思想意识上对民族国家建设有正确的认识。

　　因此，新加坡政府在基本保留殖民政府行政系统的基础上进行了一些民族化和现代化的改革。一是建立了在殖民政府时期没有的文化部，它的主要工作一方面是宣传民族政府的政策，灌输爱国主义，激励建设祖国的热情，另一方面是引进国外技术、教育和文化。② 二是改组和设立了一批法定局。由于法定局是进行经济成本核算的，所以它的建立和运作显示了新政府对市场的尊重。③ 同时也有利于政府在较快地扩大政府职能的同时，又不使自己过多地干预市场。例如，建屋发展局就是以这种模式运作比较成功的例子。它以市场原则为基础，辅之以政府的支持，使新加坡的公共住房事业迅速发展起来，较快较好地解决了人民的住房问题。④

　　人民行动党政府的政治与行政改革推动了国家机构的民族化和现代化，使国家权力更有力度和效率，从而承担起了更大的社会责任，也有力地推动了社会变迁。⑤ 在此基础上，人民群众对新国家的认同感与合法性增强了，逐步改变了殖民地心态。1969年进行的一项调查表明，在这个由移民形成的国

---

① 新加坡全国职工总会主编：《朝向明天》，叶钟铃译，台北：教育出版社1974年版，第109页。

② 李路曲：《新加坡华人社会：西化与儒化的历史角逐》，见马德普主编：《中西政治文化论丛》（第2辑），天津人民出版社2002年版，第66—98页。

③ Jon S.T.Quah, "Statuary boards and National Development in Singapore, 1959-1979", *Paper Prepared for Government and Politics In Singapore Project*, 1979, p.11.

④ 据1984年的统计，除了在外交、国防和环境发展方面没有法定机构外，在其他所有领域都有法定机构的存在共83个。见新加坡文化部新闻组编：《新加坡政府指南》，1984年。

⑤ Poh Ceng You, *Singapore Twenty-Five Years of Development*, Singapore: Nanyang Xingzhou Lianhe Zaobao Press, 1984, p.288.

度中,"新加坡人心态"基本形成,很少有人认为自己仍属于移居之前国家的人民了,而是称自己新加坡人,并表示愿为祖国新加坡而献身。[1] 这对于一个由海外移民形成的并长期处于殖民统治下的社会来说,是民族国家构建的一个重要的里程碑,它为新加坡的国家构建打下了坚实的政治与文化基础。

3. 法治社会的建立

在理性主义看来,国家存在的理由是为了更好地保护人的权利,因此,建构国家的目的之一就在于能以法律的方式确认本国国民为享受法定权利的公民,而公民权利是主权在民原则在国内政治生活中的具体体现。所以,法制社会建设的成功是现代国家构建的重要内容和标志,也是民主政治建设的基础。

新加坡法律体系和法治社会的建立是在继承殖民当局在新加坡的法律制度并从自己的国情出发进行改造来实现的。李光耀说:"英国殖民地制度是讲究实效的。它的法律制度虽然应用英国议会的服饰和一些形式,但是它的内容却能够适应本地环境的要求。""殖民地法律和司法制度的巧妙之处,不在于它直截了当地采用英国法院和法律协会所详细列明的形式和条规,而是在于确保这些条规的采用,能够保证维持良好的政府,以及最大程度的个人自由。"[2] 我们知道,英国是最早建成法制国家的,它依据自己的法律并在一定程度上结合新加坡的情况进行了长时间的法治建设,尽管这比在英国本土的建设要落后的多,但也建立起了基本的法律架构,培养起了一批法律人才,李光耀认为这些对于新国家的法律建设是一笔宝贵财富,因此基本保留了这一法律制度和法律人才。当然,新加坡也从本国实际出发,随着社会的变迁在立法和执法方面不断地进行改进,与时俱进,以使这个法律既能适应国情,也能保持它的进步性和现代性。例如在反对腐败方面它赋予了反贪局以更大

---

[1] Jon S.T.Quah, *Government and Politics of Singapore*, Singapore: Oxford University Press, 1985, p.66.
[2] 新加坡《联合早报》编:《李光耀40年政论选》,现代出版社1994年版,第320页。

的特权，更不受约束，而英国在殖民地的法律则使反贪更受程序的约束。同时，民族政府以培养本地人士逐渐成为法律从业人员的主体。持之以恒的法律建设使法治深入人心，建成了有效的法治社会。

对后发展国家而言，法治社会建设往往要依靠国家的强力推动，因此国家的权力配置及其运行必须先于社会实现法治化，否则，将难以担当推动社会法治化的重任。但是，从法治终极化目标考察，国家机器的法治化，不是终极意义上的法治化，只有在国家法治化之后实现的整个社会的法治化，也即"法治社会"，才是终极意义上的法治化。新加坡的法治建设就是沿着这一路径发展的，先是国家领导层在国家层面建立起法制，推动国家政治运作按照法律规定进行，努力消除个人和党大于法的情况，把对官员的权力制约看成是政治体系运转的基本要素。继而利用国家权力推动全社会生活的法治化，既利用国家权力强力推进，也进行长期的普法教育，两者相互促进，从而使社会生活的每一个方面都被纳入到法治之下。由此看来，理智地继承过去的法律制度，承认其现代性，而不是以意识形态的偏见来取缔过去的法律制度，使法治建设持续推进而不中断，是新加坡法制建设成功的基本原因。法治国家与法治社会的建成，是新加坡现代国家构建最成功的方面。

4. 市场经济的发展与国家构建

新加坡的现代国家建设较为成功的一个重要原因是它建国后坚持把经济发展尤其是市场经济放到首要位置，并按照有利于维护市场经济的原则来构建国家制度。我们知道，市场经济是公民社会的基础，而公民社会是现代国家的基础。大多数新兴国家独立后很长一段时间内都没有很好地解决经济发展问题，尤其是在发展市场经济方面有很大失误。对于第二次世界大战后新独立的这些国家来说，之所以会发生这种情况，一方面是因为革命或民族主义运动的惯性使它们用自己习惯了的运动的方式来发展经济，因为革命或民族主义运动的成员是革命者而不是专业人士，他们不习惯用专业的方式进行管理；同时，也有意识形态的原因，在革命的或民族主义的意识形态的指导下，强国家和国有化、计划经济是它的必然选择；尤其是它们认为用市场的方式发展经济将是一个缓慢的过程，难以在较短的时间内追上西方发达国家，而革命和运动的方式能够激发人民的浪漫主义和革命激情，从而使人民群众焕发出巨大的建设热情。但显然这种建设方式是非理性的，违背了经济发展的规律，其结果是这些国家都迟滞了自己的现代化进程。

新加坡没有像大部分发展中国家那样在独立后的相当一段时间内采取闭关锁国的经济路线，而是在政治上和经济上都采取了开放的路线，因而在经济上没有中断与世界市场的联系，并坚持推行国家干预下的市场经济模式。正如李光耀所说："我们是在十分资本主义化的制度中为确定社会主义价值而奋斗。"① 在当时实行这种混合经济模式既能够有效地发展经济，也能缓解社会矛盾，还可以减少左翼力量的反对。因为新政府从英国殖民当局那里接手的就是市场经济，如果要改变这一结构，定会像有些国家那样付出巨大的代价，而实行市场经济是正确的战略选择。同时，国家进行必要的干预是有效组织经济和社会资源的有力保障。尤其是当时国内的左翼力量还很强大，他们强烈要求实行计划经济和国有化，所以进行一定的国家干预并打出社会主义旗号是减缓其反对的有效手段。

在社会发展的一定阶段，经济的理性化会促使统治者建立和强化现代民族国家及其功能，因为资本的私人性要求通过作为公共权力代表的国家来界定和保护产权及其私人利益，在这个意义上利普赛说的有道理：集权国家是否有效，主要体现在它是否能推动经济和社会发展。② 因此，市场体制的确立及其相关的国家经济职能的强化会有力地推动现代国家构建，而新加坡正是在这一基础上构建现代政治国家和法制国家的。

---

① 〔英〕阿列克斯·乔西：《勇往直前的李光耀》，台北：新生报社出版部1970年版，第279页。
② Carry Rodan, *The Political Economy of Singapore's Industrialization*: *National State and International Capital*, London: Macmillan Press, 1989, p.70, 77.

三、国家权力的扩展及其现代化导向

马克思·韦伯指出:"现代国家是一种持续运转的强制性政治组织,其行政机构成功地垄断了合法使用暴力的权力,并以此维持秩序。"① 现代国家的确立是以现代化过程为基础把一个原本是分散而互不联系的地方性族群社会联系成一个整体即建立国族国家的过程,并在此基础上不断地发展。因此,伴随着现代化进程而进行的国家权力的集中与扩展是后发展国家在民族独立后进行国家建设的一个重要而难以逾越的阶段。对新加坡来说,这一阶段的初期是1950年代末期至1980年代末。1950年代后期至1960年代末主要是权力的集中,1970年代至1980年代末主要是权力的扩展,1990年代至今则是民主国家的构建。国家权力的集中主要表现是国家在这一时期改造了所有的旧的社会组织,建立了由国家控制的各种新的社会组织,例如居民委员会等,由此改造和削弱了旧的社会和政治力量,把它们纳入国家体制,成为执政党设计的现代化进程的追随者。

新加坡在国家权力的集中与扩展方面的一个重要特点是,尽管其民族主义政党在争取国家独立的过程中壮大起来,但正如前述,它并没有建立一个全新的国家制度,而是"进入"已有的政治体制,因而也没有使自己的政党与国家完全结合在一起,加之保留了多党政治的政治环境,因此它没有形成党国一体的体制,执政党也难以垄断社会生活,这就形成了弱政党而强国家的体制。行政系统是唯一的执行国家权力的机构。这样,在推行民主化的过程中,无论政党怎样变化,国家权力的贯彻都不受影响。

新加坡的国家权力集中与扩展的特点是它的现代性导向比较明确。人民行动党执政后很快就实行了威权主义体制。实行威权主义体制是很多后发展国家在一定发展阶段的制度选择,它有其必然性。因为在反对传统的或殖民

---

① 〔德〕马克思·韦伯:《经济与社会》,见王焱编:《宪政主义与现代国家》,生活·读书·新知三联书店2003年版,第31页。

主义的统治中，革命或民族主义力量在激烈的斗争中壮大起来并建立了强力型的革命政党，当他们取得革命或民族运动的胜利后，这种强力型的取得胜利的革命或民族主义政党就要独掌国家权力，排斥其他力量。同时，这个新的国家无论自己宣称是多么的新，也不可能立即与传统决裂，因为从传统到现代的转型不可能通过一次简单的政权更替来完成，而要经过长时期的经济、文化和社会改造。因此，建立一种具有一定现代性的威权主义体制就是一种现实的选择，是对旧体制的一种继承、妥协、创新和发展，它的作用是利用国家权力来保持转型和发展的稳定。从另一方面说，就是现代民主体制的基础还没有完全确立，经济、社会和政治的现代性或从根本上改变旧体制的内在机制还没有足够的积累，而这种威权主义体制正是积累这种现代性的现实选择。

与此同时，人民行动党政府采取了一系列措施来集中和扩展国家的权力：通过镇压和操控选举等手段打压和限制反对党派，在1970年代几乎独占了国家政治权力，使反对党处于瘫痪状态，很少能进行政治活动。对于曾经是支持自己取得民族政权的工人运动，人民行动党首先是建立了由自己领导的"全国职工总会"，由它来主导工人运动；同时迫使各种工会解散或纳入到"全国职总"的轨道上来，这大大削弱了反对派对工会的控制。[①] 对敢于抨击政府政策尤其是政治统治方式的新闻媒体进行打击，在1970—1980年代曾对批评李光耀和人民行动党政府的一些媒体人进行了逮捕，同时限制甚至取缔那些不服管制的外国报刊在国内的发行。[②] 在基层组织建设方面，通过建立起由政府控制的社会基层组织和党的选区组织等在各方面与民众进行政治沟通。例如1977年开始建立的居民委员会是为了适应城市化的需要而建立的，它为在城市化过程中被打破的按种族和部族聚居的传统格局和建立混居的新格局

[①] Singapore Labour Department, "Ministry of Labour Report 1971 and 1973", in Riaz Hassan, *Singapore: Society in Transition*, London: Oxford University Press, 1976, p.41.

[②] Michael Malik, "The Politics of Singapore in The 1980s", in *Journal of Contemporary Asia*, Vol.19, No.1, 1989, p.71.

提供了管理和服务，在此基础上培养居民的社区精神和国家观念。同时，新的基层组织的建立和完善把所有居民都纳入到了国家的控制系统之中，使民众在追随的意义上进行有限的政治参与，实际上，这也是在实现政府对民众控制的基础上，把更多的民众及其传统的社会组织卷入了现代化进程之中。当然，这种控制本身也限制了民众的自由和政治参与的深度，使政治发展不至于过快，以保持政治稳定。总之，这在制度上确立了政府与民众之间的关系，扩展了国家权力。

国家政治权力的集中与扩展本身具有集权主义倾向，从表面来看是延缓了民主化进程，但在现代化的一定阶段，即构建市场经济秩序和社会法制化时期，需要借助具有现代化导向的国家权力来推进这一过程，否则，这一进程难以实现。进一步来说，民主化需要一定的现代性积累，而这种现代性的积累只有通过政治、经济和社会发展来获得，在发展的一定阶段，需要借助国家的力量来保持社会政治的稳定，尤其是需要具有现代化导向的国家集权体制把力图维护传统秩序的势力卷入现代化进程，这可以减少激进改革引起的传统与社会力量之间的冲突和混乱，缓慢但实实在在地推进现代化进程，所以，这是一种现实的选择。

四、威权主义体制内的民主化与国家构建

新加坡之所以能保证政治转型或民主化的稳定推进，最重要的制度原因就是它有一个具有现代性的强国家体制。在这里，强国家并不意味着强政党，而是指国家制度有效并具有强有力的治理能力。强政党有时也会导致强国家，但这样的党国体制无法稳定地推进民主化，因为双重管理削弱了治理效率而党内的既得利益者的顽固性和保守性会强烈地反对改革，最终不是改革被阻止，就是改革导致激进的转型和体制的崩溃。凡是政治转型过程比较稳定的国家，都是不存在党国体制或执政党在转型时期没有垄断国家权力的国家。

从新加坡的情况来看，尽管 1960—1980 年代人民行动党几乎垄断了国家权力，但它仍保留了一定的政治竞争空间。在这种一党为主的政治体制中，各个政党都要为争夺同一批选民而积极竞争。① 在 1960 年代，新加坡左翼力量比较强大，人民行动党为了与左翼政党争夺选民，它不得不表现出左的、激进的、民粹主义的一面，在政治上争取群众的同时在经济上加紧改善民生包括推行平均主义的分配政策等。在 1960 年代末左翼力量被削弱以后，人民行动党的政策就转而加强政治控制，以发展经济为中心，同时开始推行精英主义的分配政策。1980 年代在选举中反对党势力有所复苏，舆论出现向右转的趋势，对执政党构成越来越大的压力，这时人民行动党政府一方面采取各种措施限制民主进程过快推进，另一方面人民行动党也加快了领导干部新老交替的脚步，"因为年轻的部长比老一代领导人更易听取不同意见，也更易改变他们认为不合理的政策"②。

随着市场经济与社会结构的变化，高度集权的威权主义越来越不能适应这种变化，它逐步成为阻碍经济社会发展和资本力量扩张的桎梏，成为公民社会形成的桎梏。日益强大的公民社会对集政治权力于一身的国家统治者形成了越来越大的压力，他们最初是要求国家维护和建立市场秩序，保护而不是侵蚀自己的私有财产，继而要求国家建立自由平等和民主竞争的制度环境。他们与威权主义的维护者由此而发生了矛盾，要求削弱威权主义国家的权力，从而削弱了集权政治的统治基础。东亚一些国家和地区，例如韩国、印度尼西亚、菲律宾、泰国和台湾地区发生的政治转型就是这种情况。马来西亚、越南、缅甸等在一党体制内发生了这种变化，新加坡类似于后一种情况。它最初通过改革以在威权体制中发展现代化意识，后来又适度地发展政治竞争，

---

① 〔美〕塞缪尔·P.亨廷顿：《变动社会的政治秩序》，张岱云等译，上海译文出版社 1989 年版，第 462 页。
② Cardyn Choo, Singapore: The PAP and the Problem of Political Succession, Malaysia: Pelanduk Publications, 1988, p.223. 关于新加坡一党为主的政党体制的民主性，可参阅李路曲：《新加坡现代化之路：进程、模式与文化选择》，新华出版社 1996 年版，第 253—254、433 页。关于新加坡人民行动党在不同时期受到在野党的挑战可参见上书，第 218—241、381—433、452—485 页。

保持了发展的活力，从而没有像大多数国家那样通过政治发展的中断或政治转型来发展民主化，而是在威权主义体制内部推进民主化进程。1981年反对党重返议会，打破了国会完全由人民行动党一党垄断的格局。此后，反对党力量逐步而缓慢地增强，支持反对党的票数也呈递增趋势，尽管执政党政府采取了各种措施限制反对党的竞选，但近20年来反对党的当选议员和选民的支持率都在不断攀升。

自1980年代①至本世纪以来，新加坡的政治文化已经发生了重大的变化，基本形成了政治民主化的文化氛围。正如前述，新加坡已经解决了构建现代国家的权力的集中与扩展的问题，它通过一系列的措施解决了国家内部分散的传统势力与较具现代性的国家领导层的关系，这一过程基本用了30—40年的时间；而另一因素国家的民主化自1990年代以后越来越成为新加坡的国家建构面临的重要问题。当今后发展国家的民主化仍然是按照主权在民原则来构建国家制度，它要把国家权力置于人民的控制之路，使国家权力受到社会的监督。而衡量一个国家民主程度及其合法性的重要标准就是民意，即国家权力是否按照反映人民意志的法律及程序获取和行使。

我们可以从2011年大选前后政治的发展来看新加坡近年来所进行的民主国家的构建。在这次大选之前，人民行动党政府已经对民主化有了新的认识，因而对选举制度进行了改革。与以往不同的是这一次它没有提高而是降低了参选标准，大大减少了有多名议员名额的集选区的数量，这也使候选人团队的人数减少了，从而在实际上增加了单选区的数量。② 这对于因长期在野而难以聚集人才和很少掌握竞选资源的反对党来说是有利的，这使它们可以把自己优秀而稀少的候选集中于自己的各优势地区。同时，执政党也不再像过去那样表现得咄咄逼人，尽管它仍然像以往的竞选那样强调自己的不可替代性、

---

① 李路曲：《新加坡现代化之路：进程、模式与文化选择》，新华出版社1996年版，第427—433页。
② 非选区议员是国家专门为反对党设立，即在选举中未当选但得票率处于所有选区中前三位的反对党议员可以当选非选区议员。他们享受议员的待遇，有发言权，但没有表决权。

功绩和能力，但同时也多了几分谦虚，人民行动党的主要领导都多次表示政府以往的工作是有失误的，希望人民谅解并给予机会，尤其是承诺政府要进行改革。

在反对党方面，经过几十年的锻炼其领导人也成熟起来，不像过去的领导人那样激进，而是更为理性，竞选纲领和策略都表现出较高的水平，并将理论运用于社会现实。以势力最大的反对党工人党为例，其领导层改变了前领导层与人民行动党针锋相对的斗争方式，以"不为反对而反对"的口号取代了过去要取执政党而代之的口号，表现得更加理性，这在一党长期执政的环境中更易为执政党和民众所接受。它们充分利用合法手段较为温和地批评政府的民生政策和不够民主的一面，给执政党以很大的压力。

选民政治素质的提高也为民主的合法化提供了支持。在 2011 年的选举中，选民的情绪相对理性和成熟，认知水平也有很大提高。选举中的一个普遍现象是，多数选民都把票投给选举中较为理性而非激烈的候选人。同时，由于新加坡在半个多世纪的时间把从人均 GDP 不到 100 美元发展到近 6 万美元，成为一个经济上的发达国家，执政党尤其是它的老一代政治家认为人民应该感到满足，但反对党的领导人指出，执政党本来可以做得更好，尤其是在政治民主方面还很落后，没有使人民分享更高质量的社会保障和政治自由。

新加坡的这种变化实际上是受到国际政治转型方式转变的影响的。我们看到，近 20 年来世界政治转型的方式发生了明显的变化，主要特点是由激进性和冲突性向渐进性和温和性转变，这种变化越来越为人们所认识并产生了重要的影响，具体表现在以下几个方面：一是民主化是由执政党、反对党和人民群众共同推动的，不再是早期的那种仅仅自下而上推动的；二是一些长期执政的政党在下台后经过调整和改革又重新上台执政；三是长期执政的政党的下台并不意味着国家遇到危机，社会和政治局面仍然相对稳定；四是反对党上台后并不会对原执政党进行打压或迫害，也不存在这样的政治环境，而是承认国家共治的局面。当然，执政党会在一定程度上重新分配官职，但官职的利益在法治化国家中的特权是有限的。这些现象使人们不再把民主化和政治转型视为一场革命、一场剧烈的冲突或改朝换代，而是一种改革，一种渐进而温和的权力交接。

在政治文化变化的基础上，新加坡的政治制度也在发生变化。在2011年的大选中，反对党有6名议员当选，在两个选区获胜①，这在一定意义上可以说它取得了两个"地方政府"的治理权，表明其民主政治发展到了一个新的阶段。如果仅以西方经典的民主和转型理论来评估其民主水平的话，那么它比世界上已经发生政治转型的100多个国家的政治体制要滞后的多。但是仅仅笼统地应用这一理论进行评估并不全面，还应考虑两个相关的具体因素，就是在一个国家中民主真正的实现程度包括在此基础上国家的治理水平。

民主的实现程度主要是指人民实际享受到的民主权利。一些国家在政治转型没有树立起民主和法治的权威，过度自由，这种缺乏秩序的自由使得人民无法真正享受到宪法所赋予的民主权利。② 在新加坡，政治规则所规定的民主权利并不是最多的，但是这些权利能够充分地得以实现，这是一种受到较多控制的法制民主，它使民主得以有序而非过快的发展。

这种稳定而有序的民主发展方式是建立积极地培育民主的主客观条件并在其较为成熟的基础上来推进民主化进程的。客观条件主要包括市民社会的发展和法治社会的建立。半个多世纪的经济发展和市场化使多数人都成为较为富裕的中产阶级，教育水平和政治意识也随之提高。同时，法治意识也深入人心，法治社会基本建成。在这种情况下，一方面执政党在推进民主化进程时可以有较少的担心出现社会无序状态的压力，另一方面民众要求民主化的压力也越来越大。尤其是由于社会结构的变化，执政党已经把群众基础从早期的工人群众、后期的上层精英转向中产阶级，同时代表不同群体利益的反对党在组织上和政治上都有较大发展，这些都使民主化的条件日趋成熟。

---

① 官委议员是由国会任命的非党派议员。他们享受议员的待遇，有发表权，但没有表决权。
② 李路曲：《关于东亚模式的思考》，载《上海社会主义学院学报》，2012年第1期。

在民主化条件日趋成熟的情况下，人民行政党一方面主动地推动民主化进程，另一方面也非常谨慎，对政治参与的发展进行严格的限制，这是它民主化进程的重要特点。这种在保证政治体制相对而基本稳定的情况下逐步地放松管制的方法取得了较好的效果。这使它不像有些国家那样或者严控不放，不进行改革，处于僵化状态；或者一放而失去控制，其结果是使国家处于无序状态；同时积极稳妥地推动政治改革。集选区制度的实行和改革充分说明了这一点：1980年代推行这一制度时是为了抑制反对党的扩展，因为长期在野导致反对党难以聚焦人才，只可能推出单个候选人而很难组成候选人团队。这样一来，个别有影响力的候选人也会受到选举团队的拖累，其结果是反对党不得不长期放弃集选区的竞选，注定在选举中失败。

当政治竞争或选举出现发热的趋势时进行一定程度的限制，使执政党以不尽公平的方式保持选举中的优势，在特定的环境下也许有非常深刻的意义。因为现代化的根本要求就是要有稳定的发展环境和有效的秩序，如果在没有建立起相对成熟的主客观条件的情况下就急速地推进政治转型或民主化的话，就会出现政治的无序和社会混乱。而现代性的培育和民主的发展只能在有一定的经济和社会发展基础的前提下渐进而有序的进行。很多后发展国家在独立后的一个时期内都出现了民主的动荡或社会政治秩序的混乱，甚至经济发展也一度停滞，反而是在继之而来的威权主义时期建立了稳定的政局并使经济有了较快的发展。在上世纪末和本世纪初的民主化后，在一些国家或地区中又出现了无序状态，只有在民主巩固之后社会经济才能较快的发展，而这种巩固在相当程度上都是在法治的基础上对自由民主权利进行一定程度限制的结果，无论在东亚还是在现今的俄罗斯等国都说明了这种情况。由此看来，威权主义在何时和以何种方式向民主过渡包括转型的路径如何会对一个国家的发展有很大的影响。

新加坡也在东亚民主化高潮时发生了人民政治热情高涨的情况，然而它没有像这些国家一样发生政治转型，这与其政府采取的一系列措施在一定程度上限制了政治参与、延缓和限制了反对党和一部分民众的参与热情，从而使新加坡没有在还未准备好民主的主客观条件下就全面推行民主化有很大关系。然而，更值得关注的是新加坡政府并不是阻碍而是培育了民主的因素。例如，集选区制度从根本上来说是一项民主的选举制度，因而它的实际作用主要不是使反对党受到压制，而是给反对党保留了选举的通道，只是在选举门槛较高时它不能随意地进行选举，从而使整个选举尽可能在可操控的和有序的范围内发展。在反对党较为成熟的情况下，它们完全可以通过选举包括集选区制度留下的空间进行突破，这也使反对党和民众存在着选举的希望而不会把精力和力量放在选举以外，即不会通过采取非制度化或非选举性的暴力手段来扩大政治参与。

与此相同的是，行动党政府在利用选举制度推进民主有序发展方面一直有一定的主动性，它在近20年的时间里分阶段推出一些措施来扩大反对党或非党人士的参与，扩大他们在国会中的权力，例如，它不断增加反对党非选举区议员的数量，增加"官委议员"的数量。

小　结

对于大多数国家来说，现代国家构建的过程是先在国族范围内建立理性的、有效而合法的国家权力，同时也是不断进行国族构建的过程，也即民族国家的构建；再在国家范围内推进民主、有效而合法的、能够适应更高发展阶段的国家建设，即民主国家的构建；在后一阶段国家机器和权力的构建常常是与民主政治的构建交织在一起，尤其是后发展国家在国家权力理性化的同时会受到已经民主化的早发展国家的影响，就更是如此。我们可以看到，全球化是在同一个时代把不同发展水平和不同文化的政治共同体卷入了现代化进程，所以，在面对现代化的内部环境和全球化的外部环境挑战时，各国作出的回应是有很大不同的，这样，如果只按照一种轨迹或模式来进行国家构建而没有很好地把握自己的国情，则很难在国家构建中使国家的治理与民主化达到均衡。另一方面，如果违背了国家构建的基本规律，或不能够适时地对国家进行理性化、合法化与民主化的构建，也会使现代化和民主化进程失衡。一般来说，只有经过长期的发展和主客观的努力才会达到这种均衡，但是，人们在这个问题上的探讨越深入，认识越全面，人们对这种均衡的把握就越主动。对于新加坡来说，它既遵循着这一基本的国家构建过程，又根据自己的实际情况作出了一些回应，从而在理性化与民主化的国家构建的过程中达到了相对的均衡，尽管这种均衡并不完美。

第二节 当代新加坡的政治发展模式

从 2011 年大选中反对党的进展以及执政党、反对党和选民所表现出的选举理性，表明新加坡的政治文化发生了很大的变化，政治发展达到了一个新的水平。尽管新加坡仍具有威权主义的体制形式，但是其政治发展却表现出优质性民主的特质，这表现在民主化过程稳定而有序，政府管理的水平和效率较高，充分实现了体制所规定的民主权利，尽管其民主仍有待于发展。政治转型较晚而在权威主义体制内把民主发展到较高水平的原因是由其民主的主客观条件较为成熟、政治精英与民众共同推动民主化进程以及政治体制制度化水平较高等因素决定的。

一、政治文化的变化对大选的影响

政治文化是在一定社会的历史—社会—文化条件中形成并发挥作用的[①]。由于政治体系是随着内外环境的变化而变化的，而这一变化总是由作为政治行为主体的人去推动完成的，社会成员对政治体系变革的目标和方式的认识水平、情感和价值取向即政治文化，直接影响着政治体系变化的进程及其结

---

① 〔美〕加布里埃尔·阿尔蒙德、〔美〕小 G.宾厄姆·鲍威尔：《比较政治学：体系、过程和政策》，曹沛霖等译，上海译文出版社 1987 年版，第 29—60 页。

果。因此,从政治文化变化的视角对新加坡 2011 年 5 月的大选及其政治变化进行分析有很强的说服力。自 1980 年代以来,新加坡的政治文化已经开始发生变化①,进入本世纪后,这种变化更为明显。在这次大选中,无论是执政党还是反对党,无论是媒体还是普通选民,都表现出对民主政治的向往和宽容,民主的氛围已经初步形成。

第一,长期执政的人民行动党及其政府表现得更为宽容。首先,在这次大选之前,行动党政府罕见地进行了改革,与过去在大选前一般是提高反对党参选的门槛不同,这一次它降低了反对党参选的门槛,包括减少集选区各党候选人团队的平均人数,即划分出两个四人集选区,保留两个六人集选区,其余均为五人集选区,这比过去多为六人集选区的平均人数明显减少了;同时,单选区增加到 12 个。集选区候选人数的减少和单选区的增加有利于反对党参选,因为反对党的规模、影响和掌握的资源都比较小,吸纳人才参加竞选的能力自然也就小得多。这一方面表明行动党政府在社会的政治文化发生变化的情况下不得不采取一些顺应民意的举措,另一方面也表明了行动党政府对自己很有信心,它没有料到反对党能在这次选举中异军突起。可以从两个方面来看执政党及其政府的这种误判。一方面当代各国威权主义政府对大选曾普遍出现过过于自信和误判的情况。我们仅以东亚各国为例,1988 年缅甸军政府开放大选,结果反对党领袖昂山素姬在选举中获胜,执政党反悔并重新实行军管。1983 年和 1998 年菲律宾的马科斯总统和印尼的苏哈托总统分别决定在菲律宾和印度尼西亚进行大选,结果是局势失控,执政党下台。在 1980 年代末至 1990 年代的韩国和台湾地区也出现过类似的情况,尽管表现得相对缓和。选前执政党的领导人都很有信心,以为自己的政治改革赢得了民心,因此没有料到会在选举中失利。不能说人民行动党政府没有这种误判。这从另一个方面也可以得到印证,本来执政党的如意算盘是通过增加非选区议员和官委议员来缓解选举压力,这既可以保证不同意见和不满情绪在更大

---

① 李路曲:《新加坡现代化之路:进程、模式与文化选择》,新华出版社 1996 年版,第 427—433 页。

程度上的释放，也没有给反对党以实质性的权力，从而不会削弱执政党及其政府的权力。同时，行动党领袖在大选中对于可能失利的选区的选民多次警告说其选择反对党可能使政府失去优秀的人才、选区得不到应有的服务甚至可能导致优秀的政府下台，似在全力来保住选举席位，由此可以看出他们并不想让出实质性的席位。

其次，尽管行动党在竞选中主要是强调自己的功绩和能力，但与以往的大选相比也发生了重要的变化，这就是李显龙总理及所有的候选人都多次表示政府的政策是有失误的，并寻求人民的谅解，这是在以往的大选中所没有的情况。杨荣文部长更是公开指出，政府确实需要自我检讨，行动党必须进行改革。[①] 他还称与他竞争的工人党团队是"可敬的对手"[②]。选举结束后，李显龙表示会"认真对待选民的意见，将改进政策，希望今后能够更好地与人民沟通"。行动党将进行自省，并寻找适合新加坡的模式来进行改变。如果行动党政府不这么做，不只对行动党不好，对新加坡也是不利的。[③] 在选后的10天，李显龙总理就委托专门机构开始调研政府部长以上领导的薪金制度。[④] 自1980年代以来，在李光耀的精英治国理念的主导下，新加坡高级官员的薪金不断走高，2010年由于新加坡的经济增长很快，部长的薪金加奖金达到1千万人民币，这是反对党和很多选民在这次选举中批评的话题。李显龙要对薪金进行改革，可能会触动政府的精英治国理念，因为这个改革是大选中的议题，是在反对党和很多选民的压力下透明地进行的。关于新加坡的高薪制度，一直有不同的争论，笔者认为对这个问题一定要慎重。政府高级官员的薪金虽然很高，但他们很少能享受公务服务，从司机到家政人员都要自己雇佣；而且，只有高薪才能使成功人士愿意进入政府；它还有利于保证政府的清廉。

---

① 《杨荣文的选后演说》，载《新明日报》，2011年5月8日。
② 《杨荣文的竞选演说》，载《联合早报》，2011年5月10日。
③ 本刊记者：《李总理答谢选民》，载《联合早报》，2011年5月10日。
④ 本刊记者：《李总理要检讨薪金制度》，载《联合早报》，2011年5月18日。

《新明日报》以杨荣文"输选战、赢风度"为题发文指出:"杨荣文虽然输掉了一场选战,但他却在全国人民面前赢得了风度。"杨荣文选后的演说中恭喜刘程强先生和他的团队赢得这次的选战,表示尊重阿裕尼集选区选民的决定并感谢阿裕尼的居民;"新加坡的历史从此掀开了一个新篇章,我们无法抵挡这股浪潮,可是这就是人生"①。如果我们考虑到这是一个执政50多年并将继续执政的部长候选人所说的话,会感到难能可贵,这与西方民主国家的候选人在竞选中所表现的风度已经没有多大区别。由此看出,行政党政府不仅仅是要从这次选举中汲取教训,而且承认反对党的突破是由于人民需要改变,而它自己将顺应这种改变。

第二,反对党表现得更加成熟,不再那么激进,他们的理论和策略水平都有所提高,尽可能把民主的理论与新加坡的现实结合起来。以这次反对党的最大赢家工人党为例,其领导人刘程强在2001年出任党的秘书长后一改惹耶勒南时期与执政党针锋相对的竞争形式,提出了"不为反对而反对"的口号,使党的领导更为理性,这在一党为主的威权主义体制下更易为执政党政府和人民所接受。在这次选举中,他在赞扬群众敢于支持反对党的"后港精神"的同时,不断地重申工人党不会因为是反对党就为了反对而反对,而是要在应该反对的情况下才进行反对。民主党也汲取了上次大选中党的秘书长徐顺全因有过激的攻击执政党领袖的言论而被起诉的教训,演说较为圆滑,主要就经济、民生和一般民主议题对执政党提出批评。

反对党还把民主与民生联系起来,指出没有民主就不会有进一步的民生发展的空间,以此反驳行动党只讲民生的理论。这既是他们理性和策略的表现,也符合新加坡现实环境中选民的口味或选民对政治转型的接受程度,从而既动员了选民,还不会给执政党找到打压的口实。

反对党之间还进行了协调与合作,除了一个选区同时有两个反对党都派出了候选人外,其他选区都只有一个反对党候选人或团队挑战行政党的候选

---

① 《杨荣文的选后演说》,载《新明日报》,2011年5月8日。

人。这样一来，反对党之间没有竞争，而是共同挑战执政党的候选人。这使得那些长时间没有竞选的集选区、包括国务资政吴作栋领军的马林百列选区也上演了选战，而这些选区行动党的得票率都比执政党平均得票率来得低，给执政党以很大的压力，使它不得不在全国所有选区而不是在几个选区集中力量进行竞选。

第三，选民的政治水平有所提高，选举情绪相对理性和成熟，媒体趋于中立。在大选中直接影响选票的因素大致有三：候选人的个人魅力、民生问题和政治愿景。这三个因素都是相对而动态的，没有完全静止或绝对的标准。就民生问题而言，这既取决于与本国自身发展的纵向比较，也取决于与世界其他国家尤其是东亚地区的横向比较；就个人魅力而言，这既取决于执政党候选人的能力和魅力，也取决于与之竞争的反对党候选人的能力与魅力；就政治愿景来看，这既取决于人们对威权主义政体和多元民主政体的看法，也取决于人们如何看待其变化或民主发展的程度；而这些都还要取决于人们如何来看各种因素比较的结果。例如，新加坡在短短的四五十年中已经从一个落后的第三世界国家发展成一个经济上的第一世界国家，建成了世界瞩目的花园城市和法治国家，很少有国家在这么短的时间内能取得如此大的成就。

再例如，从个人魅力来看，在阿裕尼集选区，以外交部长杨荣文领队的人民行动党的团队是非常强大的，杨荣文本人被公认为是最有能力的部长，但是在面对工人党最强有力的竞选团队尤其是长期担任反对党议员、富有个人魅力的刘程强，而人们又希望反对党有所突破时，杨荣文的个人魅力就显得不那么具有影响力了。

经济和民生问题虽然是这次竞选的重要议题，但民主、自由和平等也越来越受到普通选民的重视。例如，后港区的很多选民表示，居住和环境问题现在没有让反对党进入国会重要①，一些选民认识到，只有有了政治上的制衡，他们的诉求才会受到重视。新加坡管理大学的陈庆文指出，今天的选民

---

① 本刊记者:《选民的素质与过去不同》，载《联合早报》，2011年5月8日。

已经不像 20 世纪六七十年代的选民，会被领袖的一些严厉训斥吓住。他们也不会轻易向物质利益屈服，因此组屋翻新之类的许诺，不会对每个人都产生作用。对于行动党领导人在阿裕尼选区告急时警告选民说，你们将会失去几位优秀的部长人才，这在过去是很能影响选民的，但这次很多选民则回应说：你们完全可以另作安排。① 一位选民说投反对党的票是经过 20 年的观察，对刘程强有所了解。反对党并不是一味地反对政府，有时他们还会向居民解释政府政策的正确性，不像有些国家的反对党，为了反对而反对，损害了国家和人民的利益。我们不要这样的反对党。行动党有很多好的政策，反对党应该给予支持，只是政府有时也应该有一种外来的声音提醒。同时也应该给反对党一个机会来证明自己。五年后，假如他们能取得好的成绩，当然会得到人民的信任，否则人民是不会再支持他们的。② 这种心态，一方面是在政治转型刚刚开始时一些国家民众普遍的心态，另一方面也有新加坡人对本国民主状况的思考。在阿裕尼选区，对于一些中间选民既不愿失去执政党的杨荣文部长等优秀人才、又认为应该给以刘程强为首的工人党的优秀团队以机会的两难情结，工人党主席林瑞莲不得不安抚选民说，行动党如果在阿裕尼败选，杨荣文虽然当不成部长，但仍可以在其他方面为新加坡服务。她说，行动党政府掌控了政联公司、半官方机构和政府部门，杨荣文即使败选，前途也是光明的，"可以出任官方组织的主席或代表我国担任亲善大使……其实这是行动党部长退休后，政府通常为他们安排的出路"③。反对党之所以必须进行这样的安抚，是由于选民的态度就是如此。在很多选民看来，杨荣文"是一位深受国人尊敬和钦佩的、集政治家、学者和哲人形象于一身"的部长和国会议员④，因此他们投票的心情很复杂。这说明，选民既看到反对党进入国会的

---

① 陈庆文：《选民的素质与过去不同》，载《晚报新闻》，2011 年 5 月 8 日。
② 本刊记者：《选民态度更为客观》，载《联合早报》，2011 年 4 月 30 日。
③ 林瑞莲：《杨荣文会有很好的出路》，载《联合早报》，2011 年 4 月 30 日。
④ 林瑞莲：《杨荣文会有很好的出路》，载《联合早报》，2011 年 4 月 30 日。

必要性，也看到了行动党执政的功绩，而不是只看到一个方面。

人们已经注意到年轻一代是推动这次政治变革的主要力量。由《海峡时报》进行的一次调查表明，2/3 以上的年轻选民希望反对党在国会中的比例超过 20%，即 17 席。在这次选举期间，年轻人一反常态，不再像过去那样对政治的冷漠，而是有很高的参与热情。尤其是在反对党召开的竞选大会上和 facebook 上，可以看到年轻人的热情非常高涨。例如，在工人党于 5 月 5 日举行的最后一次竞选大会上，参加的人至少有 6 万人以上，达到了空前的规模。反对党的竞选大会明显比执政党的群众大会的人数要多，群众的情绪也更高涨。包括执政党在内的各政党的领导人都表示，在这次大选中反对党之所以有如此高的得票率，与年轻选民的支持是分不开的。从这一点似乎也可以看到新加坡的政治正在起变化。一般来说，在政治或社会经济正常发展的时期，人们的政治参与意识是常规化的，不会表现出高度的热情，而在政治转型前后，人们的政治参与意识则很可能被激发起来，表现出高涨的态势，而年轻人的政治意识代表着未来政治意识发展的方向，是难以阻挡的。

从媒体方面来看，也发生了很大的变化，中立性和开放性是这种变化的主要特点。从选举一开始，新加坡的各大媒体像《海峡时报》和《联合早报》包括它们的网络版等都以基本中立的态度进行报道，既刊登赞同执政党观点的文章，也刊登赞同反对党观点的文章，与它们在历次大选中更多地偏向执政党的态度有很大不同。尤其是 facebook 更成为人们广泛使用和自由表达的场所，成为一种重要的民意测量和表达工具。其中一个重要的特点是对反对党候选人的支持度很高，例如国民团结党 24 岁的候选人佘雪玲 facebook 的点击和留言达数十万条，是所有候选人中最高的，且多数是讨论问题和表示支持。排第二的是国务资政李光耀，但给他的留言既有支持也有批评，而且批评观点还很多。报刊和网络上对反对党观点的报道及其对执政党的批评，比反对党竞选大会影响更广泛，比仅仅从反对党口中说出的批评有更大的效力，因为过去在人们心目中媒体是受政府控制的，现在则感到媒体的独立性很大。不过，平面媒体表现得更为中立，电视等立体媒体对大选的报导要少一些。

　　媒体的理论观点也发生了转变。《联合早报》在一篇社论中说："像新加坡这样一个小国要在夹缝中求生存、求发展，必须任用拥有各种专才的团队来治理。宽容大度、公正透明，不断改革更新，当可网罗各方面的人才为己用。多听民声，亲近民意，自可得到国人的拥护。开放与竞争，包容以求同，是民主社会的基本精神，也是通达国家繁荣昌盛的大道，从政者可用'自强不息，厚德载物'八字作为治国的座右铭。"① 这种观点是这次媒体报道中的一种普遍观点，它与行动党的传统观点有很大的不同。过去，行动党领袖总是把"生存与危机"作为它实行一党政治的依据，甚至在这次大选初期李光耀仍有类似的言论，认为自由与民主会导致发展机会的丧失，因此必须以经济发展为中心，实行精英治国和一党威权主义统治。而现在报刊上却说只有民主才能网罗各方面的人才，只有开放与竞争才能发展，说明其治国理论正在向着更为民主的方向变化。这已经看不出官方媒体的色彩了。

　　由整个选举文化的变化可以看出新加坡的民主政治进入了一个新的发展阶段，政治格局有了很大的改观。新加坡的《星期日时报》（*The Sunday Times*）以"稳定、赞同和改变"为题发表的一篇评论文章可以反映这种变化的程度。该文指出，执政党 60.1% 的总得票率说明了大多数人希望政治稳定，李显龙所在的集选区执政党的得票率为 69.3%，说明了人民对人民行动党政府的认可，而在阿裕尼集选区人民行动党候选人团队得到的 45.3%、工人党得到的 54.7% 的选票说明人民希望有所改变。②

　　从大选的全过程来看，包括大选以后，我们看不到在很多转型国家出现的强势打压、造假抹黑或打悲情牌等不良手段赚取选票，无论是从执政党还是反对党的候选人来看，他们都力图展现出从政者的"君子风度"。当然，大选中的这种"君子风度"与反对党汲取了历届大选中由于说话激烈而被执政

---

① 本刊评论员：《自强不息　厚德载物》，载《联合早报》，2011 年 5 月 8 日。
② 本刊记者：《稳定、赞同和改变》，载《星期日时报》（*The Sundaytimes*），2011 年 5 月 8 日。

党抓住把柄、从而受到打压的教训不无关系；但另一方面我们也可以看到，这也与执政党本身对待反对党的态度发生了很大的变化也有很大关系，否则执政党总是能找到反对党的"瑕疵"。从历次大选的变化来看，行动党对反对党的打压是在逐步减弱的。在这次大选中导致行动党没有再次采取打压手段最根本的原因还是整个选举文化或政治文化发生了较大的变化，人们已越来越不能接受打压手段了。刘程强在大选后演说中也表明他看到了这种政治变化："我们会竭尽所能，为您服务，在国会代表你，以国为重，争取您的权利。您的支持，告诉了行动党政府，必须重新思考它的施政方针，对主要的政策重新定位，缓解国人所面对的生活压力，提高国人的收入、帮助老年人改善医疗服务，降低新组屋价格等问题。您的支持也告诉了行动党政府和全世界，除了经济上的发展，您也希望新加坡向民主迈进。"① 尽管反对党批评政府的政策是容易的，总会感到政府有做得不够的地方，而要它自己做起来也会很困难，但变化是实实在在的。

二、选举议题的政治分析

虽然民生议题在选举中占的分量最大，也最能引起选民的广泛共鸣，但它之所以能激发起民众的选举热情是因为它与政治有着密切的联系，它在选举中实际上是从属于政治议题的。这种情况与许多后发展国家政治转型时期所面临的经济和政治问题的先后顺序相同，只不过每个国家的民众对经济和政治议题的关注程度以及从经济议题转变为政治议题的速度有所差异。这实际上既与政治精英的操作有关，也与民众政治意识提高的状况有关。在转型时期，一般都是先出现经济问题或经济危机后再转化为政治危机的，例如在1986年的菲律宾、1997年的印尼和2008年前后的泰国等，也有由社会问题和国际国内的政治危机直接引发的转型，例如在1990年代

---

① 《刘程强的选后演说》，载《新明日报》，2011年5月8日。

中期的韩国和1980年代后期的台湾地区。不过，这种由社会和政治问题引发的转型，其实在一定程度上也是因为人们感到现政权的政策可能危害生存环境或经济状况，因而奋起反抗。之所以先以经济议题来动员群众，与经济问题影响广泛、关乎每一个人的切身利益，同时又不像政治问题那么敏感、不直接与统治者的利益发生冲突有关。这样一来，它不那么容易引起统治者的强烈反对。

近年来，新加坡社会关于民生问题的讨论一直在不断增温，其焦点是关于政府的移民政策的争论。由于政府通过采取较为宽松的移民政策来吸引移民，以弥补劳动力和人才的不足，因此在过去十年中有大量的外来劳工和专业人士进入新加坡。他们弥补了劳动力的不足，提高了生产率和竞争力，但也对本地居民造成了冲击，引起了本地居民的不满。外来劳动力工资低，在就业上比本地居民更有竞争力，尤其是在2008年经济危机以后，人们对就业的不满增加了很多；此外，它还抬高了组屋的价格，过去人们在住宅上的花费并不高，现在很多年轻人可能要30年左右才能还清贷款；同时，生活费用的持续上涨和社会老龄化的加重使人们越来越迫切地希望改革医疗保险制度和公积金制度，以减少生活和医疗费的负担。一位叫Kevin的选民说，五年前他是行动党的支持者，但这五年中生活压力增加，收入增长敌不过物价涨幅，"政府越来越像一个公司，只想着赚钱，促进GDP的增长，而在照顾人民方面做得不够，所以他现在是工人党的支持者"[①]。由此看来，处于社会下层的群众的收入增长低于平均增长是人们不满的一个重要原因。

政府在选前看到了群众在这方面的不满情绪，为了争取选票而向新加坡成年公民提前发放了补贴，在大选前的5月1日左右有200多万新加坡成年人收到了每人约4000新元的补贴。尽管自2001年通过《增长与分享预算案》以来，新加坡人每年都会得到一定数额的补贴，这确实也能起到一定作用。但在很多人看来，新加坡经济上已经进入了第一世界行列，而社会福利却还

---

① 本刊评论员：《选民态度的变化》，载《新明日报》，2011年5月8日。

是第三世界水平，没有完整的社会福利政策，仅仅依靠这种补贴是远远不够解决问题的。

反对党和执政党围绕着这些民生议题进行了争论。工人党建议组屋价格应与国民平均收入挂钩，国民团结党主张应以略高于成本的价格出售组屋。按照这些标准，组屋的价格要大大下降。国家发展部长马宝山则反驳说，若国家通过压低土地价格来降低组屋价格，则等同于动用和消耗国家储备，因为土地是国家储备的一部分。对一个城市国家来说这一点更为严重。此外，若新组屋价格被蓄意压低，实际上等于降低了100万组屋屋主的财产价值。这种从市场价值作出的阐释有其合理性，但对那些背负着沉重的房屋贷款或买不起房的人来说，在人均GDP已经接近5万美元的新加坡，这显然不能令人满意，他们认为这主要是政府做得不够。

反对党指出，之所以出现这些经济和民生问题，主要是因为执政党政府高高在上，听不进老百姓的声音，所以必须对他们有所制约，否则这些问题很难解决。对此，工人党提出了"建立第一世界国会"的政治主张，它指出，现在新加坡的经济已经进入了第一世界的行列，但政治民主或国会制度与第一世界国家还有相当大的距离，因此有必要建立一个"第一世界国会"，以表达人民的心声和对政府进行制衡。但这种制衡并不是完全的竞争，而是充当"副司机"和"后备轮胎"的角色。对此，人民行动党的前总理吴作栋和另一位候选人殷吉星反驳说，如果反对党的所谓"第一世界国会"只是要在国会中有反对党议员发表不同意见，那么，很多发展不成功的国家例如津巴布韦和缅甸都已经是"第一世界国会"了，而新加坡确实不是，但这样的"第一世界国会"是很可笑的。国会议员的主要工作是帮助人民解决实际问题，而不是反对。① 反对党反驳说，行动党说没有人可以说清什么是第一世界国会，但是不要忘了，新加坡人凭直觉也懂得82个执政党议员与2个反对党议员组成的国会肯定不是"第一世界国会"。工人党

---

① 本刊记者：《李光耀：新加坡应有第一世界的国会》，载《联合早报》，2011年4月30日。

秘书长刘程强说，所谓的"第一世界国会"，是指有可靠的和负责任的反对党议员来监督政府的国会。[①]

反对党还对选举制度进行了抨击。刘程强指出，行动党在1988年大选前推行集选区制度，公开的理由是为了确保国会中有少数族群的议员，但是在这之前并没有一位少数族群议员因为种族身份而落选。工人党的前秘书长惹耶勒南虽是印度裔，却在1981年安顺补选中当选。实际上，这是因为在1984年大选中工人党的惹耶勒南和独立候选人詹时中当选，行动党为了抑制反对党的发展势头，才于1988年设立了集选区制。由于反对党很难同时找到几位有竞争力的候选人，所以很难在集选区与执政党进行竞争。而且执政党总是根据上届选举的结果和选情的变化来重新划分选区，有的选区无论在地理上还是在社区管理上都不适宜成为一个选区，而只是为了有利于分割反对党的选票才划到一起的。"如果行动党真的尊重选民的需要和意愿，他们为何在每次大选来临之前，根据上届大选的结果重新划分选区？我们为何不问问加基武吉的选民，他们25年来没有搬家，但却被'踢来踢去'，先后被并入友诺士、马林百列和阿裕尼选区！"[②]

关于集选区制度，可以从两个方面来看。集选区制度确实是执政党在1980年代末看到选民支持反对党的热情在增加，为了限制反对党而制定的，同时不可否认它也是保证少数族群候选人当选的制度安排。一方面，在新加坡的现实环境中它限制了反对党的竞选；另一方面，尽管这确实在一定程度和一定时期内限制了反对党的竞争和参与，使执政党在选举中处于优势，但在客观上也许有更深刻的意义。我们知道，后发现代化国家在独立后或任何一次政治转型之后最重要的就是要获得稳定的发展环境，在一定程度上限制政治参与，建立有效的秩序。因为在政权和政治体制已经发生了更替或巨大变化之后的一个时期中，需要培育这个新的政治体制中的现代性机制，以促

---

① 刘程强：《何谓第一世界国会？》，载《星期日时报》（*The Sunday times*），2011年5月8日。
② 本刊记者：《刘程强的竞选演说》，载《新明日报》，2011年4月30日。

进和适应新的现代化进程。这种发展是渐进而有序的，同时还需要有经济和社会的发展作为基础，而这些都要求有稳定的秩序和法治，而不是政治参与的迅速扩大。我们看到，大多数后发展国家在第二次世界大战后建立了新的民族国家，这之后都出现了政治动荡和社会混乱，经济和社会发展一度停滞，之后在威权主义时期则有了较快的发展。在从威权主义向多元民主转型后又一度出现了混乱，尽管有的国家或地区经济和社会停滞的时间较短并呈弱化趋势，但其对政治和社会的冲击却长期存在着；在另一些国家这种民主的混乱状态则持续的时间较长；只有在民主巩固之后社会经济才能较快发展。因此，威权主义以何种方式向民主过渡即转型的路径如何就是人们必须思考的问题。①

我们知道，影响政治转型或民主化的最基本的因素是其主客观条件是否成熟。很多国家在民主的主客观条件准备还不充分的情况下就发生了转型，因而出现了混乱或水土不服的情况。新加坡的集选区制度实际上是在一定程度上限制了政治参与，在20世纪80年代以来整个东亚、世界以及新加坡的人民政治热情高涨的时期，这项选举制度延缓和限制了反对党和一部分民众的参与热情，使新加坡获得了更长时间的发展机会。同时，这种制度的潜在作用并不仅仅是抑制性的，它在根本上还是一种民主的选举制度，是与特定的环境相联系的民主制度。在民主环境日趋成熟的情况下，在反对党有所发展的情况下，它们就可以运用这种制度在某个集选区参加平等的选举，而这时选举的突破要比单选区制更大。

三、从纵横两个维度来分析民主的发展

第一个维度是新加坡自身的民主进程，即纵向发展的角度，具体来说就是在威权主义体制内部民主发展的程度，或者说与过去历次大选尤其是与

---

① 参阅〔美〕塞缪尔·P.亨廷顿：《第三波——20世纪后期民主化浪潮》，刘军宁译，上海三联书店1998年版，第138—201页；李路曲：《东亚政治转型的路径分析》，载《当代亚太》，2001年第1期。

2006 年大选相比民主的进程如何。在实行了集选区制后的历次大选中，反对党或者是全部或者是大部放弃了集选区的竞选，而专注在几个单选区或其他一两个集选区竞选，因此历次大选只是对有竞选的数个选区的选票进行统计，而不包括未经选举行动党就已经获胜的选区的选票的统计，因此在这样的大选中反对党与执政党的差距要比正式公布的得票率差距大得多。从这次大选来看确实发生了很大的变化，反对党的得票率不仅是自独立以来最高的，达到了 39.86%，而且这一次反对党是在除波东巴西一个选区以外的所有选区向执政党挑战，因而得票率真实反映了全国选民的意向。反对党有 6 名议员当选，这也是独立以来最多的，此外还有 3 名非选区议员。一方面，新加坡民主的发展仍是权威主义体制内的发展；另一方面，它在威权主义体制内把民主发展到了一个较高的水平。

第二个维度是新加坡的民主发展在东亚以及世界民主发展中的地位，或者与东亚和世界各国相比其政治发展处于什么水平上？如何从发展政治学的角度来看新加坡的政治发展？按照西方经典的政治发展理论对新加坡的政治发展进行评估，它与东亚和世界已经发生政治转型的近 100 个国家的政治体制相比还是落后的。然而，或许仅仅从政治体制的架构或按照西方经典的民主标准进行评估并不全面。还有两个标准或问题需要考虑，一是民主的实现程度，二是政治的有效性或治理水平。

民主的实现程度在这里主要是指在威权主义体制内人民实际享受到的民主的权利。一些国家在转型后政治过度自由化，社会和政治秩序混乱，这种没有法治的自由使得人民的民主权利得不到保障；[①] 同时，在那些过度专制的国家中人民更无民主权利可言。新加坡人民可享受到的民主权利主要包括人民行动党 1959 年执政后一直允许反对党存在，近几年来反对党的作用越来越大，媒体越来越中立，政治自由越来越多，与其他威权主义国家相比有更多

---

① 同时，应该看到，这种《民主的无序》，载是较早发生政治转型的国家民主发展的必然阶段，在这个意义它仍是有积极意义的。

的民主。

　　是否优质民主是评估民主的实现程度的一个重要标准。尽管什么是优质民主本身还有争论，但人们对建立在法律和秩序基础上的民主制度有着基本的认同和共识，没有民主自由的法制和秩序或只有民主自由而没有法制和秩序的制度都有很大的缺陷。从当代后发展国家的情况来看，那些在民主的主客观条件还没有准备好就发生了政治转型的国家在转型后会出现严重的无政府状态，仅从近来非洲的突尼斯、埃及和更早一些在东亚的菲律宾、印尼和泰国等国发生的情况来看就可见一斑了。在这些国家中民主或是一种无政府状态，或为少数权势者所利用；而那些长期实行威权主义或集权政治并拒绝民主改革的国家，则由于不能满足人民群众的经济和社会需求而存在着巨大的社会矛盾和危机。而新加坡的政治发展正处于这两者之间，一方面，它在不断地发展民主，对执政党的制衡作用增加了；另一方面，又没有政治转型或政党的更替，民主仍在威权主义体制内发展，尤其是新加坡的反对党还受到一定的限制，要防止受到执政党的法律控诉。而这样的结果是既避免了无政府状态也避免了不发展的问题，这是与这种政治发展或转型程度较为符合本国的实际分不开的。

　　从与马来西亚的比较来看新加坡的优质民主或许也有一定的体现。我们看到，在人均 GDP 较高的水平上，除了中东的石油国家外，只有马来西亚和新加坡没有发生政治转型了。[①] 然而在这两个国家中民主在威权主义体制内都有很大的发展，尤其是马来西亚，反对党无论在规模还是在议会和地方政府中的权力方面都比新加坡的反对党大得多，似乎它们更能推动政治转型或对

---

① 亨廷顿曾经指出，除了中东石油国家外，世界上只有新加坡在人均国民生产总值较高的水平上没有发生政治转型。中东石油国家的政治发展仍处于较为传统的威权主义阶段，统治者或国家通过利用外国技术开采石油而增加了 GDP，因而现代化因素实际上只是在技术层面上为国家所掌握，没有全面渗入社会，或者说没有社会和文化的全面现代化。这增加了国家的力量，抑制了市民社会和中产阶级的发展。根据 2010 年的统计，马来西亚的人均 GDP 是 1.5 万美元，新加坡是 5 万美元，因此现在除石油国家外，马来西亚和新加坡都是还未发生政治转型的国家。

政府有所制衡。然而，马来西亚的反对党在未实现政治转型前就已经发生了矛盾和内讧，这大大削弱了其民主的质量，这或许也是它在政治转型的边缘却始终无法逾越这一界限的重要原因之一。在新加坡2011年大选之后，马来西亚的反对党表示要向新加坡的反对党学习，团结而不搞内讧。新加坡的反对党之所以在积聚人才仍有困难且党员数量少得多的情况下，赢得较高的得票率并在所有选区向执政党挑战，就是因为其领导人素质较高，在利益和权利方面可以妥协，协调工作做得好，从而避免了相互之间的矛盾竞争。同时，选民的民主素质也是一个重要的指标，因为它影响着整个选举和参与过程，正如前述，新加坡选民的素质较高，民主意识更为成熟。

过去人们一直把日本视为东亚唯一一个具有西方式民主的国家，但实际上这样的看法并不准确，日本的民主与西方民主还是有很大不同的，一党长期执政和家族政治是这种不同的两个最重要的特点。过去人们之所以忽视了这两个特点，是由于与东亚或大多数后发展国家相比，日本的政治民主与自由以及反对党的活动，更接近于西方式民主。一些后发展中国家大量民主化以后，在体制形式上已经超越了日本的民主，日本的民主为什么比这些国家更为优质呢？最根本的一点还在于日本的民主或一党长期执政的多党制度是建立在日本的现实基础上的，这个现实是市场、中产阶级和一党政治的有机结合或平衡。与东亚或很多后发展国家相比，日本的家族政治有更多的现代性因素，其一党独大、长期执政也远不是一党完全垄断国家权力。如果我们说新加坡和马来西亚在一党威权主义体制内把民主发展到了一个较高的阶段，那么日本2009年之前的体制则是在威权主义体制内把民主发展到了一个更高的程度，已经处于一党体制的边缘，或者说是一种由一党政治向多党政治过渡的时期。"日本之所以成为优质民主，主要是因为日本的民主能够结合其民族文化和传统制度特色。"[1] 日本之所以建立了一党长期执政、稳定而有序的民主制度，是因为它的政治体制是建立在相

---

[1] 郑永年：《新加坡的优质性民主》，载《联合早报》，2011年5月10日。

应的政治基础上，建立在与各政党及民众的民主素质水平相适应的环境中。同时，它在2009年之所以成功地实现了稳定而有序的政治转型，进一步说明日本的民主是随着它的民主环境的变化而发展的。它的民主化程度比新加坡更高，而它们却有同样的稳定和发展机制，在这个意义上，可以说它比新加坡的民主更为优质。

由此来看，新加坡之所以被有些人称为优质民主的表现之一是因为民主发展的稳定有序，而这种稳定有序是建立在抑制民主发展的速度或使民主的发展与民主的主客观条件相适应的基础上的。实际上，这一点是难能可贵的，因为从整个世界的民主化进程来看，各国都很难做到这一点。延迟政治转型的时间，可以培育更为成熟的基础因素，使各种主客观条件更为成熟，同时可以汲取各国政治转型的经验教训和人类文明的新成果。

新加坡的优质民主的另一个表现是政府效率高。尽管人们不时批评政府管得太多，压抑了创新，但没有人说它缺乏工作效率，这对世界上的绝大多数政府来说是难能可贵的。新加坡能在较短时间内人均GDP达到5万美元的水平，尽管这首先要归功于人民的辛勤劳动，但同时也与这个管得多而严的政府是分不开的。它之所以能做到这一点，有两个主要原因。一是法治建设的成功，不但政府依法行事，群众也遵守法制，违法被查处的机率很高。其中重要表现之一是为政清廉，新加坡在透明国际每年公布的世界各国廉政排名中多年都在世界前五名之内，有时位居第一名。我们知道，腐败是一种非制度化或非法制化的政治运作形式，在制度化水平低的体制中最容易发生，尤其是一些国家在政治转型后民主体制脆弱的时期，法律混乱，因而腐败盛行。二是政府官员的素质高。人民行动党政府的选官机制既严格又具有现代性，一方面它对候选官员的人品、文化素质、业绩和政治取向有严格的审查，另一方面它会随着时代的进步而调整其标准。例如，在1960—1970年代，它主要是从党的基层干部中选拔党的高级干部，到1970年代末以后，它非常注意从市场经济的成功人士中选拔和培养干部。例如，在1970年代末，人民行动党从党外吸收了后来成为总理的吴作栋和副总理的陈庆炎，在80年代和90年代，又吸收了现在的总理李显龙和副总理黄根成等，现在所有部长以上的官员都是走的这种仕途。他们在成为政府领导人之前，都是社会各方面的精英人才，正因为他们已经取得了成功，所以执政党才邀请他们入党，这已经成为进入政府高层的重要标准。同时所有的候选人都要参加国会议员竞选，进行磨炼，否则也不能成为政府高官。党的这种开放性对特权和既得利益是一种很大的冲击，同时也使党的高官保持与社会的交流，他们也更愿意表达社会不同阶层的意见，因而也更易获得群众的认可，更具有合法性。

四、影响民主化进程的基本因素

政治制度化水平高是新加坡体制的一个重要特点，这一特点深刻影响着其政治发展，也是其政治转型较晚的一个特殊而重要的原因。这可以从以下几个方面表现出来：第一，政治清廉表明其政治运作是制度化或法制化的，这减少了大量的社会矛盾，从而也减少了转型的压力。腐败是非制度化运作的表现形式，"第三波"民主化以来在经济发展水平较低就发生政治转型的国家或地区大都与腐败有关，这说明这些体制的制度化水平较低。第二，政治控制的有效性也是制度化水平高的一个重要表现。这又表现在两个方面，一是政府的效率高，能够有效地主导经济和社会的发展，在上情下达和下情上达方面更为通畅；二是适应性强，政治体制可以通过自身的调适去适应巨大的社会变迁，新加坡50年来从人均不到100美元到5万多美元，社会经济结构发生了巨大的变化，而政治体制通过自身的改革包括民主化改革适应了这种变迁，在这一过程中建立了动态的、稳定而有序的社会控制机制。当然，这种社会控制机制也在一定程度上控制了其民主化进程。因此，这种高制度化水平的体制在有效推进现代化进程的同时也延迟了民主化进程。

应该看到，政治制度的制度化水平是与社会的一定发展阶段或水平相联系的①，在此一发展阶段为高制度化水平的体制可能会阻碍体制向彼一阶段的转型。例如，尽管日本在东亚各国中最早发展起了多党政治，但它在很长一个时期中一直维持着一党执政，这使它获得了有序的发展，然而这却使它真正实行多党制的时间比许多后发展国家还晚了许多，所以它的较高制度化水平的体制在一定程度上抑制了政治转型。同时，与东亚其他国家一样，日本这种一党长期执政的体制包括一党多派体制只能适应一定时期的经济和社会的多元化，在经济和社会继续多元化后它显然很难与其相适应，最终还是在2009年为民主党所取代，使多党政治有了突破性的发展。不过这时的转型是在民主的主客观条件已经成熟的条件下发生的，因而也是非常稳定的。新加坡的情况也类似，其政治体制的制度化水平适应了社会经济的变迁，推动了体制内的民主，但同时这种体制的容纳空间仍然是有限的，其国内多元利益和诉求的发展反映了人们不再满足于一党的威权主义体制内的利益表达，认为它越来越不能解决新的不公平问题。进一步说，其高制度化水平的体制虽然既促进了发展也化解了人们的不满，但在更高的发展阶段上人们还是不愿再忍受这种体制的束缚。

正如前述，大多数后发现代化国家之所以在政治转型后发生了民主的混乱，其基本原因是民主的主客观条件不够成熟。衡量政治转型的基础条件是否成熟的一个重要标准是人均国民生产总值，从"第一波"民主化到"第三波"民主化，民主化的条件从人均国民生产总值100多美元到1000多美元在不断提高，尽管这不是完全条件或绝对条件。在"第三波"以后，政治学家又提出人均3000美元以后社会政治会进入动荡或转型期。由此可以看出，随着现代化进程的推进，政治转型所要求的人均GDP水平在不断提高。韩国在人均5000—8000美元、台湾地区在人均5000—10000美元时发生了政治转型，较之东亚较早和同一时期发生政治转型国家和地区的人均GDP都高。这既说

---

① 李路曲：《政党制度的制度化和民主化变迁》，载《新视野》，2009年第5期。

明政治转型所需要的人均 GDP 水平随着现代化的发展在提高，同时还说明在人均 GDP 较高的基础上的转型会更为成熟，因为它为民主奠定了较好的基础。韩国和台湾地区在已经发生政治转型的国家或地区中几乎是政治发展最为稳定的、经济发展也较快，其民主制度已经表现出较高的制度化水平。当然，韩国和台湾地区也在主观上为民主转型和政治的有序发展做了很多努力，这也是其民主化较为成功的原因。新加坡为民主化积累的主客观条件更为充分，其政治发展及其转型会更为稳定而有序。

有人认为只要经济持续发展就不会发生政治转型，这个结论存在多方面的问题。我们知道，按照马克思的理论，经济基础决定上层建筑，经济发展到一定程度政治一定要随之变化。当代发展政治学也指出，随着市场经济的发展，一定会导致政治民主化的出现，尽管经济与政治的这种相关性并不是绝对成正比的，但也适于解释各国的发展状况。同时，任何一个国家都不可能永远保持一种快速发展的态势，都可能出现经济滞胀或经济危机，如果这时已经具备了一些民主化的条件，就可能发生政治转型。很多国家的情况都证明了这一点。新加坡在 1985、1997、2001 和 2008 年都发生了经济危机，它之所以没有像东亚其他国家或地区那样发生政治转型，是因为其政治制度的制度化水平高，可以在一定程度上化解由此产生的社会政治矛盾，但这不意味着其政治可以不发展。此外，社会不满情绪并不总是在经济危机时才会爆发，在经济持续发展和社会控制有所放松时也会爆发，1970 年代以来很多后发展国家在其现代化改革时期都出现过这种情况。新加坡在 2010 年取得了国民生产总值 14.3% 的世界第一的增长率，而同时不满情绪在 2011 年 5 月的大选中达到了历史最高点，也证明了这一点。反而是有的社会在不发展和社会控制严厉的情况下人民对政府的满意度很高，尽管这种满意度可能是在对无从比较的情况下产生的。还有一点值得注意的是，经济发展指标在衡量社会发展程度上的重要性已经在下降了，人们认识到社会的绿色发展和全面发展更为重要。所以，在特定的时期内，需要稳定的政治和社会环境来致力于经济发展，但在一个较长的时期中，威权主义政治在 30 年以后应该开始逐步进行政治改革，长期不改革会累积大量的社会矛盾，而这并不完全取决于经济发展的速度。

最后，还有一个儒家文化与政治发展的问题。过去一些学者在谈到新加坡的一党政治、李光耀的治国理念和经济迅速发展的原因时强调儒家文化的作用，也有一些学者在谈到中国的政治发展模式时也强调儒家文化的作用。毋庸置疑，儒家文化是有作用的，它会使具有儒家文化传统的国家或地区具有一定的特色，但是这能在多大程度上决定这些国家或地区的政治发展模式，还需要进一步的探讨。我们看到，具有儒家传统的台湾已经发生了政治转型，而新加坡的领导人和国人都承认自己已经在很大程度上"西化"了，比台湾、香港和中国大陆西化的多，它的儒家传统在其社会生活方式甚至语言中保留得很少了，在几个以华人为主的政治实体中保留得最少。有人把其一党的威权主义政治看成是儒式社会的特色，但实际上威权主义不是儒式社会所独有的，世界上大多数国家包括西方国家在其现代化的一定阶段都经历过威权主义。我们还看到，台湾地区在比新加坡保留了更多的儒家传统的情况下已经发生了政治转型。还有一个问题值得思考，一般来说，伊斯兰文化由于其教义、血缘传承和生活方式等因素比儒家文化更为封闭，但在一些伊斯兰教国家，例如土耳其、印尼和马来西亚等，或者已经发生了政治转型，或者其威权主义体制内的多元化程度已经高于新加坡。这说明传统文化并非不能发生创造性的转化，这也是对那些认为儒家文化会使儒式社会的政治模式一成不变的论断的否定。

小　结

新加坡的转型才刚刚开始，还不能说它是一种什么转型模式，但从世界政治转型模式的变迁来看，是从激烈的变革向温和的变革转变的，是从标识性明显向标识性不那么明显转变的。同时，从转型的动力来看，是从完全由人民群众自下而上的推动，向由人民群众自下而上的推动与处于统治地位的政治精英自上而下的推动相结合转变，或者说越来越多地由政治精英在群众的一定压力下主动推动政治改革。新加坡的政治发展似乎正在体现这一点，果真如此的话，那么这种转型将是发展中的转型，也是优质的。同时，转型或许也不意味着从一党政治向多党政治的转变，而只是一种多元政治的建立。一党长期执政不意味着不能建立起强有力的监督机制。如果新加坡的政治转型可以创造一种没有明显的政治标识和激烈对抗的协商式民主的模式，那一定会有深远的意义。

第三节 新加坡的精英主义与高薪养廉

新加坡的高薪养廉政策根植于其厚重的现代精英主义文化之中，并有其高素质的公务员队伍和简化的政府制度与之相配套，因而比较成功。中国在建国后由于受到平均主义的影响而长期推行较为平均主义的分配政策，即使在改革开放后精英主义悄然兴起和推行拉开收入差距的按劳分配政策，因而分配政策渐趋合理，但由于受到仍很浓重的平均主义的影响而难以确立起合法性，所以难以继续丰满，并且反而使非制度化的分配方式有机可乘，非国家的社会文化有所扩展并与国家体制和意识形态发生冲突。

一、作为主流文化特征之一的精英主义

就新加坡和中国而言，其文化背景既有历史的相似性，又有着变化历程的差异，两者社会文化中都有着很强的精英主义因素，但又由于近代以来历史际遇的不同而有相当的差异，前者是政策制度的基础，而后者则对调适和挖掘文化认同提出了一定的要求。

对于新加坡和中国这样的后发展国家和新兴国家而言，尽管存在着精英主义的文化氛围，但由于受到了民族运动和社会革命运动中具有较强民粹主

义因素的民族主义和革命意识形态的冲击,因此,推行高薪养廉政策必须经过一个时期的调适和转变。"在革命的模式或民族主义的模式中……为了建立起反对现政权的人民的支持,革命的或民族主义的领袖们不得不断扩大自己的政治号召力。"① 这就是说,在独立运动或革命运动的过程中,要广泛地动员民众,激发民众的斗志,依靠民众进行反对殖民主义的民族斗争或反对旧政权的斗争。正是斗争的这种群众性要求给群众以平等地位,因而导致这时的民族主义或革命思潮中包含着很强的民粹主义和平均主义因素。进而,在民族主义运动或革命运动中发展起来的民粹主义和平均主义思潮会在独立后因惯性而持续一段时间。但是,这种思潮主要是革命的需要,而不是发展和建设的需要,因此,尽快地削弱这种惯性就成为新兴国家所必须解决的问题,而这需要多长时间,与执政党的认识和社会环境及经济模式有很大关系。

  作为民族独立运动或社会革命运动主流思潮的这种文化尽管是进步的,但包含着强烈的民粹主义、平均主义和反叛性因素,具有反体制的特点,这种革命性的反体制的民粹主义因素在发动群众推翻一个体制时是有巨大号召力和作用的,是运动时期的主流文化,但这并不意味着它是一个社会正常发展所需要的主流因素或文化;它不是建构主义的,不适于成为主导新体制建设和发展的文化,因为从根本上来说它只是特定时期反对或破坏腐朽的体制需要的产物,是一种革命文化或反叛文化,而不是一种整合和建构性的文化。这种文化思潮及与之相适应的群众运动之所以能够推翻一个体制,是因为这个体制已经衰落或腐朽,或者是因为它已经不那么合乎时宜,但这并不意味着社会和政治体制的构建和发展必须以革命的方式进行,也不意味着这会从根本上改变一个社会的主流文化。中国历史上的农民起义及其"均贫富"的思想就是如此,这种农民运动的进步性表现在它反对的是已经腐败并不再能主导社会经济发展的政权了,但如果用这种运动方式和平均主义来建设和治理一个国家,则更行不通。因为从根本上来说,它不是一个社会发展所需要

---

① 〔美〕塞缪尔·P.亨廷顿:《变动社会的政治秩序》,张岱云等译,上海译文出版社1989年版,第449页。

的主流文化，并且它也不能改变这种发展型的主流政治和文化。一种社会主流文化的改变，从外在条件来说，需要与生产方式、社会结构和政治体制互相影响，同步推进，相辅相成；从内在条件来说，需要人的思维方式、习性和认知的转变，这些都不是短时间内能够完成的，也只能通过渐进的方式来进行。

这种民粹主义和平均主义的具体表现之一就是在斗争过程中以及国家独立后相当一段时间内等级观念淡薄、官员和领导人平民化、整个分配方式具有强烈的平均主义色彩，例如许多国家的民族运动领袖和国家领导人长期坚持节俭的生活方式，高级官员收入很低，并把提倡这种节俭的风气和文化放在政治和社会生活的突出位置。大多数发展中国家都是如此，而且越是经历了长时间和激烈斗争的民族主义或革命运动的国家越是这种情况，新加坡和中国都是这种情况，不过中国的这种情况要远远甚于新加坡。

在争取民族独立的年代，新加坡具有广泛群众性的民族主义运动及其思潮是反对英国殖民统治的主体力量和意识，无论是在运动实践中还是在思想意识中，它都具有强烈的民粹主义和平均主义意识，它们反对的是英国殖民统治者高高在上的等级统治，在这一过程中以至于独立后相当一段时间内，由于这种平等主义和民粹主义的惯性，人们都不可能接受等级观念和实行高薪制度，直到 1970 年代还是这种情况。但随着反对殖民统治的民族运动目标的消失、市场和经济的发展、职业选择机会的增多和对人才竞争的激烈，新加坡出现了公务员招聘不到高素质的人员、高级官员甚至部长没有体面的收入而工作精神不振的情况，更有甚者是发生了一些令人感到意外的事件，即当时先后有两位政府部长由于交不起子女留学的费用而提出辞职。李光耀在研究了这些问题之后，没有同意他们辞职，而是给部长们增加薪水。他指出，像他们那样才能的人如果是在企业中供职的话，会有很丰厚的收入，不会存在交不起子女留学费用的问题。此后，李光耀认识到必须实行高薪养廉，否则就不能保证公务员的素质和工作精神。实际上，这对于一个主流政治文化是等级观念和精英主义的社会来说，对于实行以行政为主导的权威主义体制的国家来说，是一个迫切而重要的问题。

新加坡社会的主流文化有两个来源。首先，新加坡是一个华人社会，儒家文化是其传统的主流文化，而儒家文化的特点就是它有着较为强烈的精英主义和等级取向。其次，另一个来源是英国文化。英国在新加坡进行了140多年的统治，从开埠到独立一直是新加坡的统治者，因而英国文化对新加坡社会尤其是上层社会影响极为深刻。而在西方主要国家中，英国文化中的等级观念和精英主义取向是最为浓重的。英国之所以长期保留着国王制、贵族等级制，与它文化中的这个特点有很大关系。新加坡文化在相当程度上正是现代英国文化和传统儒家文化的结合，这决定了它的文化特色及平等观念与等级观念之间的关系，即有着很强的精英主义和等级取向。这就是它实行高薪养廉的文化基础。

在中国文化中儒家文化一直占据主导地位，等级观念和精英主义是其重要的内容和特色，它们在很大程度上主导着人们的社会、经济和政治行为。在中国共产党领导的革命队伍中，在新中国建立后的中国社会中，平均主义延续了较长的时间，其主要原因是长期的革命运动造就了强烈的革命的平均主义意识；同时，把马克思主义作为国家意识形态，而马克思主义是一种具有较强平等主义取向的文化或意识形态；尤其是中国长期实行计划经济，这种经济模式没有竞争，压制个性的张扬和个人才能的发挥，只提倡在国家层面上个别领袖的英雄主义精神，没有造就社会精英发展的文化氛围。这些因素交织在一起，使国家意识形态和社会文化延续着平均主义的特征，并长期主导着政策和分配制度。

1980年代以来，随着民族斗争和阶级斗争目标的消失、革命意识形态的淡化和市场化的发展，中国社会中的等级观念、等级制度和精英主义的分配方式逐步得以恢复，并最终影响了国家的分配政策和分配体制。这是向现实的社会结构和社会文化的一种回归，是从空想的理念、政策、制度和意识形态及文化退回到中国商品社会的现实中来的具体表现。中国的这一转变过程由于缺乏理论和国家意识形态的支撑而缺乏合法性,因而较为缓慢;尤其是由于没有从理论上阐明精英主义的合理性,使其被看作是一种离经叛道的观念和意识,从而得不到有力而适当的贯彻。这种与现实的脱节造成了政策实践和观念上的冲突而经常使人感到困惑。这还表现在这种精英主义在国家意识形态上恢复和发展的较慢,而在社会中实际流行的观念文化中回归和发展的较快,相互之间有所脱节。这就出现了一个问题,一般来说,在发展中国家由上层主导的现代化或社会文化改革往往更具有先进性和西方特色,因而如果这种精英主义和等级观念占主导地位,则社会文化中的精英主义和等级观念会较少含有传统因素而较多含有现代性因素;而社会下层文化的传统性和惰性较强,其等级性和精英主义具有相当程度的人伦色彩,较少具有现代性。在中国,正是社会中的等级性和精英主义占据着主导地位而国家主导的具有现代性的等级制和精英主义发展的较为迟缓。

二、精英主义对分配政策的影响

一般来说,一种具有主流地位的社会政治文化对社会的制度和基本政策有着重要的制约和导向作用,这表现在一是为人们提供共信的价值观念和道德准则,以规范体制和政策的运行秩序;二是为经济政治主体提供精神动力。如果一项政策或制度与社会的主流文化或价值观基本相适应,那么社会文化或价值观念就会为这项政策和制度提供强有力的支撑,实际上也就提供了相当程度的合法性与合理性。反之,如果两者基本不适应,那么就会产生很大的摩擦和损耗,这种政策和制度也就缺少合理性和合法性,尽管它可能在程序上和法律上具有合法性;最终这种政策或制度也就很难得到实行,或者如果实行,也会产生很大的负面效应。

由此看来,制度和政策操作的高效而制度化在很大程度上取决于它们是否与国家意识形态和社会文化相协调,从而使其贯彻得到有力的支撑和认同。

这种和谐度越高，文化支撑和社会认同就越有力，政治或行政操作就越有力，就越能够保证制度或政策的制度化运行。因此，制度和政策的设计一定要考虑到文化背景，同时，一定要通过发掘和培育一定的文化来支撑和适应制度和政策的发展。具体到分配政策和制度的设计，就是要考虑到与本国的意识形态和社会文化相适应：如果一个社会中平等主义氛围较浓重，就要实行较为平等的分配政策；如果一个社会中精英主义文化较为浓重，就要实行精英主义的分配政策和制度。

一般来说，各国分配政策的合理性与合法性直接而基本地与贡献和效益相关联，但潜在而很大程度上还与一个社会的文化或价值取向有很大的相关性。贡献和效益与社会文化或价值对分配政策的影响也有着基本的一致性，但有时也会存在相当大的差异。这表现在，现代任何一种主流的社会文化都不可能否定贡献和效益，都会给予基本的肯定和支持；但这并不是说各种文化在这方面没有差异，实际上，它们对于贡献和效益的认可，或者说受地位、名望、传统和血缘关系的影响程度是不同的。我们有时也可以看到，在一个社会中和一定的发展阶段上被认为是合理并取得合法性的分配政策，在另一个社会中或另一个发展阶段上其合理性和合法性可能就不那么充分；抑或在一个社会中具有合理性并取得了合法性的政策，在另一个社会中可能只有合理性而缺乏合法性，或者只有合法性而缺乏合理性。这在很大程度上取决于一个社会中的平等主义和精英主义的价值取向哪个更强一些；这也包括在一个政治共同体的不同发展阶段中平等主义和精英主义因素和内涵的变化所带来的不同后果。例如现在美国总统的收入是年薪 40 万美元，新加坡总理的收入是 160 万美元，政府高级官员的收入差距大体也如此，但美国人口是新加坡人口的 70 多倍，国内生产总值也在 70 倍以上，如果按照贡献和能力来说，很难说美国总统和部长们不及新加坡的总理和部长们，尽管由于体制的不同不能完全以这个标准来计算他们之间的贡献差距。然而美国社会文化中的平等主义和新加坡社会文化中的精英主义都基本认同它们的分配方式，因而这两套分配方式实行的都比较成功。为这两种分配方式的差异性提供合法性和合理性的主要就是它们的文化差异。

在中国，建国后相当一个时期革命的意识形态与正常的社会发展相脱节，平均主义的分配方式与儒家的社会文化相脱节，因而无法激励人们的工作热情，工作效益低下。改革开放后，随着意识形态向现实的回归，传统社会文化得到张扬和发展，中国分配政策的基本走向是从平均主义向等级主义和精英主义转变，这极大地调动了人们工作的积极性，取得了巨大的经济效益，这一走向还会继续延续。只是由于没有从理论和法律上阐明和认同这一文化和政策，因而在许多方面还远远不够完善。同时，由于没有适度而合理地维护最低收入者的利益，使得精英主义及其分配政策的合理性受到质疑。

还有一点应该注意的是，新加坡的精英主义具有较多的现代性而中国的精英主义具有更多的传统性，这与两国社会在现代性上的差异有很大关系，这也是新加坡近30年来一直在弘扬精英主义而中国总是羞羞答答不愿宣扬精英主义的一个重要原因。这对它们如何推行高薪养廉政策及是否成功有着重要的影响。

近代以来新加坡与中国的社会结构基本相似，处于从传统社会向现代社会的过渡过程中，它们一直在西化与儒化、现代与传统的碰撞中发展着，它们现在仍处于这种传统与现代的转型过程中，但是转变的程度是不同的。具体来说，在建国前后由于处境和政治路线的差异使新加坡社会的转型较快而中国的转型较慢。

在建国之前，新加坡处于英国的统治之下，因而其政治和社会结构变迁和文化变迁深受英国和商业化的影响，而英国是最早现代化的国家；中国则是一个半殖民地国家，西方对中国的统治和影响远远不像新加坡那样持久和深入，因而社会转型和现代性的积累也较少。建国之后两国的社会转型和现代性的积累由于发展路径的差异仍有很大不同。1959年人民行动党执政之初，尽管新加坡已经经历了130多年的殖民统治，其文化中的西化因素较中国更为浓重，但这更多的是在上层社会，上层与下层的相对隔离使其经济结构和社会结构向现代性的转变还很有限。但它与中国不同的是，虽然其社会结构较为传统，但较少有传统的生产方式，它是以转口贸易为主的社会。建国后，由于新加坡一开始就推行市场化路线，因而其社会结构一直随着市场的发展而转变，尤其是人民行动党并没有放弃英国的统治经验，并保持着与西方世界的密切关系，因而社会的西化和现代化发展得很快。中国的社会结构则在相当长一段时间内处于凝固状态，这是由于建国后实行了较为封闭的政治路线和计划经济模式，社会结构由于受到传统的工业化路线的影响而只是沿着传统的方向变化，因而严重缺乏现代性的积累，只是在最近30年来才沿着市场经济的方向变化，尽管这一变化很快，但由于延误的时间太多，因而其绝对发展程度还很有限。而且，这种变化更多的是在经济层面上，在政治、社会和文化上的变化程度相对小得多。中国现代化步伐的迟滞使其社会具有较新加坡社会较少现代性的积累，这显然对各自的政治发展和公共政策的形成会产生不同的影响。不过，我们也应看到，两国基本上是沿着同一方向发展的，其社会现代性的积累及其对政策和制度的影响只是存在着程度大小和时间早晚的差别。

具体来说，判断一个社会的结构和文化的传统性和现代性程度可以用一系列指标来衡量，例如中产阶级占社会总人口的比例，它所起的作用如何？精英人物地位的产生和维系主要是靠传统关系还是靠业绩；社会中的公私关系如何等等。这里仅以社会中的公私关系为例来进行比较分析。公私关系是划分传统社会与现代社会的一个重要标准，所以，我们可以通过分析新加坡和中国社会中的公私关系来判断它们现代性的程度。具体来说，公私混淆是传统社会的一个重要特点，而公私分明是现代社会的重要特点。[1]

在现今的新加坡，公私分明已经成为社会生活的普遍现象和准则，这一点与西方国家很相似。新加坡的国家领导人包括高级官员除了有很高的

---

[1] 〔美〕塞缪尔·P.亨廷顿：《变动社会的政治秩序》，张岱云等译，上海译文出版社1989年版，第66页。

工资外，几乎不能无偿享受任何特殊的公共服务，司机、炊事员和生活管家都由自己出钱雇佣，除了上班有公务秘书外，没有私人的专用车，这与很多西方国家部长一级都不配备专用公车相同。实际上，新加坡和许多西方国家一样，在它们经济还不够发达、官员的收入还不高时就没有专属自己的公车及相关的特殊服务。而在中国，干部的工资很低，不过，一直都普遍存在着公车和司机归官员个人专用的情况。是否取消公车制度的讨论进行了多年，一直没有结果，其中原因自然有多种，但与整个中国社会的传统性或等级观念不无关系，而与收入多少没有根本的联系。如果说过去中国实行或不能取消公车与计划经济体制有一定关系的话，那么在确定了社会主义市场经济体制以及与之相适应的精神文明内涵及法律关系后，可以清楚地看到这是由传统观念中的公私混淆、等级和特权思想所决定的。此外，中国用公款消费的情况也很严重，这些都是国家和社会层面上公私界限不够明确的重要表现。

三、关于高薪养廉政策的思考

新加坡实行高薪养廉制度和政策的成功，首先是由于当代新加坡的社会文化中有着很强的现代精英主义的因素，社会对精英得到较高的收入有广泛的认同，从而保证了有才能的人出任官员而无后顾之忧，并使官员保持着很高的荣誉感和社会责任感。

新加坡在推行精英主义的分配政策和给官员加薪的过程中，先是进行了理论上的阐述，举行了全国性的讨论，媒体也进行了广泛的宣传。在1980—1990年代人民行动党政府多次邀请美国和台湾地区的华裔新儒家学者到新加坡阐述新儒家思想[1]，在教科书和社会运动中推广重新解释的儒家理念，在此基础上李光耀发表了一系列的论述来阐述精英主义和在新加坡实行高薪养廉

---

[1] 杜维明：《新加坡的挑战：新儒家伦理与企业精神》，生活·读书·新知三联书店1989年版。

的必要性。① 他甚至说，必须由少数最优秀的精英来主宰和治理国家，精英人物在最上层约有 200 人，在基层有 2000 人，他们掌握了新加坡的前途和命运，所以，要不拘一格降人才，包括给人才以很高的待遇和实行英才教育等。② 在中国，在改革开放后主要是强调了要重视知识的作用和知识分子的地位，强调了官员的文化水平和文凭的重要性，强调了在全社会实行按劳分配的原则和市场在分配中的作用，并没有公开而系统地强调精英的作用和提高官员合法收入的作用。这是由于，受革命和民族运动造就的民粹主义观念的影响，不但在建国后的几十年中儒家文化中的精英主义一直处于被压抑的状态，直到现在也主要是在社会层面上悄然兴起，而在国家层面上，在政策上的恢复和发展比在意识形态中的恢复发展要快一些。其结果是精英主义及其分配政策总是缺乏合法性，因而得不到充分地发挥。

这里需要澄清的精英主义的分配政策与收入差距过大或分配不合理的问题。近些年来中国的贫富差距拉大，一些弱势群体较少享受到经济发展带来的好处，这无论是对经济发展还是社会情绪都造成了一定的负面影响，所以，近十年来中央注重提高弱势群体和农民的收入以及对于富人和中等收入者加强和提高税收，以力图保证一种稳定和公平，这显然有利于社会稳定和经济的进一步发展。这一问题的实质说到底是分配不合理的问题，这与我们所讲的精英主义的分配政策是不同的。精英主义的分配政策是指在公务员系统中根据贡献与效益进行分配，而不是指构成当代贫富差距拉大主要原因的私有企业主收入过高的问题，对于新加坡和中国来说，也是在过去平均主义分配政策失败的基础上的一种总结。近年来国内出现的贫富差距拉大的情况则是由分配中的不合理或市场投机和腐败造成的，当然也存在着在正常的竞争中失落的情况。因此，我们只能坚持分配中的合理性，在各种条件具备的前提

---

① 〔新加坡〕李光耀：《给人才以公平待遇》，载《联合早报》主编：《李光耀 40 年政论选》，现代出版社 1994 年版，第 480—487 页。

② 曹云华：《新加坡的精神文明》，广东人民出版社 1992 年版，第 421—436 页。

下继续加大力度在公务员中实行精英主义的分配政策，例如，通过增加官员的合法收入、减少他们的不合法收入而提高他们的工作热情和责任感；同时，通过各种方式增加弱势群体的实际收入，从根本上改变他们的生活状况；这两者之间并不矛盾。总之，我们决不应该回到过去平均主义的分配政策上，也不应该在大多数人中削弱竞争性和收入差距，因为保持一定的竞争性和收入差距是发展的必不可少的动力。从世界各国的经验来看，在确保最低生活水平维持在一个相对合理的水平的基础上，再依据贡献和文化特征来制定分配政策是最有效的。对于新加坡和中国来说，在确保最低生活水平在一个相对合理的基础之上而采取精英主义的分配政策是最有效的。新加坡在确保弱势群体和个人有稳定而相对较高的生活水平方面是世界上较为成功的国家之一，这并不妨碍它推行精英主义的分配政策。

有人提出在中国现实的条件下无法推行高薪养廉政策，他们认为一是中国官员的数量太大而相当一部分人素质低下，二是人的欲望是没有止境的，提高了官员的薪金，他们还会追求更高的收入。对于前者，笔者认为，高薪养廉政策确实无法在冗员过多、开支庞大的体制中推行，但是，冗员过多并不是中国这种文化和体制中的必然产物，更不是市场经济的需要，相反，在中国传统的儒家政治文化和体制中，高度精简和具有包容性的政府是最主要的形式，尤其是在市场经济条件下，更需要高效而精干的政府体制和官员。新加坡与香港、台湾和澳门不都是在华人社会的基础上建立起的小政府吗？所以，高薪养廉是在中国这种文化和体制中的一种有效选择，它既是可能的，也是可以通过努力去实现的。但是由于自建国以来推行了"低工资、多就业"的政策，由于计划经济的需要，由于传统的社会主义原则和意识形态的影响，尤其是几十年来中国行政体制改革的目标主要是转变政府职能，而不是精简人员和机构，所以尽管这种改革已经取得了一些成效，但中国目前的现实情况仍然是冗员过多，选官制度不能完全有效地保证把有才能的人放在适当的岗位上，因而高薪养廉难以实行。但这些都是中国改革的方向，并且随着这种改革的客观条件和基础越来越成熟，它会越来越容易地实现，这些因素正在并最终会为高薪养廉提供有力的支持。

对于后一个问题，笔者认为，人们总是在追求更高的收入和更好的生活，这是毫无疑问的，问题是：得到这种高收入需要付出的代价是什么？这是制约官员是否腐败的重要因素。高薪养廉政策的理论依据是，一个人腐败的成本越高，他腐败的可能性就越小。因为如果腐败，就可能失去他的优越地位和高收入。当然，这也包括腐败被查处的机率有多高。在新加坡，腐败被揭露后直接损失极大，在另一些国家，直接的和间接的损失极大。如果一个官员只有很低的收入，那么他可能不会为失去这些而顾忌什么。这与经济学的成本与收益原理是相似的。另一个问题是，尽管一般来说人的欲望是无止境的，并总是在发展，但实际上社会对人的约束也是很严格的。法国著名思想家卢梭有一句名言："人生来是自由的，但无往不在枷锁之中。"人类社会自产生始，就有着严格的相互制约。一个人越是在追求自己的自由，这种自由越是扩展，他受到的约束和阻碍也就越明确。在原始社会，尽管没有国家和法律制度，但血缘关系和收入水平决定着分配关系，严格制约着人们的行为方式，过多的占有和违背血缘伦理要付出沉重的甚至是生命的代价，所以，没有人能够实现贪得无厌的欲望。在人们的产品有了剩余和国家建立后，尽管人们占有更多公共物品或腐败的可能性增加了，但人们要求规范行为与制约特权的要求和愿望也增加了，这促进了国家和法律制度的完善，增加了对人的行为的制约，从而使社会和制度调整与规范人的行为方式的能力和方法也更为发达了，这又减少了腐败的可能性和现实性。

小　结

关于文化与分配方式的关系，或者说关于精英主义与高薪养廉的关系，并没有绝对的标准。在精英主义的文化氛围之中，应该推行精英主义或高薪养廉的政策，这是毫无疑问的，但这并不是说可以不照顾平等的方面，等级差异和平均主义从来都是相互制约但不可分离的一对矛盾共同体。

高薪养廉是一种精英主义的政策，但它并不是精英主义政策的全部内容，精英主义的政策应该体现在经济地位、社会地位、政治地位甚至文化地位（主要是荣誉）等不同的方面，除了受文化氛围的影响外，在不同的经济发展水平上、在不同的社会发展阶段上这些因素所处的地位或所占的比重都可能有所不同。例如，在原始部落时期，精英主义主要是通过血缘、年龄和经验来体现和维系的，而不是分配；在此后的发展阶段，即在剩余产品逐步增多但人们的生活水平还普遍较低的情况下，精英主义政策更多的是通过经济地位来体现的；而在生活水平较高的情况下，它可能更多的是通过政治和社会地位来体现的。

第四节 执政党与反对党及民众的关系

本节从制度环境、制度安排、政策和策略等方面对新加坡长期执政的人民行动党及其政府如何处理与其他政党、社群组织和普通选民的关系进行了分析，指出：在制度设计上，它是一个在一定程度上多元制衡的、一党独大的、以行政为主导的软权威主义政体；在处理与反对党的关系方面，执政党的基本原则是一方面对其进行限制，另一方面则保证其在一定程度上的发言权；在处理与社群组织和选民的关系方面，其基本原则是通过推行国家合作主义的意识形态和政策把人民群众纳入执政党所设定的政治发展进程之中，同时在人民群众越来越大的自由民主的压力下，逐步地开放政治管制。

一、人民行动党与反对党的关系

执政党与反对党的关系可以围绕选举的运作来分析，因为当代新加坡的政党，无论是执政党还是反对党，其宗旨都在于通过选举而取得国家的部分或全部权力,以灌输自己的政治主张或公共政策,而在新加坡取得政府权力的唯一途径就是选举。同时从各政党的组织方式和日常运作来看,执政党尽管掌握着政府的权力,但并非以党代政,政府的各部门中没有执政党的组织,它是通过执掌国家政权以及个人对政府各级组织的参与来贯彻党的政策,因此,执政党平时的活动主要是围绕着选举进行的。

反对党平时的活动很少,因为它们没有宣传工具,没有政府职位,现在只有个别选区的议员及管委会,在大选期以外又不能举行公开的集会宣传自己的主张,只有一两个议员在议会开会时发言阐述自己的政见或对执政党的政策提出批评,因而其活动也主要是围绕着选举进行的。在选举及其相关的政治运作中,执政党处理与反对党的关系的最大特点在过去主要是执政党通过控制和利用选举委员会、高等法院、传媒和国家财政拨款来控制和影响选民的投票意向和选举结果,尽管现在这方面的工作少了,但仍存在。

这可以从以下三个方面来看:第一,执政党实际控制了制定选举方式和选举程序的选举委员会,通过改变选区和选举程序而使选举始终有利于执政党获取选票。新加坡的选举委员会与很多国家不同,它不是中立的,而是由总统根据执政党的意愿任命的。在选区划分方面,选举委员会总是根据有利于执政党的原则来划分选区。如果某一选区反对党的支持率过高,反对党有可能在下一次选举中获胜,那么选举委员会就会把这个选区分割为几个选区,或把其中一部分与其他选区合并,通过这种选区的调整与重组来分散反对党的支持资源。并且,新加坡的选举制度是把选区分为单选区和集选区,单选区中各政党提名单一候选人参选,集选区的幅员与人口相当于几个单选区,因而由各党分别推出4—6名候选人作为一个整体参加竞选,只要其中一党的候选人获得简单多数,则这个党的候选人就全部取得国会议席。这个办法对执政党是有利的,因为长期执政的党总是能招募更多的人才,而反对党找不出更多出色的候选人,这就会使在集选区中执政党总能获胜。新加坡的选举还有一项规定，各党只能在大选前十天内进行竞选活动，这实际上使反对党没有多少时间争取选民，而执政党则可以在平时就利用自己的执政地位广泛宣传自己的政纲，做很多事情，以争取选民。

第二，执政党通过对法院的控制来制裁反对党，通过对传媒的控制来保持舆论对执政党的偏向，从而给反对党的发展制造障碍，使其无法壮大起来，当然这种情况现在越来越少了。例如，一名反对党议员在1997年大选后被法院宣判诽谤总理，赔偿形象损害费260万新元，以致该人不得不逃到国外。一位外国评论家曾这样批评说：在新加坡，通过法律程序使一些批评者破产，从而使他们退出政坛，使用诽谤罪来起诉并搞倒政敌，是新加坡高层惯用的方式。这个问题应从两方面来看：一方面，执政党的领袖以致总理，运用法律程序与反对党领袖进行论争，这本身就是尊重法律的表现，而且法庭辩论的过程和结果都是公开的，这也是现代政治的要求；另一方面，由于执政党对法院的实际控制以及执政党和政府的内部运作缺乏透明度，反对党难以掌握有力的证据，因而这一法律过程也有着相当的不公平性。

第三，通过执政党对城市建设和生活保障基金的控制权，来影响选民的投票方向。执政党在历次选举中都表示，如果反对党在某一选区中获胜，那么政府很难为该选区拨款。同时宣称，如果执政党的候选人当选，则政府就可以拨款改造基础设施。这就意味着，如果不能在全国范围内击败人民行动党，那么在某一选区击败它的候选人的选区就要在获得财政拨款、改善环境方面吃亏。对这个问题也要从两方面来看：一方面，包括执政党在内的各政党已经在形式上基本遵守政治竞争的规则；另一方面，由于人民行动党对国家权力的长期的实际控制，因而它的许诺与西方政党竞选时的许诺有很大的不同，虽然都是在拉选票，但在新加坡只有人民行动党的许诺是有效的，而西方竞争的政党都有上台的可能，因而各政党的许诺都可能有效。这就使新加坡的执政党对选民的影响要大于它的反对党。

以上是执政党限制竞争对手的方面，那么，对人民行动党支持多党竞争的做法应该如何来看呢？这可以从两项大的制度安排来分析。一是人民行动党在 1970 年代它的鼎盛时期，不是没有能力像东南亚其他国家那样取缔反对党，实行一党政治，但它有意保留了反对党。在人民行动党的老一代领袖看来，一个建设性的、能提出不同意见的反对党有利于执政者的决策。

二是非选区议员的制度安排。在 1980 年代中期，由于社会结构的变化导致了反对党的支持率有了较大幅度的上升，但执政党又不愿放弃对选举的控制，因而反对党的当选议员不仅没有增加，到 1990 年代反而有减少的趋势。为了保证反对党有一定的发言权，同时又有利于执政党对它们进行控制，就设计了这一制度。该制度规定在大选中得票最多的反对党候选人如果按照程序不能直接当选，那么他只要获得了其参选选区 15% 以上的有效选票，就可以成为非选区议员。宪法规定非选区议员的数量不得超过 6 名。实际上，30 多年来新加坡国会中的反对党议员一直被控制在 1—4 名之间，而执政党的议员在 80 名左右。按照执政党领导人的说法，非选区议员的制度安排是保证国会中有最起码数量的反对党成分，以反映不同的利益，并保持对执政党的监督。非选区议员的设立引起很多争议。因为它不符合现代议会选举的规则，没有选区支持，不向选区承担责任，所以这意味着他们的权力基础是薄弱的，缺乏合法性，因而这在实质上限制了反对党的力量。但从实践来看，在议会中有反对党的议员无论如何比没有更能表达不同的政见，这对防止执政党因长期执政而可能出现的政治惰性，对激活执政党的执政活力，加强社会力量对执政党的监督，确实发挥了一定的作用。

二、人民行动党与社群组织的关系

从宏观上来看，人民行动党处理与其他社群组织的关系的理论和原则是国家合作主义，实际上，这既是一种意识形态，也是一种治理方式。其主要特征是：第一，它提倡一种以人民行动党为核心的国家意识形态，同时也是一种具有多元利益表达和内部合作功能的自上而下的政治体制。各种社会组织之间和它们与国家之间经常表现为一种合作关系，当然在相当程度上这种合作是建立在社群组织要部分地放弃自己的利益、服从国家利益的基础之上的。

第二，其最重要的制度特征是执政党或政府凌驾于各种势力之上，不受各种社会势力的干扰，自主性很强。在执政党的领袖看来，这有利于协调社会的各种利益，有利于人民长远利益的实现，而不为眼前利益所困扰。

第三，尽管政治上的集权和经济上的自由仍然是它的主要特征，但国家合作主义已经是一种越来越开放的体制和意识形态。在实际运作中，人民行动党对待社群组织的政策和态度与对待反对党相比，显然更强调合作和发展。在人民行动党及其政府的精英看来，社群组织是执政党与民间社会联系的重要纽带。在平时，行动党通过设立在各选区的党的支部，支持、鼓励和配合各种社群组织的文化和社会服务工作，例如支部主席即国会议员通过参加社群的文化活动，切实地为社群发展排忧解难，并把政府的社会援助计划与社群服务工作结合起来，以此加强与群众的联系，提高该选区对他的民意支持。而对于执政党的普通党员而言，在民间社团的服务年限和业绩是考量其能否成为干部党员的重要标准。通过这种非政治性的社会活动和工作扩大党在民众中的影响，提高党的声望，培养民众对党的情感和认同。在选举期间，各选区支部依靠平时的联系，把多数社群组织都纳入到人民行动党的竞选轨道中来，这些社群在此期间的最大职责便是动员和劝导其会员和支持者把票投给人民行动党。

此外，人民行动党还对民众的政治参与和社会行为进行指导，其手段是除了通过媒体进行广泛的宣传外，具体的组织活动是通过各类社群组织进行的。在具体的工作中，一方面，行动党推动各类社群组织把国家意识具体化为社群意识，从而把执政党的意识形态和国家意识形态灌输到民众中去；另一方面，行动党的领导层也非常重视将民众的意愿通过社群组织这一渠道反映上来，并尽可能地把其贯彻到政府的决策之中。同时，人民行动党及其政府也非常注重自己的意识形态和执政方针的现代性转化，从而使多数群众一直保持着对党的信任或追随。

以人民行动党政府在1999年开始推行的新加坡210远景计划为例，可以说明这个问题。这一计划引起了许多学者和观察家的兴趣。与过去共同价值观中所设定的国家至上、社会为先的原则相比，新国家意识更加强调公民观念，鼓励而不是限制公民参加自治组织和社区的活动。国家意识形态及其相关政策的这些变化在很大程度上是为适应新加坡市民社会及其主要载体公民社群组织的发展变化而做的。近几年来民间社群的数量和种类激增，特别是一些现代性的专业团体的自主意识在不断增强，正试图摆脱以行动党政府为主导的旧的国家合作主义框架的束缚。例如，现在不断有社会团体和群众对政府工作提出批评和建议，有时它们强烈批评政府的经济或市政工作没有征求民众的意见，要求举行听证会甚至举行公民投票以决定政府的规划方案是否可行。这种变化促使人民行动党重新定位社群组织在新加坡社会政治中的地位，它开始强调和构建给社群组织更多的自主性、责任心和上下交流更为通畅的新合作主义的体制和意识形态，以此取代更多地由行动党政府主导而社群组织被动参与的旧合作主义。

提高社群组织的政治地位意味着人民行动党及其政府正在努力地在更加平等的平台上与公民组织合作，共同参与社会公共服务，这将进一步增加民众与执政党之间的交流、信任和联系。

三、人民行动党与人民群众的关系

第一，服务意识和服务方式。服务国家、促进人民福利是人民行动党的基本理念之一，这个理念体现在一系列有利于民生的政策上：经济政策力促全民就业，实现经济稳步增长和建立高质量的生活；社会政策是确保和平稳定，种族和谐，居者有其屋；教育政策实行全民教育，选拔精英人才，使每个人能够发挥所长。

为贯彻服务国家和促进人民福利的基本理念，人民行动党采取了一系列具体的措施，例如一个典型例子是建立了人民行动党社区基金组织。这是一个非营利的社会福利机构，是人民行动党联系群众、服务群众的重要途径。社区基金总部与人民行动党总部在同一所建筑中，联系密切，这既保证了基金运作的通畅，又树立了党的亲民形象。

社区基金主要发挥三方面的作用：为基础教育提供资金和设施；为妇女提供家庭服务，保障她们的工作权利；为所有中低收入家庭提供住房补贴。例如，大多数新加坡人住的都是组屋，由政府统一建造，以比较优惠的价格卖给中低收入者。在人民行动党获胜的选区，翻新组屋的工程总是作为优先落实的大事。社区基金还协助居民委员会为居民提供各种服务，这些都为人民行动党争取了民心和选民。

执政党的基层组织也把为人民服务放在工作的重要位置上，以此来争取选民。基层支部的工作主要是围绕选举展开的，但并不是单纯地进行选举，而是首先要广泛而深入地联系和争取群众。这表现在议员接见民众的工作已经制度化、经常化和深入化。议员每次接见民众，支部都要做大量的准备工作，如接待民众前来登记，或帮助前来求助的居民填写登记表、帮助议员处理有关函件等；平时议员到选区居民家中走访，支部成员也要陪同。在做群众工作的过程中，各支部与选区内的居民建立了广泛而深入的联系，从而使支部的活动非常活跃。支部秘书和支部委员的工作一般都热情而令人敬佩，工作非常投入，确实有很强的献身精神。例如，有人在乌鲁班丹民众俱乐部和行动党巴耶利支部进行过一些调查，询问党的基层领导人，是什么因素使他们有这么高的热情投入到为党、为公众服务的工作中来？这些志愿者回答说，从小接受的教育就是这个社会给了你很多，长大后要回报社会；也有的回答是对政治感兴趣，愿意为党做工作。人民行动党的机关报《行动报》上曾介绍巴耶利支部党的著名的青年活动家、支部秘书洪鹏，说他对政治工作充满了热情，在帮助群众解决问题中体验到了无穷的乐趣。党的工作充满了活力、给人提供了许多锻炼和展现个人才华的机会，以及与此相关联的升迁或发展的机会，是其能够吸引很多成功人士加入其中的重要原因，这也改善了党的工作和党与群众的关系。

当前，支部又把吸引更多的民众特别是年轻人参与自己的活动作为工作的重点。近十几年来，新加坡的年轻一代也出现了政治冷漠的倾向，对政治参与越来越不热心。为了赢得年轻人对党的支持，2002年11月，人民行动党成立了更新行动党委员会，该委员会提出了重要的改革建议，即以党内直选而不是委任的方式，选举党的最高决策机构——党总部的执行委员会；并且成立政策论坛，让党的最高领导层和党员进行双向沟通；允许和吸引青年人参加行动党和政府组织的政策讨论，通过行动党青年团把年轻人吸引在党的周围。应该注意的是，由于人民行动党与东亚其他国家威权主义时期的执政党在党的组织结构上有一个很大的不同，即它没有庞大的党的组织，这与现代政党发展的趋势有相似性，因而它的组织和职能的转变比较容易。

第二，干部队伍建设与联系群众。人民行动党的一个重要特点是它的国会议员是党的最重要的干部。由于新加坡在法律上是多党议会制政体，议员可以担任政府要职，现任政府中的总理、副总理以及15个部的部长、政务部长、政务次长都是人民行动党议员。正是这些议员一方面在国会参与议政，把党的意志转化为法律，转化为国家意志；另一方面又在政府中领导公务员队伍，把党的理念转化为政府的政策、措施，从而实现了对社会的高效管理。

同时，由于反对党有一定的竞争性，人民行动党也需要通过竞选来获得合法性，因而党的议员还要密切联系群众，执政党议员的这种重要地位就决定了党的干部队伍建设首先是挑选高素质的党的议员。这实际上是说议员的素质就关系到党的执政地位和执政水平，因而该党提出，要让最好的人才当选议员。人民行动党议员的素质较高和工作出色，是与执政党的议员遴选程序的严格和要求他们密切联系群众分不开的。首先，人民行动党的领导层通过严密的程序挑选具有潜能即具有分析力、想象力、务实感三种要素兼备的高素质人才作为候选人。遴选程序包括六道具体程序，包括理论、实践和严格的面试，其专业性强、程序严格、主考人员的层次高和几乎没有非制度化的运作是这一遴选程序的主要特点，这就保证了最好的人才能够及时地选拔到党的重要的岗位上。此外，即使最后被任用，其更新率也是很高的。为了保持党的活力，每次大选时，人民行动党都要推出三分之一的新议员。由于议员的素质很高，退出后很容易另谋职业，因而这种更新已经制度化。

其次，人民行动党议员建立了一套完善的联系群众的制度，保证了自下而上和自上而下的政治输入和输出管道的畅通，从而使党的政策对人民群众的要求有很敏感的反映。议员一般要兼任选区党组织的领导工作，作为党的干部，他们要带头为民服务。党中央要求党的议员必须与民众保持密切的联系，为民众提供具体、有效的服务。为此，人民行动党规定党的国会议员必须在固定时间接见本选区的民众，每月至少安排一次，为选民解决各种实际问题。除此以外，还要求议员在四年任期内，对选区内的每个家庭都要进行拜访。人民行动党的议员常说，如果不能同选民保持密切联系，并切实为民服务，就不能赢得大选。四年一次的大选是对我们的最大监督，它督促我们勤政廉政，为民执政。新加坡人民行动党的高层和他们的议员极为重视群众基础。他们认为，一个政党要长期执政，不脱离群众，必须要有一套完善的联系群众的制度，有一批高素质的人才乐于倾听民声民意，努力为民众服务，还要在制度上保障解决群众提出问题的机制畅通。过去人们总是简单地说，新加坡是典型的东亚强政府模式，它的成功主要靠威权体制，将东方文化与西方制度相结合。这些说法有相当的道理，但现在已经有很大的变化。在新加坡的成功中，人民行动党联系而不是压制群众的治国方式起着重要的作用。人民行动党一开始就建立起一套发动群众、动员群众的机制，为了得到人民的支持，自始至终做到干部带头，为民服务。在长达几十年的执政生涯中，形成了党员、干部联系群众的一系列制度。其中不断地扩大党内和党外民主是一条重要的主线。因此，如果没有执政党深深扎根于群众的基础，没有服务国家、执政为民的理念，仅靠严刑峻法，新加坡的政治稳定和经济发展恐怕是难以实现的。

第三，社会治理方式强调从长计议，从人民群众的根本利益出发。人民行动党及其政府与人民群众关系的另一方面，即它的社会控制或治理方式，可以从两个方面来看：首先，人民行动党对社会控制的手段是把严格管理和疏导相结合，我们可以其基层组织的作用为例来说明这个问题。执政党的支部和国家其他的基层组织如居民委员会等本质上具有相同的作用，都是执政党或国家对全国进行控制或治理的基本的组织网络。执政党通过这些基层组织对社会进行控制和治理的方式是，通过把民众吸收到这些基层组织即政治体制中进行参与和管理，实现了有限的政治参与和社会参与，在相当程度上消除了官僚制度与下层群众之间的隔阂。一些商业团体、非政府组织以及地缘和血缘组织的头面人物被吸收进这些基层组织的领导机构中来，减少了执政党及其政府与它们的摩擦。这实际上是把它们纳入了执政党主导的现代化进程之中，从而扩大了执政党的统治基础。另一方面，非政府的社会活动家及其活动被融入这种半政府性的基层组织之中，也限制了其自由度和政治参与的深度，使政治生活不至于过热，基本按照执政党的政治指向发展。总之，这种带有一定民主性的半政府性的基层组织将遍及全国的各种非政府组织和群众的活动在相当程度上纳入了主流体制；它在执政党及其政府与民众之间建立了一种体制上的联系，而前者的稳定有赖于后者参与的程度和方式，或者说有赖于前者的治理方式；治理方式得当，符合现实的政治发展和社会政治结构，就会扩大执政党的支持基础。

其次，人民行动党的某些制度建设和推行的一些成功的政策，具有相当深刻的思考，是从社会客观规律出发，在相当程度上也是从人民的根本利益出发，而不是完全迎合群众的现实要求。例如高薪养廉政策的制定就很值得我们思考。这一政策的成功推行，是以另一种方式处理好了执政党和人民群众的关系，即这是从人民的根本利益出发，而不是迎合一些群众的平均主义心理。

第五章　比较视野下中国的政治发展

第一节　当代政治发展中的新加坡与中国模式

本节以当代世界各种政治发展模式为基础对新加坡与中国的政治发展模式进行了比较，认为新加坡是民族形态的政权更替模式并是以群众运动的方式取得政权的，而中国是社会形态的政权更替模式并是以武装斗争方式取得政权的；新加坡没有从根本上改变旧政权的治理方式并实行了一种软权威主义体制，而中国彻底抛弃了旧的政权并实行了社会主义中央集权的治理体制；新加坡没有间断与世界市场的联系，而中国则是在相当一段时间内断绝了与世界市场的联系后转而走上市场化道路的；在意识形态上，两国都经历了从政治民族主义向经济民族主义的转变，并出现了自由民主的趋势，但变化程度有很大差异。这些异同对两国的发展产生了重要而深远的影响。

作为后发展国家、东亚国家、儒教国家和以华人为主的国家，新加坡和中国有着诸多的相似之处和面临着相似的发展环境。新加坡是一党长期执政，其人民行动党自

1959年执政以来到现在已经47年，尽管比中国共产党少10年，但它是除了共产党之外执政时间最长的重要政党；新加坡还实行权威主义统治，以行政为主导，这些都与中国有重要的相似之处。

一、政权更替的性质和方式

新加坡属于民族主义的独立模式而中国属于社会形态更替的革命模式。新加坡独立的性质是通过民族运动推翻英国的殖民统治、建立新型的民族国家；其取得政权的方式是在大规模群众运动的推动下、最终以和平方式完成政权的交接。而中国模式的性质是进行社会形态的更替，是从半封建和半资本主义的社会形态向社会主义形态转变；其取得政权的方式是暴力革命。

它们在夺取政权的方式上有着相同的一面。与欧美的政党大都是从体制内发展起来的不同，新加坡人民行动党及其领导的政治力量是在民族主义运动的斗争环境中发展起来的，与中国共产党和大多数发展中国家的革命或民族主义政党及其领导的政治力量一样，都是从体制外发展起来的，具有强烈的反体制或革命的动力，并最终以反体制的方式进入和破坏体制、夺取政权。正如亨廷顿所言："在革命的模式或民族主义的模式中，政治活动分子的目的就是要破坏现有秩序或剥夺帝国的权力。"[1] 它们之间也有很大的不同：如果说新加坡是通过民族斗争夺取政权的话，中国则是通过社会革命的方式夺取政权的，尽管新加坡的民族主义模式中也包含着社会革命的因素，中国的社会革命中也包含着民族主义的因素。尤其是新加坡的民族主义运动由于英国殖民当局在后期采取了主动退让的政策而有很大缓和，并最终以和平方式取得政权。这使新加坡的民族主义运动与一些国家的民族主义运动相比，例如与印度尼西亚、菲律宾和阿尔及利亚等斗争激烈的民族主义运动相比，较少有对抗性和斗争性，因而属于较为缓和的一种类型。与中国相比则更为明显，

---

[1] 〔美〕塞缪尔·P.亨廷顿：《变动社会的政治秩序》，张岱云等译，上海译文出版社1989年版，第449页。

中国革命是一种社会革命，以中国共产党为代表的政治力量是以暴力和战争的手段、采取激烈对抗的革命形式推翻旧的国民党政权，这是第二次世界大战后社会革命和民族主义运动中最为激烈的一种政治变革方式。

政权更替的何种方式更能够促进政权性质的变化，或者说更能够促进政治现代性的发展，值得沉思。从这一角度来看，近代以来的政权更替大体有两种形式，一种是政治体制的形式和内容即领导集团和文官及执政方式都发生更替，另一种是政治体制的形式即执政党和政务官发生变化而内容即文官和执政方式不进行更替。前者是 1940—1960 年代的主要形式，是较为传统的政权更替形式，后者是 1970 年以后的主要形式，是现代民主政权的更替形式。两相比较，前者没有继承旧体制，采取了一种"全新"的政权形式；后者则对旧体制有较多的继承性，是一种改良模式。但从政治现代化的角度来看，后者吸纳和得到的现代化因素并不一定少于前者，而前者很可能只是采取了另一种传统形式，它在一定时期内吸纳现代化因素的能力往往比后者更少。这或许是由于激烈的革命往往只关注于外在形式的变化，而不关注内涵的变化，尤其是暴力革命和运动手段往往是激烈对抗的产物，在这种情况下，反对力量总是会把全部精力投入到反对现政权的权力层面上，而很少关注一个人或社会的内在的结构或思想意识，或者说它不是改变人的思想的手段，反而更容易造成反弹；而渐进的改革往往更关注于内涵的变化和思想的导引，这种变化更容易为人所接受和深化，尽管它往往表现得缓慢而潜在，却是实实在在的。因此，在政权变更后，要更多地关注于政权内涵的变化，包括关注于这种变化所应采取的手段。

新加坡和中国在这方面有所不同，新加坡自建国后一直是采取一种渐进的改革方式，它更关注于保留和应用从英国前殖民当局的统治方式和经验，从文官系统中吸收先进的经验，并对其进行民族化的改造。而中国在建国后的前 30 年内更关注于革命性的变革，最终这种变革只是外在形式的，并没有在内涵上扩展自己的政治现代性；与此相反，在后 30 年中，中国放弃了革命性变革的方式,更加注重于渐进的和内在因素的改造,因而实实在在地推进了政治现代化的进程,尽管显得沉稳而平静。

二、执政方式和发展路径

由于取得政权的方式在很大程度上不仅是主体性选择的结果,还是由不同国家特定而深刻的政治与社会原因所决定的,所以一般来说它会在相当一个时期里影响其以后的执政方式和发展路径。由于新加坡人民行动党与中国共产党取得政权的方式有很大不同,所以它们以后的执政方式、治理方式和由此导致的发展路径在相当长一段时间内也有很大不同;同时,由于它们在社会结构、发展阶段和发展环境中又有着根本的相似之处,因此,最终其执政方式和发展路径又有所趋同。

首先,由于新加坡的民族主义运动是在英国殖民统治后期以较为和平的方式取得胜利的,没有造成激烈的暴力性对抗、流血和仇恨,这就为继承和改造而不是摒弃原政治体制奠定了基础。具体表现是新加坡人民行动党在政权建立后没有完全拒绝英国殖民当局的统治方式,没有遣散殖民政府的官员,而是充分肯定并吸收了英国统治方式中好的经验,留用了大部分文官。李光耀还公开阐明英国的治理方式和文官制度是优良的,要继续实行和保留;同时也对旧体制中文官的殖民心理进行改造,以使他们适应新的以政治本土化、民族化为基础的政治和社会发展的现实。[①]

李光耀的论述为学习和借鉴英国殖民当局先进的统治经验、建立优良的行政科层制度奠定了基础。按照现代化的理论,具有现代性的、高效率的行政科层系统的建立是在全国范围内推行现代化的不可或缺的前提条件。[②] 实际

[①] 新加坡全国职工总会主编:《朝向明天》,叶钟铃译,台北:教育出版社1974年版,第109页。
[②] 孙立平:《全球现代化进程与后发外生型现代化模式剖析》,载《现代化与社会转型》,北京大学出版社2005年版,第27—28页。

上，英国在新加坡建立的统治和文官系统，并不缺乏现代性①，相对于较为传统的新加坡社会来说，它是一种更为先进或更现代的组织系统。20 世纪 50 年代英国在新加坡的统治比马克思在 19 世纪中期论述它在印度的统治时更具有现代性。它的问题是，由外来民族建立的这种国家政权和统治很难与当地民族融合，无法形成统一的民族国家和真正的政治共同体，其在早期这种情况越甚，而这也是现代化起飞的必要条件，对于那个时代或发展阶段来说，这更是不可逾越的阶段。因而民族主义运动和推翻殖民统治、建立新的民族国家是现代化包括政治现代化的一个必要而合理的阶段。这样，尽管有些新建立的民族政权似乎比殖民政权更为传统和落后，但从为现代化准备必要的条件来看，它们仍然比殖民政权更为进步。于是，推翻殖民统治、建立新的民族国家，同时又充分地吸收具有现代性的殖民当局的治理经验，就成了新加坡符合实际的最佳选择。

在中国，由于社会革命及解放战争造成了敌对势力之间巨大的流血冲突和仇恨，加之革命意识形态的影响，所以以中国共产党为代表的政治力量在夺取政权后彻底摧毁和全盘否定了国民党政权及其旧的政治制度，在很短的时间内就取代了旧政府并把旧文官及其工作人员清除出各级政府或使其边缘化，以全新的社会主义制度和革命力量取而代之。尽管毛泽东在取得政权前后也注意到旧政权的技术官僚应该留用，但是建设中的革命斗争方式和阶级斗争观念使这些技术官僚很快失去了作用。其实，旧政府中的技术官僚没有很强的政治取向，反而具有丰富而现代的管理经验，其行政体制已经构成了遍布全国的行政网络，这些都是贯彻现代化政策所不可或缺的因素。因此，当时的革命性变革及旧文官的消失或边缘化使治理出现了一定的中断，尤其这在相当程度上更助长了以政治运动替代正常管理的方式。

---

① 关于近代殖民统治的性质，可参阅《不列颠在印度的统治》，载《马克思恩格斯全集》（第 12 卷），人民出版社 1998 年版，第 137—144 页；《不列颠在印度统治的未来结果》，载《马克思恩格斯全集》（第 12 卷），人民出版社 1998 年版，第 245—252 页。

当然，英国在新加坡的统治与国民党在中国的统治有很大不同，前者没有深厚的社会基础，也没有过多的传统；而后者有深厚的社会传统，有很多腐朽的东西需要革除，所以，这也是导致人民行动党没有全盘否定英国的统治方式而中国共产党则全盘否定国民党统治的重要原因。如果说中国建国后文官体制有什么继承性的话，那么它主要是继承了革命军队在解放区的治理方式，尽管这也有着相当的积极意义，但远远不够。自1980年代以来中国建立或恢复了公务员制度，与国际文官制度接轨，这实际上是改变军事管理方式、由革命方式向执政方式转变的重要举措，这一转变使中国与新加坡的文官制度和治理方式日趋接近。

其次，正是由于以上诸原因，加之冷战的国际环境的作用，新加坡的民族政权建立后没有与原宗主国断绝正常的国家关系，没有像中国和大部分发展中国家那样在独立后相当一段时间内采取一种强烈的反帝反殖的政治路线和闭关锁国的经济路线，而是很快把注意力放在国内，采取了一种在政治上和经济上都较为开放的路线，李光耀指出，新加坡实行的制度与政策，有七八成是源自不同国家所实行的良政，大约两到三成是它按自己的经验制定的。[①]

在经济上，新加坡没有中断与世界市场的密切联系，并坚持推行市场经济模式，从而使它早在1960年代末就开始了经济起飞。而在中国，建国后近30年时间一直把反帝、反殖、反对修正主义和进行国内阶级斗争的政治路线放在首要位置，其结果是一方面进行了过度的政治动员和政治运动，而这种政治动员和政治运动是一种"左倾"的民粹主义和民族主义运动，没有推进民主化进程和现代化进程，还造成了社会不稳定；另一方面过度注重政治斗争而忽视经济发展，这也包括断绝了与世界市场的联系。尽管斯大林论述在1945年以后存在着两个平行的世界市场，一个是资本主义的世界市场，一个

---

① 林义明：《照顾成功与较不成功者　政府须保持平衡——李资政与李光耀公共政策学院学生对话》，载《联合早报》，2006年11月4日。

是社会主义的世界市场，但是社会主义的"市场"是以计划经济为基础的，因此它很难说是一个真正意义上的市场。尤其是中国自"文革"始甚至退出了这个不完整的市场，更为封闭。按照现代化的理论，新兴的民族国家建立后，由于国家机构还不够完善，政治体制的制度化水平还不够高，因而在一定程度上放缓甚至压制政治动员、而把主要精力放在经济发展上以使国家获得支持和合法性是正确而现实的发展路径。从这一点来看，新加坡的压制政治发展而优先发展经济的政策在当时是难能可贵的。

同时，新加坡也并非完全压制政治发展，而是在政治上也保持着一定程度的民主性，即使是在1960年代末和1970年代人民行动党及其政府的权威达到顶峰时，李光耀和人民行动党也一直把选举作为其合法性的重要来源，允许反对党进行一定程度的竞争，而没有像东亚其他国家和地区一样取缔反对党，实行一党政治。这在政治体制上有着相当重要的意义，使它能够以一种制度化水平及包容度很高的软权威主义体制来适应和推动经济和社会发展，并缓慢而平稳地推动政治发展。东亚其他国家或地区由于政治体制僵硬，在社会变迁还不充分的情况下就发生了政治转型，例如印度尼西亚、菲律宾和泰国，甚至韩国和台湾地区在一定程度上也是如此，因而政治不稳、经济和社会发展迟缓。

新中国成立后，中国在相当长一段时间内采取了比较僵化的发展路线和政策。在经济上，不但放弃了融入世界市场的机会，而且连国内市场也取缔了，实行了完全的计划经济；在政治上，只有集中而没有民主，实行集权主义统治。尤其是以政治运动和阶级斗争取代正常的政治发展，使中国长期处于"革命斗争"状态，延误了经济和社会发展。这种情况直到1978年底的中国共产党十一届三中全会后才逐步有所改变。转折后中国的经济走向是建立完善的社会主义市场经济体制，这一过程几乎是直线型的；而政治民主的过程也在稳定而缓慢地向前推进，尽管其并非直线型而有所反复。实际上，这一时期中国才真正开始了政治现代化的进程，它从经济发展中得到了支持和合法性，面对日益高涨的参与要求，建立了稳定的政治社会机制，强化和完善政治体制的现代化功能，实现稳定而有序的发展，从而推动政治发展及民主化进程。这一发展路径与新加坡有了相似性，两国都在权威主义体制内推进了民主化。不过，在程度上或方式上仍有很大的差别，新加坡实行反对党制度，而中国是多党合作制度。

最后，在干部遴选方式上人民行动党和中国共产党的发展路径有相似之处，但发展的时间和程度不同。干部构成在相当程度上决定着党的性质和路线，因而干部遴选方式——即从哪些人中选择党的干部和领袖、如何选择——就显得非常重要。

在反殖的民族主义运动时期，新加坡人民行动党是一个左翼政党，很重视从工人和左翼人士中选择党的干部和领导人，实际上未公开身份的共产党员就是其中重要的组成部分。但在执政后，它清除了左翼人士和共产党员，逐步向中间路线转移，挑选干部的方式和对象到1970年代也有很大改变，不再像过去那样主要从党的基层组织和工会中选拔党的领导人，而是从党外精英中直接挑选。久而久之，党的成分也发生了很大的变化。这一点，与新加坡坚持政府主导和推行市场经济的路线是分不开的。在这一环境中，它既不像美国和西方国家那样，政府并不主导市场和经济的发展，因而执政党的干部或政务官的选择并不显得那么重要；也不像实行计划经济的国家那样，经济完全是单一模式并受到国家严格控制，因而干部的遴选主要是基于政治忠诚的考量而不是经济才能的考量，而是要求其执政党和政府的领导人具有发展和维护市场经济的能力，他们必须是市场运作中的佼佼者，这样，企业家和专业人士就成了党的干部和领导人的首选对向。1980年代以来，随着第一代领导人的逐步引退，在新加坡人民行动党和政府的领导层中，有企业家背景和国外高学历背景的人占据了主导地位。它的一些主要领导人，包括总理、部长和议员，相当大一部分是直接从成功的银行家、企业家和知识分子中选拔出来的。

中国共产党革命战争时期和执政后的 30 年时间的干部路线基本是阶级路线，因而选择干部强调其工人阶级和体力劳动者的身份。尽管存在着"有成分论，但不唯成分论，重在政治表现"的遴选标准，但实际上这个标准在战争年代贯彻得较好，建国后尤其是"文化大革命"中成分论成了唯一而严格的遴选标准。近 30 年来，随着市场经济的发展和社会结构的变化，党的干部遴选方式也在发生了一些缓慢而稳步的变化，先是扩大吸收知识分子入党，又取消了阶级成分的划分，注重从党外人士中选拔政府官员，2002 年党的"十六大"以来又规定可以吸收民营企业主入党，这些人已经逐步进入政协、人大的高层及党和政府的一些基层部门担任领导职务，这些事业有成者的一大特点是能够适应市场经济的发展。当然，到目前为止，党和政府的干部和领导人仍然主要是来自党的基层，这既保持了党的传统，也保证了组织发展的连续性和稳定性。

由此看来，新加坡人民行动党执政以后在干部遴选方式上的转变要比中国共产党早得多，转变的程度更大，党的兼容性更广泛，而"纯洁度"较低。如果按照从有明确的阶级取向向更具有兼容性这个路径发展的话，人民行动党要比中国共产党走得更远。

两党选拔干部还有一点非常相似，即它们都强调要经过党内的严格考验，这样，随着在党内的步步升迁，多数人都会增加对党组织的认同，接受党的意识形态。这一点与两党的组织结构都非常严密有很大关系。不过，新加坡的领袖必须经过大选的考验，要在大选中取胜才能在政府或议会中担任高级职务或议员，这一点它又与西方政党的遴选方式接近。中国党的干部的选拔主要是经过一定范围的民意测验，最后由上级党委进行任命。

三、政治体制的特性

新加坡是一党为主的政党体制和政治体制，具体表现是人民行动党一党独大并长期执政，其他政党长期在野，并且在国会中处于绝对劣势，在最近

30 年来国会中只有 1 至 4 名反对党议员，在 2006 年 4 月的一次大选中只有两名反对党议员当选。不过，在新加坡这样的政党体制中，反对党和反对党议员总是能对执政党造成一定的压力。①

从人民行动党的组织结构来看，过去总是说它是一种干部型党或精英型党，这种说法并不准确，经典的精英型政党是指只有党的中央或单一结构、没有基层组织或复合结构的政党；而且中央或单一结构的组织系统本身也非常松散，是靠个人关系而不是正式的组织和制度维系的；而人民行动党既有党的中央，也有网络化的党的支部，组织结构也非常严密。不过，也不能把它称为群众型政党，因为它没有大量的党员，在全国 420 万人口中只有近一万党员，尤其是只有党的中央有少量专职工作人员，党的支部一般只有一名专职秘书，在各政府机关、民间机构和企业中没有党的组织，只有选区支部，因而执政党并不直接领导各级政府和企事业单位。此外，它虽然立足于一党长期执政和以行政为主导，但总是要通过有竞争性的选举来取得执政的合法性；在意识形态上，已经把传统的群众型政党所特有的阶级观念转变为一种"全民路线"，当然，实际上这种"全民性"仍有一定的阶层或特权取向，其民主的局限性还很大。它与西欧的全方位政党有更多的相似之处。

中国的政党体制和政治体制与新加坡有相似之处，但也有很大不同。中国共产党一党长期执政，其他政党处于追随地位，"中国共产党领导下的多党合作制"下的其他政党并不像新加坡的在野党那样处于反对党地位，而是一种合作和追随关系，可以参政，政党间也没有公开的选举竞争。中国共产党仍是一个比较典型的群众型政党，有众多的党员和庞大的组织系统，党的分支机构遍布于各级政府和企事业单位之中，甚至相当一部分在功能上与政府合二为一，所以它对各级政府和企事业单位进行直接领导和管理，党的意识形态仍有一定的阶级性。近年来，"三个代表"与"和谐社会"思想的提出已经大大拓宽了党的代表性和执政基础，当然，党的意识形态仍然保持着对

---

① 〔美〕塞缪尔·P.亨廷顿：《变动社会的政治秩序》，张岱云等译，上海译文出版社 1989 年版，第 462 页。

党的传统路线的基本的继承性，与西方甚至新加坡的"全民性"有较大的差别。

新加坡政治体制的一个重要特点是在权威主义一元体制内把民主发展到了一个较高的程度，例如在政党体制、议会体制、基层体制和政治程序中具有相当的民主性。虽然是人民行动党一党长期执政，但反对党一直存在，在平均四年举行一次的大选和几乎每年都有的补缺选举中，反对党可以挑战执政党，竞选过程非常激烈，反对党得到的选票有时接近40%。"在一党为主的政治体系中，只有一个政党有统治能力，但同时存在两个或更多的反对党，它们通常代表特定的社会势力，并且有一定的力量，足以影响主要政党内部的政治进程。总之，主要的政党不垄断政治；它必须在一定程度上对别的行为者集团作出反应。"① 新加坡政党体制正是这种状况。

两国的政党体制和政治体制的制度化水平都比较高，尤其是自主性和适应性较强，但也存在着差别。在新加坡，这种较高的制度化水平表现在执政党和政府的自主性很高，不受各种利益集团的干扰和保持着很高的行政效率，腐败发生率极低；有很强的适应性，这表现在它适应并主导了巨大的社会变迁。在人民行动党执政的55年里，新加坡的经济和社会结构经历了巨大的转型和变迁，它从一个前工业化的、以半农业和转口贸易为主的、人均国民生产总值只有100多美元的发展中国家发展成一个高度现代化的、人均国民生产总值有55000美元的国际大都市，它的中产阶级和治理方式都有很大的发展，社会结构经历了从传统向现代的巨大转型，但主导这一转型并与之相适应的仍然是权威主义体制，之所以如此，正是由于其政治体制的自我调适功能很强，其一党为主的政治体制的民主性使其能够不断进行自我调整，具有很广泛的兼容性。新加坡发生在权威主义体制内的纵向社会变迁要远远大于东亚其他国家或地区的变迁，尽管如此，其他国家或地区的权威主义体制也很难适应同一时期发生在本国或本地区内的较小程度的社会变迁，从而不得

---

① 〔美〕塞缪尔·P.亨廷顿：《变动社会的政治秩序》，张岱云等译，上海译文出版社1989年版，第451—452页。

不以体制的转型，即从权威主义体制向多元民主体制转型来适应这种变迁。例如，菲律宾、印度尼西亚、泰国、韩国和台湾地区在面临同一时期或大或小程度的社会变迁的环境下，原有的权威主义体制都被推翻了，实行了多党体制和民主政体，以此来适应本国或本地区的社会变迁。这从另一方面说明了它们原有的权威主义体制的适应性低，自我调节功能差，制度化水平不高。

中国也是在一党为主的政党体制和中央集权的社会主义体制下发展了60多年，中国社会也经历了巨大的社会变迁，总体来说，中国共产党和中国政府的制度化水平尤其是自主性和适应性也是比较高的，这表现在党的领导尤其是中央领导在根本问题上不受各阶层和各种利益集团的干扰，有基本的自主性，当然，这与政治体制的庞大使各种利益集团不易渗透进其核心有关；它领导和适应了中国社会的变迁。但另一方面我们也应看到，新中国建立后中国实行了30年的计划经济，在此阶段基本保持着传统的社会结构，变迁的速度慢而程度低，只是近30年来社会变迁的速度才加快，因而其利益分化和新的利益阶层或集团的形成既不深刻也较为缓慢，换言之，中国的社会变迁就纵向程度而言，要小于和慢于新加坡。例如，在起点几乎相同的情况下，中国目前的人均国民生产总值是2000美元，而新加坡是3.7万美元；新加坡的中产阶级在社会总人口中的比例要高远远高于中国，自我意识的成熟包括以自己独立的利益来介入国家政策和批评政府政策的程度也远远大于中国的同行。从这一角度来看，新加坡的权威主义体制遇到的挑战要大于中国体制遇到的挑战。不过，从另一方面来看，由于中国社会广大而复杂，社会的不平衡性和多元性远远大于新加坡，政治体制遇到横向变迁的压力要大于新加坡，要主导和应对这种变迁和发展同样非常困难，因而中国共产党及其政府要付出更多的努力和表现出更为高超的领导能力才能推动和主导社会经济的发展。从这一点来看，很难说中国政治体制的制度化水平不及新加坡。

中国政治体制的适应性实际上可以分为三个阶段来看。在1949—1957年间，由于处于经济恢复时期，经济和社会都有很大的发展空间，市场还基本存在，因此这时的中央集权体制完全能够适应和主导经济和社会的发展。实际上，这时的中央集权体制正处于形成过程中，其集权性和对社会的控制还相对有限，从而使经济和社会发展有相对大的自由空间。自 1957 年至 1979 年的一段时间里，集权政治发展到了很高的程度，政党体制和政治体制的僵硬性越来越凸显出来，其后果是 1976 年中国社会和经济的发展全面停滞，社会和政治矛盾激化，政治体制的制度化水平严重削弱。自 1979 年以来，政治体制改革扩大了体制内的民主，尤其是在经济和社会的管理体制和功能方面进行了较大的改善，以推动和适应市场经济和社会结构的变迁。尽管对政治体制和功能的这些改革或民主化进程的速度还存在着这样或那样的不同看法，但这种改革指向的积极意义是无法否定的，它也重新提高了执政党和政治体制的自主性和适应性。

从新加坡和中国的情况来看，在权威主义体制内稳定而有序地扩大民主是保持政治体制的制度化水平并使其适应经济和社会发展的正确选择。

四、意识形态的变迁

在意识形态上，新加坡和中国的执政党及国家的意识形态都经历了政治民族主义和经济民族主义两个发展阶段以及近年来出现了自由、民主、人权的价值追求，但发展程度显然有所不同。

在新加坡，从 1940 年代后期至整个 1950 年代，反对殖民主义的民族主义运动蓬勃发展，其反帝反殖的政治民族主义是人民行动党和民族革命力量的主流意识形态。1959 年人民行动党上台组成自治政府后，这一内容虽然在一定时间内仍是主流，但逐步由反殖的左翼民族主义向具有中间立场的政治民族主义意识形态转变，党的指导思想和路线中间化，党和政府的指导思想是进行政治建设与经济建设，在这一思想指导下，先是把党的组织建设和国家政权建设作为工作的重点，在人民行动党内部清除曾经是反帝反殖重要力量的共产党人士和左翼社会主义派系，在全国范围内打压左翼工人运动，建立自己控制的持中间立场的"全国职工总会",不再反对英国的军事基地和军事存在,保留了英国统治时期的文官及其制度。因此,从 1945 年到 1965 年可以看成是政治民族主义支配新加坡国家意识形态的时期,其间存在着从反帝反殖的解构性的政治民族主义向国家建构性的民族主义转变的过程。

1959 年人民行动党上台执政伊始就面临着恢复和发展经济的问题,它也提出把解决"生存"和发展问题放在执政党和政府工作的中心位置,只不过在最初几年国内的政治斗争在相当程度上干扰了这一"中心工作"。自 1965 年以后,这一目标基本成为执政党和国家的主要任务,因此,它的提出标志着执政党和国家的意识形态由政治民族主义向经济民族主义的转变,这时,执政党和国家的主流意识形态是发展主义,或曰经济民族主义,主要内容是发展经济和进行国家政权建设,经济发展成为第一要务,其特征强调"生存危机"意识和经济实用主义。1970 年代至 1980 年代初这种经济民族主义达到顶峰,其表现是更加强调发展的重要性,在政治上不但镇压左翼反对派,而且也开始镇压民族极端主义分子,镇压正在抬头的民主力量,冻结民主化进程,这一时期是反对党力量最为薄弱而执政党最为强大的时期,在连续四次国会大选中反对党无一人当选议员。同时,严格限制工人运动,制定严格的劳动纪律;1976 年被迫退出社会党国际就是它要走自己的民族化道路的一个证明。而这一时期的经济发展非常迅速,人民的物质生活开始有明显的改善。1960 年代后期李光耀曾提出在经济和管理上向"日本学习"的口号,由于日本"二战"时期侵略占领了新加坡,所以这一口号的提出明显地表明了其发展中的实用主义。总之,为了经济的发展,全力限制政治发展,保持政治和社会的稳定。新加坡由政治民族主义向经济民族主义转变的特点是,由于前面提到的主客观原因,时间较早,政治民族主义意识形态持续的时间较短而经济民族主义持续的时间较长。

1960 年代后期以来新加坡以经济民族主义为特征的国家意识形态经常被人民行动党的领导人说成是全民性的,实际上这与全民党或全方位政党的提法是一致的。但实际上东亚的这种全民性还无法达到欧美政党和国家的那种全民性的程度，东亚的执政党或国家意识形态的全民性主要是体现在经济层面上，具体表现在经济机会的平等和上下流动较为容易，因而获得了广泛的认同；但在政治层面上这种全民性有很大的局限，尽管政治上的流动较过去容易多了，但仍然具有一定的垄断性。在政治价值上，传统的社会阶层的政治保守主义和新兴中产阶级的自由民主观念都受到限制，而这代表了相当大一部分人的思想。在新加坡，只有具有一定现代性色彩的权威主义和经济民族主义受到执政党和国家的推崇，使其占据意识形态的主导地位。只有认同这种意识形态的人才能成为人民行动党的党员、党和国家的重要干部、官员或领导人。这种权威主义的意识形态和统治方式与人民行动党的执政特权是联系在一起的，只有承认和遵循它的统治方式、追随它的领导，才具有政治上的"平等"，而只有占据了一定地位或完全认可这种地位的人才享有这种"平等"。否则，无论是自由民主还是左或右的派系及意识形态都处于边缘化和被排斥的地位。不过，新加坡的这种权威主义意识形态与马克思主义的阶级意识是不同的，它不强调工人阶级和资产阶级的分野，而是一种以现代社会分野为基础的等级意识。

中国共产党及其革命力量经历了长期的革命斗争，在这一过程中积累了丰厚了革命意识，有着强烈的斗争精神，因此，执政以后这种意识形态的强烈惯性使其一直到 1970 年代末都是以马克思主义、列宁主义和毛泽东思想中的政治斗争或阶级斗争理论为主要内容的政治民族主义主导着执政党和国家的意识形态，反帝、反殖、反修和阶级斗争的指向非常明确。直到 1979 年以后，才重新提出"四个现代化"是党和国家的中心任务，这标志着国家意识形态由政治民族主义向经济民族主义转变，优先发展经济的发展主义成为国家和社会的主要意识形态，阶级斗争等政治意识随之淡化。邓小平理论、"三个代表"重要思想和构建和谐社会的理论是这种意识形态的主要特征和发展脉络，其阶级观念的淡化与发展性的增强和丰满是其发展的基本走向。不过，中国由政治民族主义向经济民族主义转变的时间较长，在经济民族主义时期政治民族主义并没有完全消失。与新加坡相比，中国的特点是在一定时期中政治民族主义更为强烈，指向更为明确，持续的时间更长，经济民族主义包含着政治民族主义的因素。

在政治民族主义时期，不仅经济发展被置于次要地位，而且政治发展也被冻结了，尤其是在 1960 年代初至 1979 年，在无产阶级专政和阶级斗争成为主导意识形态和政治路线的情况下，国家政权的解构大于其建构，更谈不上进行政治现代化建设了。在经济民族主义时期，虽然政治发展处于从属地位，但也有缓慢而有序地发展，与此相适应，意识形态也由较狭隘的阶级性向更具兼容性转变，不再突出某个阶级例如工人阶级的主导地位和"领导一切"的思想，在政治操作上逐步地扩展党内民主和扩大社会的政治参与，还采取了允许私人企业主入党等扩大中国共产党统治基础的措施。不过，与新加坡一样，中国意识形态中的等级意识仍然是比较强的，因为它的社会基础还存在，虽然这不再完全是以传统的阶级分野为基础了，因而具有一定的现代性。

自 21 世纪初以来，人民行动党和新加坡国家的统治和政策有继续民主化的征候，有的学者指出新加坡正在发展的是没有民主化的自由化[1]，其意识形态中自由民主的因素确有某些增强的趋势，例如，有专家指出，1997 年新加坡国会提出的"新加坡 21 世纪愿景"规划比 1991 年国会提出的"共同价值观"更为强调新加坡公民的自由；近几年来非政府组织对政府决策的批评和参政有扩大的趋势；政府对劳资矛盾的处理更为人性化和温和；以及 2006 年 4 月大选前后人民行动党及其政府对待反对党的态度和策略表现出更为宽容等诸方面都证明了这一点。当然，这些仍是在权威主义及其意识形态框架内的

---

[1] Chua Beng Huat, *Liberalization without Democratization: Singapore in the Next Decade*, *Southeast Asian Response to Globalization: Restructuring Governance and Deepening Democracy*, Singapore: Singapore Institute of Southeast Asian Studies, 2006, pp.17-57.

发展。

自 21 世纪初以来，中国共产党和国家的意识形态中发展主义在继续丰满，其表现是在经济领域中继续推进市场化改革，在政治领域继续采取稳定的政策以促使人们把主要精力放在经济和社会发展方面。同时，与过去相比也有所变化，"三个代表"重要思想与构建和谐社会的提出表明国家不再像过去那样把经济发展放在至高无上的地位，而是在继续以经济发展为中心的前提下扩大党的执政基础和加大社会协调发展的力度，力图推进政治公平和社会公平，在此基础上对人权和民主的尊重也增加了，其表现是党内民主和公民的政治参与进一步扩大，基层民主建设和法制建设也取得了一定的成就，国家对人权和公民自由的权利更加重视，人文关怀和人权成为公民和媒体经常提到的一个词语。与新加坡相比，中国国家意识形态保留了更多的传统，社会观念中有更多的等级因素，缺少自由和平等意识。

小　结

本节对新中两国夺取政权的方式、执政方式、发展路径和意识形态及其影响进行比较时，进一步加深和丰富对这些问题的认识，还可以看到不同的模式所带来的不同结果和不同的经验教训，可以明确哪些是正确的选择，哪些是应该而且可以通过主观努力来作出调整的。

第二节　新加坡与中国政治发展路径的比较分析

新加坡与中国都是后发展国家，两者在文化传统、体制形式、发展模式等方面具有很大的相似性，而且都是当代较为成功的发展案例，因此，与新加坡进行直接比较，有利于阐明中国政治发展模式的向度以及治理方式变革的速度和深度的效果，当然也有利于阐明发展中的问题。从政治发展进程来看，两国都是先进行政治理性化建设，然后是理性化与民主化并进。在 1960 年代末和 1970 年代末，新加坡执政的人民行动党和中国共产党先后开始了国家战略中心从以政治斗争为中心向以现代化建设为中心的转变，此后，两国政治的现代性和理性化建设相继得到了不同程度的推进。自 1980 年代初以后，新加坡的政治发展在坚持其理性化和政治稳定的基础上从强国家向体制内的多元民主发展，中国几乎与新加坡在同一时期开始了民主化进程，不过中国更加注重政治稳定，并在这一过程中始终以政治理性化建设为主，当然中国的政治理性化建设正在为民主化即中国特色的协商式民主的发展创造条件。

一、不同学术理路的方法论意义

1. 以中国政治发展为中心的比较研究：相异比较与相似比较的功效

关于我国的政治发展路径及其改革方式的比较研究大致有两条学术理路，一条是把我国的渐进式政治发展模式与一些国家激进式的政治发展路径进行比较，另一条是与一些国家的渐进式的政治发展模式进行比较。前一种比较使中国增加了对渐进式改革的自信，但这是一种建立在对相异案例进行比较基础上的研究，因此其结论往往会过于宽泛而缺乏量性及可操作性；后一种比较是一种相似案例的比较，它可以提供一些可操作的具体措施或经验，但由于已有比较的潜在性和非系统性，不能使所有重要的相关变量得到充分的证伪或证实，因而它所得出的结论可能会因时间或条件的不同而缺乏可操作性。由此，我们在对包括激进式和渐进式改革的诸多案例的比较基础上选择新加坡与中国这两个渐进式改革的范例进行直接的集中比较，从新加坡看中国，从政治发展路径或渐进式改革方式的视角来比较分析两国政治发展的异同，可以弥补以上两条学术理路或比较方式的不足，从而在一定程度上阐明中国的改革和治理方式的向度、进度、深度，包括渐进性改革的一定的量性和可操作性的应然程度。

与激进式的发展路径进行比较的学术理路主要是与苏联—俄罗斯、东欧以及东亚一些发生激进式转型的国家或地区的比较①，这种比较阐明了激进式转型造成的政治失序和中国的渐进式改革保持了经济和社会的较快发展，增加了对中国模式的自信。但是，这种建立在相异案例比较基础上的研究所得出的结论过于宽泛而缺乏量性和可操作性，即它可以说明渐进式改革比激进式改革更好，而不能说明渐进在什么程度上更好，改革的向度、速度和深度都有一个度的问题，度不合适就不能成为最佳选择。

与渐进式转型或改革模式比较的学术理路主要包括两个方面，一是与一些正在发生渐进式转型的国家进行比较，二是与发生过激进式转型但政局已经稳定的国家的比较，甚至与西方国家某一领域的改革进行的比较。这种渐进式转型或改革之间即相似案例之间的比较，更易于离析出两者的不同之处，更易使我们获得可操作性的经验，这弥补了相异案例比较的不足。但问题是我们已有的这种渐进式改革的比较研究主要是在经验学习和试错的层次上展开的，不是在系统而严格的直接比较的基础上进行的，因而它又过于单一而缺乏对相关变量的考察，从而使我们的经验学习或比较缺乏相关变量的支撑。要解决这一问题既可能需要进行量性分析，也需要进行案例的集中比较，而对于政治发展路径和改革方式这样的综合性政治问题，后一种方法更有优势和现实可行性，尤其是如果合理地把两种比较方法结合起来运用则可以使结果既有系统性和深度，也具有可操作性。

2. 中国现实发展的需要与俄罗斯的反证：与新加坡比较的必要性

从中国发展的现实来看，我们也需要进行渐进式改革的集中比较。自改革开放以来我们因经济的较快发展而对自己的发展模式充满信心，但也形成了严重的路径依赖，这表现在面对经济发展速度减缓和面临社会转型压力之时，通过深化改革来进行结构调整和转型升级的努力受到了固有的发展方式

---

① 可参阅中国苏联东欧史研究会编：《现代化之路：中国、俄罗斯、东欧国家改革比较》，当代世界出版社 2003 年版。

包括传统的经济政治体制及意识形态和利益集团的阻碍和束缚。这就向我们提出了一个问题,要想可持续地发展,我们需要在哪些领域和多大程度上进行改革?例如市场和社会需要发挥多大的作用,与政府的关系如何,各国例如新加坡有无成功的经验可以借鉴?

在这方面由于过去我们是以试错和经验学习的方式进行比较和改革,尽管这是一种操作性较强和比较稳健的比较方式,也给我们提供了一些有益的借鉴,但是这种比较只是潜在的,没有纳入所有重要的相关干预变量进行充分的证实与证伪,例如不仅对欧美各国和苏东各国,而且对后发展国家尤其是东亚各国的研究都是如此,这就在很大程度上无法确定比较对象即相关案例及经验之间的真实或完整的相似性或差异性,使我们无法全面认识相似的发展模式及其经验为什么会有不同的效果?尽管从比较方法来说一般是可比较的案例越多越好,但实际上我们通常只有能力对有限的案例进行深入而系统的集中比较。我们知道,不同的案例及不同领域之间的比较会有不同的效果,不能相互替代,因此这里就有一个在这一发展阶段选择什么样的案例与中国的发展模式进行比较最为需要或最为合适的问题。

这里选择新加坡作为比较对象的主要原因是,已有的比较研究,即无论是把我国的渐进式改革与一些国家的激进式改革进行比较还是与一些国家的渐进式发展模式进行比较,不仅比较的方法和程度有很大不足,而且都是从当时的需要出发,也都只是部分地完成了发展模式和国家治理方式比较研究的使命,尽管进一步的研究或者说任何一种研究都不可能终结这一领域的研究,也不可能完美,但面对已经走上渐进式改革道路并需要对当下的发展模式和治理方式进行深刻理解和改革的中国来说,面对已往比较研究的不足,我们需要进一步的比较研究,换言之,从当前中国发展的现实出发,拿比我国发展更早一步、诸多主要的干预变量相似也是非常典型的渐进式发展模式的新加坡作为比较对象,既有利于对相关干预变量进行证实和证伪,也有利于阐明中国改革的向度、程度和深度,从而使我们对发展路径和治理方式的判断更为可信。

我们还可以从与苏联—俄罗斯的比较来看与新加坡比较的合理性。我们知道，把苏联—俄罗斯作为学习或比较对象一直是我国学界最重要的比较研究之一，这与两国作为社会主义大国的相似性是分不开的。我们先是学习苏联的社会主义模式，研究和学习 1980 年代苏联的改革，1990 年代后又研究苏联—俄罗斯的政治经济转型以及普京时代俄罗斯的改革和国家治理方式①，这些都是从中国的现实关怀或比较需要出发的。实际上，我们之所以把中国的发展模式定性为渐进式的，主要的比较对象是苏联—俄罗斯的激进式转型或改革。② 相对于戈尔巴乔夫（1985—1991）和叶利钦时代（1991—1999）苏联—俄罗斯较为激进的转型和改革，中国的改革确实是渐进性的，尽管这一改革导致的经济和社会变迁比中国历史上任何一个时期都要快得多。

进一步来说，从与苏联—俄罗斯比较的角度来认识和界定中国的改革或治理方式，在方法论上的合理性表现在：第一步，由于苏联与中国同为社会主义大国，苏联的发展又早于我国，因此那一时期的学习或比较是一种渐进式发展和改革的比较，有利于我们从苏联的经验和失误中离析出可供我们借鉴的经验。第二步，苏联发生了急剧的政治转型而我们没有，这种相似案例

---

① 这方面的著述丰厚，重要的成果有吴玉山：《俄罗斯转型（1992—1999）：一个政治经济学的分析》，台北：五南图书出版公司 2002 年版；关海庭：《中俄体制转轨模式的比较》，北京大学出版社 2003 年版；黄宗良：《书屋论政》，人民出版社 2005 年版；陆南泉等主编：《苏联兴亡史论》，人民出版社 2004 年版；曹长盛等主编：《苏联演变中的意识形态研究》，人民出版社 2004 年版；王长江：《苏共：一个大党衰落的启示》，河南人民出版社 2002 年版；许志新主编：《重新崛起之路：俄罗斯发展的机遇与挑战》，世界知识出版社 2005 年版；冯绍雷、相蓝欣主编：《转型理论与俄罗斯政治改革》，上海人民出版社 2005 年版。国际比较政治学界研究的代表性成果有：Arend Lijphart, *Parliamentary versus Presidential Government*, Oxford: Oxford Univ. Press, 1992; Larry Diamond, *Consolidating the Third Wave Democracies*, Baltimore: Johns Hopkins Univ. Press, 1997。

② 关海庭：《中俄体制转轨模式的比较》，北京大学出版社 2003 年版；〔美〕亚当·普沃斯基：《民主与市场：东欧与拉丁美洲的政治经济改革》，北京大学出版社 2005 年版；徐湘林：《转型危机与国家治理：中国的经验》，载《经济社会体制比较》，2010 年第 5 期；金雁：《从"东欧"到"新欧洲"——20 年转轨再回首》，北京大学出版社 2011 年版；〔法〕弗朗索瓦·巴富瓦：《从"休克"到重建：东欧的社会转型与全球化—欧洲化》，陆象淦等译，社会科学文献出版社 2010 年版。

发生相异变化的比较研究容易让比较者离析出它们发生不同变化的原因，即在俄罗斯为什么发生了激进式转型而在中国却没有发生？这一比较对中国发展模式的选择和发展的参考意义非常重要，当时我们更关心的是中国如何避免发生这种转型。第三步，在此基础上，就苏联—俄罗斯的激进式改革与中国的渐进式改革这两个相异案例进行比较，解决了哪一种转型方式更好的问题，即中国的渐进式改革比苏联—俄罗斯的激进式改革更有利于国家的稳定和经济发展。第四步，与普京时期的治理方式进行比较。俄罗斯的激进式转型及自由主义的改革使经济发展陷入全面停滞甚至倒退，迫使其重新选择发展战略，正是在这种背景下，普京这样的铁腕人物呼之欲出。[1] 普京时期采取的向威权主义或国家主义治理方式的回归及其相对成功从纵向的比较上也证明了渐进式改革的成功，因而受到了中国的高度关注。但是普京改革的局限性很快表现了出来，它被新的利益集团所束缚，因而没有持续地推动和深化改革，换言之，渐进式改革并不总是有效的。没有一定的改革的力度、深度和向度这种"度"的推进，渐进式改革不可能成功，这是俄罗斯经济陷入衰退的根本原因。由此看来，与苏联—俄罗斯的无论是激进的还是渐进的、无论是潜在的还是直接的比较研究，都为我们提供了重要的经验和教训，但当今与普京的这种渐进式改革的比较的意义下降了，它无法使我们从中学到更多有益的经验。

3. 在转型国家的比较框架中进行案例设计：与新加坡比较的合理性

当今中国的渐进式转型和治理方式的改革与新加坡的比较可以避免相异案例比较得出的结论过于宽泛和以往的相似案例比较过于潜在或缺乏相关干预性变量的支撑而得出的结论难以操作的问题，换言之，从方法论上来看，这种比较更有价值或可比性，它可以提供更有价值的具有操作性的经验。具

---

[1] 杨光斌、郑伟铭：《国家形态与国家治理——苏联—俄罗斯转型经验研究》，载《中国社会科学》，2007年第4期，第31—44页。

体来说，新加坡与中国的发展模式相近并且发展水平更高，与其进行直接的系统比较，容易离析出更多更好的量性或可操作性的经验。具体来说，由于是以正处于渐进式转型和国家治理方式改革为坐标进行的比较研究，因此候选国家具有以下条件更好：后发展国家，这一时期正在发生经济、社会和政治转型，进行渐进式的国家治理方式的改革，国家稳定，经济和社会发展水平更高，进而其发展模式是强国家治理等。实际上，这些条件或变量就是我们这个比较框架中的重要的自变量、干预变量和因变量，而具备这些条件或因素的国家实际上是通过在一个广泛的国家群中比较选择出来的。它就是把这一时期东亚与东欧发生政治转型的国家放在这个比较框架中进行分析。[①] 我们知道，20世纪80年代到本世纪以来很多国家包括东亚和东欧的数十个国家都发生了不同程度的政治转型或治理方式的改革[②]，这两个群体一个是前社会主义国家，另一个是"东亚模式"中的国家，中国都是其中的一员，这两个实际是一个变量群对中国的转型发展与治理方式有着直接可比的重要意义。当然，如果进行全面的比较研究，这一类研究的工程大而复杂，需要进行长期的研究，当然结论会更加全面。但另一种比较或许更能迅速见效，也是比较政治分析中常见的选择比较案例的方法，就是在这些相关的比较和经验研究的基础上选择一个比我国更早进行了渐进式治理方式改革并且发展水平更高的国家来与我国进行比较分析，这个比较对象的选择实际是在前期的各种直接的和潜在的比较基础上确定的，因而也是合理的。尽管这两种比较研究的路径有所差异，但是在相关问题的结果上会殊途而同归，因为后一种研究路径实际也是在前一种路径研究的基础上进行了合理的案例设计的结果。

[①] 〔法〕马太·杜甘：《国家的比较：为什么比较，如何比较，拿什么比较》，文强译，社会科学文献出版社2010年版，第99—115、127—169页。

[②] 〔美〕胡安·J.林茨、阿尔弗莱德·斯泰潘：《民主转型与巩固的问题：南欧、南美和后共产主义欧洲》，孙龙等译，浙江人民出版社2008年版；William Case, *Politics in Southeast: Democracy or Less*, London: Routledge, 2003.

进一步来说，前一种比较分析就是将这一时期东亚和东欧发生激进式转型和渐进式转型的诸多国家或案例放在这个比较框架中进行研究。当我们按照转型的渐进性或激进性排列这些国家时，可以发现越是渐进，国家治理越是稳定；越是激进，国家会越发不稳定，国家的权威会越弱；同时，越是渐进，治理改革的动力就越小，制度变迁也越慢，并且容易受到阻碍。反之，越是激进性的改革，改革的动力就越大，越容易冲破改革的阻力；同时，越是激进，由于迅速地改变了国家和社会结构，造成民粹的泛滥，也违背了文化变迁的规律，因而国家主义回归的可能性会越大，民主的巩固也并不一定顺利。最后，只有相对稳定和适度的转型和改革才可能使转型更为成功，使经济发展得更快。因此，我们需要找出在国家稳定和改革力度这两个变量中能够取得相对平衡以达到最大效益的改革或治理方式，也就是说，找出既有利于消除传统的弊端又有利于保持国家制度稳定发展的模式。当然，为了解释明确，这里只是考察了主要的自变量和因变量，实际影响发展模式和治理方式的各种变量要复杂得多。

通过以上比较框架的设立和对相关变量的排列组合的分析，我们可以看到新加坡的比较价值。它与我国一样处于渐进式发展的相近位置，但发展更早和水平更高，自1959年人民行动党执政后，新加坡从人均GDP 100美元发展到2014年的人均55000美元[1]，并且已经建成了发达的市场经济和法治社会，民主政治得以稳定推进，政府效率位于世界前列。这主要是由于它持续有力地推动治理方式的现代化改革。在这一过程中它解决了党政分开和机构臃肿问题，解决了政府效率问题[2]，解决了利益集团对现代化的阻碍等问题。进而，如果我们过去主要的学术理路或国家治理方式的比较研究是较好地完

---

[1] 根据IMF发布的2015年全球各国人均GDP排名，2014年新加坡为54000美元，中国为7130美元(http://gz.kblcdn.com/new/detail.aspx? id=2007)，而中国1949年建国之时的人均GDP约为100美元。

[2] Ho Khai Leong, *Shared Responsibilities*, *Unshared Power*: *The Politics of Policy-Making in Singapore*, Eastern University Press, 2003, pp.14-25.

成了渐进式改革与激进式改革的比较的话,如果我们仅仅在渐进式改革的比较中进行了"经验学习"这种潜在比较的话,那么中国与新加坡之间的集中比较则可以在更大程度上阐明渐进性改革的程度这一量性问题,或者说阐明什么样的渐进式改革才能在保持国家的治理权威与化解阻碍改革的因素这一对矛盾中达到次优平衡状态。正是在这个意义上,对新加坡与中国的改革与治理进行较为系统而深度的比较研究具有不可替代的作用。

二、政治发展和治理方式改革的基本路径

1. 政治发展的基本路径:理性化与民主化

我们知道,世界现代化的基本趋势或路径是沿着经济的市场化和政治的民主化这两条相辅相成的主线发展的,尽管各国市场化的程度和民主化的模式各有不同,尤其是在这一过程中人们更关注如何建立起有效的国家治理方式,但时至今日,所有后发展国家仍然面临着市场化和民主化这两个主要的问题。在市场经济发展到一定水平时,政治上的民主化是其必然要求,尽管这种影响不是线性的[①],是以各种不同的民主化模式的形式出现的,但改革传统的政治体制是无法避免的选择,这种改革的主要目标是国家治理方式的现代化或优质的民主化。一般来说,每个国家都要依次完成市场化转型和民主化转型,尽管转型的时序和具体路径可能会有很大差异。与早发现代化国家的市场化和民主化转型是前后不同时期完成的有所不同,由于发展环境的变化,很多后发现代化国家这两种转型是在相对较短的时间内依次并交互推进的。[②]

现代国家的政治发展或国家治理体系的现代化包括国家治理体制的理性

[①] Bäck H., Hadenius Axel, "Democracy and State Capacity: Exploring a J-Shaped Relationship", in *Governance*, Vol.21, No.1, 2008, pp.1-12; Carles Boix, Michael Miller, Sebastian Rosato, "A Complete Data Set of Political Regimes, 1800–2007", in *Comparative Political Studies*, No.3, 2013.

[②] 孙立平:《全球现代化进程与后发外生型现代化模式剖析》,载《现代化与社会转型》,北京大学出版社 2005 年版,第 47—92 页。

化和民主化两个阶段。政治的理性化主要是指国家不再依据传统的方式或传统文化、宗教或意识形态来管理政治、经济和社会生活，而是依据世俗化和现代性原则，充分发挥现代化的国家治理功能，推动市场经济的发展。政治的民主化主要是指国家权力受到制约，依法行事，从对市场和社会的强力干预转为国家与市场和社会相互尊重和相互监督，国家适度干预，给市场和社会留下足够的空间，并在民主和法治的基础上提高治理绩效。早发现代化国家这两个阶段是在不同的历史时期依次完成的，而后发现代化国家虽然也是先启动政治理性化进程，后启动民主化，但在民主化实现后仍然需要进行理性化的建设，甚至长期以理性化建设为主导。

2. 防止政治失序：正确把握渐进式改革的"度"

由于政治发展是一个由经济发展、社会转型、价值观念的转变和国家治理方式改革等多要素形成的复杂的互动过程，所以在这些多重因素的作用下，尽管各国政治发展的趋势相似，但具体的路径和结果却充满着不确定性。① 从多数发展中国家的政治发展过程来看，各国都在不同程度上经历了政治失序所带来的国家治理危机，但有的国家失序的程度较低且时间较短，发展的却更快。因此，能否减少政治失序，在政治发展和转型过程中保持国家的稳定，并及时改革国家的治理体制以提高治理能力，就成为现代化尤其是经济和政治转型时期治理者所思考的关键问题所在。②

从当代各国政治发展和转型的实际情况来看，渐进式转型或改革更可能保证国家的有效治理，使政治发展与社会经济的变迁相适应，这既有利于保持社会的相对稳定，又能推进政治的理性化与民主化建设。但这种渐进性有

---

① 孙立平：《现代化诸因素之间的关系》，载《现代化与社会转型》，北京大学出版社2005年版，第3—20页。
② 〔美〕弗朗西斯·福山：《政治秩序的起源：从古代到法国大革命》（上卷），毛俊杰译，广西师范大学出版社2012年版；《政治秩序和政治衰败：从工业革命到全球民主化》（下卷），毛俊杰译，广西师范大学出版社2014年版。

一个"度"的问题，太快和太慢都不利于改革的推进，因此，要确保渐进性改革的持续推进，需要上层的改革精英和下层群众在政治上形成基本的共识，在策略上进行理性选择，充分利用国家制度框架中有效的政治和经济资源，改革国家治理机制，保持国家治理机制对转型失序的应对和调适能力。而在这种以构建国家治理机制的调适能力为核心的政治改革中，几种重要变量之间关系的有机协调和平衡十分重要：制度变革与秩序的稳定性之间的关系、意识形态的变革与传承之间的关系、社会结构性转型与政治结构性调适之间的关系，以及制度创新与效能之间的关系[1]，从根本上来说就是市场化与民主化之间的关系。实际上，从不同的角度可以概括出不同的关系，无论是哪种关系，从根本上来说就是要处理好政治发展或国家治理改革推进的速度、程度与保持国家治理的有效性之间的关系。改革过快，会削弱国家的稳定性和治理的绩效；改革过慢或力度不够，会延误发展的机会，也会使改革难以推动[2]，最终被反对改革的利益集团所阻遏。

3. 新加坡与中国政治发展的基本路径：相似性与相异性

新加坡与中国的现代化进程都是在市场化和民主化两个领域中依次和交互展开的，两国在这两个领域的发展中所遇到的转型失序和治理问题基本相同，发展或改革方式也都属于渐进式，当然，在现代化启动和发展的时间和转型或改革的程度和速度上存在着一定的差异，这既与两国启动现代化的时间和两国国情的差异有一定关系，也与改革者的理性选择有一定关系。从市场化和民主化两个维度来看，新加坡推进改革和治理方式转变的时间要比中国更早一些，速度更快一些，改革的力度更大一些，基本克服和同化了各种

---

[1] 徐湘林：《转型危机与国家治理：中国的经验》，载《经济社会体制比较》，2010年第5期。

[2] 习近平总书记之所以说要以更大的政治勇气和智慧来全面深化改革，就是因为我们需要进行更大力度的持续不断的改革，要有勇气和能力克服阻碍改革的各种因素。参见冷溶：《以更大的政治勇气和智慧全面深化改革》，载《人民日报》，2014年6月26日。

既得利益群体对改革的抵制，也建成了高度市场化和较为民主的法治社会。中国由于体系庞大且传统的结构更加稳固，政治经济改革启动的较晚，路径依赖严重，因而改革的难度更大。

从国家与市场的关系的角度也可以看到这种相似性与差异性：新加坡与中国都保持着一种强国家的治理模式，但与中国相比，新加坡不但在市场经济发展的早期政府对市场的干预就少于中国，而且随着市场化的程度不断提高，政府也在更大程度上退出了市场，使市场的自由化程度很高，政府主要是维护市场运作的秩序。而中国是在实行了全能主义体制后进行改革开放的，中国也是依靠不断推进市场化来促进经济发展的，但中国市场化的速度显然要慢于新加坡，市场化的程度也较低，其"强国家"的治理模式依然在体制和功能的调整中得到延续，并在更大程度上力图依靠国家来解决国内经济和社会发展中的问题，进一步的市场化是当前政府在积极推动的重要改革之一。

三、政治的理性化与民主化建设

伴随着经济市场化的进程，两国都在不断地推进政治发展进程，首先是进行政治的理性化建设，然后是理性化与民主化并进。

1. 政治理性化建设：持续推进或在曲折中发展

新加坡人民行动党政府在1960—1980年代主要是推动政治的理性化建设，这主要表现在四个方面：一是转变党的基本路线。1959年人民行动党上台执政后，在1960年代上半叶通过几次重要的党内斗争清除了左翼激进分子，以李光耀为首的主张进行市场化和政治理性化建设的党的中间派控制了党的中央①，使党的路线很快从反帝反殖和党内路线斗争转向发展主义。所谓

---

① 〔新〕冯清莲：《新加坡人民行动党：它的历史、组织和领导》，复旦大学翻译组译，上海人民出版社1975年版，第31—56页。

发展主义也被称为经济民族主义，在新加坡也被称为实用主义的发展路线，主张以发展经济为中心，其特点是在强国家的主导下推动市场经济的发展。它在政治上是一种中间路线。因此，1970 年代以后维持政治稳定和发展市场经济是新加坡执政党的基本路线。

第二个重要表现是领导层的自我更新。自 1970 年代后期开始到 1980 年代初，新加坡以制度化的方式完成了新老交替，除李光耀外，领导民族运动的第一代政治领袖都退出了党和国家的领导层，而由年轻一代的技术官僚和专业人士掌握政府权力，尽管当时老一代领导人的平均年龄还不到 60 岁。① 这种制度化的权力更替具有重要的意义，因为从第二次世界大战后独立的国家来看，由于领导国家独立的政治领袖是在革命斗争或民族斗争的环境中成长起来的，他们都具有革命家的特质，擅长于领导革命斗争或民族斗争，但缺乏领导现代化建设的历练，因而在领导现代国家建设时往往并不成功。这样，能否保证他们按照制度化的程序退出领导岗位并由新一代的技术官僚领导国家的现代化建设，关系到党和国家的基本发展战略是否能够实现从革命斗争向经济建设的转移，也是政治理性化建设的一项重要内容。

需要强调的是，在新加坡的开国领袖李光耀身上这种革命性与现代性的双重特质非常明显，这使新加坡获益匪浅。李光耀长期受英语教育并留学英国学习法律，回国后以律师身份领导民族运动，因而具有职业革命家和技术官僚的双重身份。应该说作为职业革命家他缺乏领导大规模民族运动或革命战争的历练，但是，作为技术官僚，他具有更多的现代意识，因而他更适合在民族国家构建的早期领导国家建设和经济发展。② 这也是新加坡在建国后不久就成功地实现了由革命党向执政党转变、国家领导人由革命家向技术官僚转变的重要原因。

---

① Cardyn Choo, *Singapore: The PAP and the Problem of Political Succession*, Malaysia: Pelanduk Publications, 1988, pp.70-95.

② Stephan Ortmann, *Politics and Change in Singapore and Hong Kong*, London: Routledge, 2010, pp.102-129.

政治理性化建设的第三个表现是现代公共行政系统的建设和改革。行政系统的特点是它的专业性而不是政治性，这一点，新加坡领导人很早就认识到并付诸实施，这在那一时期的后发展国家中是难能可贵的。1959 年人民行动党建立自治政府后，并没有建立"全新"的行政系统，并没有像一些国家那样用革命队伍或民族运动成员取代旧的行政官员，而是认识到英国在新加坡建立的行政系统无论是官员的素养还是体制的运作都较为专业化和现代化，只要在政治上对它进行一些民族化的改造即可[1]，所以，新加坡行政系统的专业性和现代性水平是那一时期后发展国家中最高的[2]，这为它日后打造具有现代性和高制度化水平的行政体制乃至政治体制奠定了基础。

政治理性化的第四个方面是法治社会的建立。我们知道，政治理性化的核心是现代性的确立，而法治是政治的重要组成部分，因此，现代法治建设的理性化也是其现代性的确立。在理性主义看来，构建现代政治系统的目的就是为了更好地保护人的权利，是赋予国民以公民的地位，而实现这一目的的手段就是现代法治社会的确立。因此，在现代性而不是传统性或意识形态偏见的意义上进行法治建设是构建法治社会的核心。从这一认识出发，新加坡的法律体系和法治社会的建立是保留和继承而不是废除了英国殖民当局在新加坡建立的专业化和现代性程度较高的法律制度，包括留用它的法律从业人员。同时它从自己的国情出发进行了一些具体的改革，例如在反对腐败方面它赋予反贪局以更大的特权，较少受法律程序的约束，这在当时的情况下有利于提高法律制裁的效力，显然这与英国的法律更多地受程序的约束有所不同。[3] 但同时人民行动党的领袖在当时的政治运作和政治斗争中尽可能地尊重法律程序。

就法治社会建设也即政治制度建设的路径而言，后发展国家与早发现代

---

[1] 新加坡全国职工总会主编：《朝向明天》，叶钟铃译，台北：教育出版社 1974 年版，第 109 页。

[2] Cardyn Choo, *Singapore: The PAP and the Problem of Political Succession*, Malaysia: Pelanduk Publications, 1988, p.82.

[3] 吕元礼：《新加坡为什么能?》，江西人民出版社 2007 年版，第 279—293 页。

化国家不同的是，它在早期主要是依靠国家的强力推动而非社会对国家自下而上的压力和监督所致，因此国家的权力配置及其运行必须先于社会实现法治化，否则，将难以担当起推动社会法治化的重任。新加坡的法治建设就是沿着这一路径发展的，先是国家领导层在国家层面建立起基本的法制，推动国家政治按照法律规则进行，把对官员的权力制约看成是政治体系运转的基本要素。继而利用国家权力推动全社会生活的法治化，既利用国家权力强力推进，也进行长期的法治社会化传导，两者相互促进，从而使社会生活的方方面面都被纳入到法治架构之中，这些正是新加坡法制建设成功的基本原因。[1]

1949年中国共产党执政后即推进现代国家或政治理性化的建设，但在近30年的时间里进展较慢，中间时断时续，直到1978年以后伴随着市场化进程所进行的政治改革才更加有效地推进了政治理性化或现代性的建设。

从执政党的基本路线实现以阶级斗争为中心向现代化建设的转移来看，其政治理性化的趋势是明显的。中国共产党及其革命力量经历了长期的革命斗争，有着强烈的斗争精神，执政以后这种意识形态惯性在相当一个时期中主导着党和国家的基本路线，其反帝、反殖、反修和阶级斗争的指向非常明确，直至1978年以后重新提出"四个现代化"是党和国家建设的宏伟目标和中心任务，才使国家意识形态由政治民族主义向经济民族主义转变。自那时以来，党和政府的政策以及人们的政治行为越来越不受意识形态的束缚而逐步地理性化，在政治生活中不断摒弃"左"和"右"的思维方式和行为方式，提倡发展主义的思维方式和行为方式，优先发展经济的发展主义成为国家和社会的主要意识形态，阶级斗争等政治意识在经济和社会层面上逐步被淡化了，邓小平理论[2]是这一新的路线和意识形态变化的集中表达。1990年

---

[1] 参见李路曲：《后发展国家法治社会构建的政治生态分析》，载《中共中央党校学报》，2015年第1期，第22—29页。

[2] 《邓小平文选》，中共中央文献研究室编，人民出版社1993年版。

代"三个代表"重要思想①在社会层面和政治的下层进一步弱化了传统的阶级和社会意识,拓展了共产党的执政基础,使发展主义得以充分实现;2000年代提出的科学发展观和构建和谐社会的理论②,实际上是在新的发展阶段上对发展进行了界定,提出发展要尊重科学规律而不应只追求速度,国家治理要对市场化以来多元化的经济和社会结构作出理论上的回应,实际是更加理性化和现代化,从而在新的形势下构建和谐社会。习近平的系列讲话和新一届党中央在政治、司法、经济和社会进行的一系列改革表明,中国将进一步推动市场化和政治理性化的建设,将使政治运作更为理性、透明和科学,更具有现代性,尤其是法治社会的构建,说明党中央正在建立一种更为理性的发展观。

与党的基本路线和意识形态的理性化过程相一致,中国的政治体制和政治运作也进行了理性化建设。这可以从1978年十一届三中全会以后逐步进行的政治体制改革来看,主要表现在四个方面:一是党和政府领导体制的改革,党的领袖从终身任职向任期制转变,从个人崇拜向集体领导转变,从而确立了党的集体领导体制和相关制度建设,并不断改善党的领导;二是改革和发展人民代表大会制度,逐步赋予人民代表大会和人大常委会具有一定实质意义的立法权和监督权,从而推动了法制体系的建设;三是逐步建立以发展为导向的法制化、规范化、程序化的政府管理体制,从政治管理向经济管理转变,并通过政府机构改革来简政放权,提高政府管理水平;四是调整中央与地方的关系,适度下放决策权、人事权和财权,调动地方和基层的积极性。③从理性化的视角来看,这实际上是在一定程度上不再根据"主义"而是根据现实理性来进行决策。从制度上来说,这些改革就是要逐步弱化人治而强化法治、弱化意识形态而强化现代理性的制度运作。

---

① 江泽民:《论"三个代表"》,中共中央文献研究室编,中央文献出版社2001年版。
② 胡锦涛:《论构建社会主义和谐社会》,中共中央文献研究室编,中央文献出版社2013年版。
③ 徐湘林:《转型危机与国家治理:中国的经验》,载《经济社会体制比较》,2010年第5期。

2. 理性化与民主化并进：持续推进或回归现实

在政治理性化发展之后，两国都进入了理性化与民主化同时推进的发展阶段，当然，这一时期新加坡是理性化与民主化并进，而中国仍是以理性化为主，民主政治建设有进有退。

在东亚一些国家和地区中，1980年代以后随着市场经济与社会结构的转型，传统的威权主义体制越来越不能适应这种变化，它对经济社会发展和资本扩张的阻碍显现出来，并呈逐步增强的趋势，这集中表现为日益强大的公民社会及其多元化的政治表达对集政治权力于一身的国家统治者形成了越来越大的压力，要求国家建立更加平等和民主的制度环境，因此，如何改革威权主义体制一度成为东亚新兴工业化国家或地区所共同面临的政治问题。新加坡自1980年代初以后，政治发展在坚持其理性化的同时也不断地推进民主政治建设，在进一步强化政治理性化尤其是提高政府治理水平的同时，逐步推进了民主政治建设。这一时期反对党逐渐活跃起来，1981年反对党通过选举而重返议会①，打破了国会完全由人民行动党一党垄断的格局。此后，反对党力量逐步而缓慢地增强，支持反对党的选民票数也呈递增趋势。② 面对这一挑战，执政的人民行动党对反对党的态度是从承认和打压到容忍和适应，具体来说，就是承认它存在的合法性，同时对其进行一定程度的打压和限制，但这种限制的目的不是消灭它，而是使其能理性化的发展。换言之，采取控制和疏导相结合的方式，就是既要保证对执政党进行有效的监督，又要保证国家治理不至于失序，在保证政局稳定的基础上来发展民主。例如它推行的集选区制度③就是在看到反对党的支持率有所上升的情况下，通过提高候选人

---

① Cardyn Choo, *Singapore: The PAP and the Problem of Political Succession*, Malaysia: Pelanduk Publications, 1988, pp.65-69.
② Cardyn Choo, *Singapore: The PAP and the Problem of Political Succession*, Malaysia: Pelanduk Publications, 1988, pp.65-69.
③ 1988年新加坡正式实行集选区制度，它规定在集选区中每个参加竞选的政党至少要推出4—6名候选人组成竞选团队，这对于由于未掌握国家权力而难以延揽人才的反对党来说，无疑是一个很大的限制。参见黄云静：《新加坡的集选区制度》，载《东南亚研究》，1998年第3期。

的参选门槛来限制反对党的竞选能力，这既控制了选举的热度，推迟了反对党发展的时间，又使选举可以继续进行。从长远来看，集选区制度稳定了选举，使反对党在成熟后可以利用这一制度有所发展，因而它实际上是培育了民主环境。在 2011 年的大选中反对党利用这一制度获得了重要突破①，也使新加坡的民主政治发展到一个新的阶段，就说明了这一点。它通过这样一系列措施既控制着政治发展的进程，也在一程度上保留了政治发展的活力，没有像大多数转型国家那样或者通过回归权威来阻遏民主的发展，或者通过政治转型来实行急速的民主化，导致社会动荡。

中国几乎与新加坡在同一时期开始了民主化进程，不过中国更加注重政治的稳定，因而民主的推进更为谨慎②，并不时回归政治理性化的建设。在 1980 年代开始改革开放以后，我国在农村村一级推行了村民自治制度，进行了村委会的直选，并在农村和城市的基层实行了人大代表的有限选举，曾一度使选举政治有所发展。但由于这种发展一度有失控的风险，因此到 1990 年代后选举民主的实际意义越来越小。近几年来党中央提出了协商民主的模式，但目前主要是在个别地区的基层和一定范围的较小程度上实行的，尤其是目前有限的协商式民主主要是由政府自上而下主导的。2013 年党的十八届三中全会提出了国家治理现代化，推动政府管理方式由管理型向服务型转变。2014 年党的十八届四中全会提出了依法治国，推动现代法治建设，这实际是在改革开放以后我们逐步把过去一些不符合现代化要求的革命法规或陈旧的法规转变为现代法制的基础上，在进一步修改法律法规和党规的基础上，在操作层面上强调执行更具有现代性的法律，例如，近两年来中央反对腐败、治理党风和社会风气的一系列举措都是在为建立高度法治化的国家而努力，

---

① 在 2011 年的大选中，反对党在两个选区获胜，尤其是其中有一个集选区，共有 6 名议员当选，从而使反对党在国会中的议员数量自 1970 年来达到了历史上最多的时期。这还在一定意义上可以说反对党取得了两个"地方政府"的治理权。

② 1980 年代末中国政治发展一度有失控的危险，同时苏联东欧各国的剧变以及这一时期东亚民主转型后政府的效率低下等，这些都是中国注重政治稳定的重要原因。

都是为不使任何组织和个人凌驾于宪法和法律之上而努力。由此看来，沿着选举民主—协商民主—国家治理现代化—依法治国这一条线走下来，我们看到实际上中国的政治发展基本上还是在进行理性国家的建设，是在政治理性化的同时伴有民主政治的谨慎推进。也许几代领导层不是有意按照这一发展路径来设计中国的政治发展，但这个过程非常明确，这是一条向现实回归的中国式路径。从后发展国家的情况来看，强国家和现代法治的确立是保证民主政治稳定有序推进的前提，从中国现今的法治建设来看，它为我们进一步推动协商式民主的发展提供了制度保障。尤其是习近平总书记曾深刻地阐述了执政党与宪法和法治的关系，他指出："党和法、党的领导和依法治国是高度统一的。我们就是在不折不扣贯彻着以宪法为核心的依宪治国、依宪执政，我们依据的是中华人民共和国宪法。""每个党政组织、每个领导干部都必须服从和遵守宪法法律，不能把党的领导作为个人以言代法、以权压法、徇私枉法的挡箭牌。"领导干部都要牢固树立"宪法法律至上、法律面前人人平等、权由法定、权依法使等基本法治观念"。"把权力关进制度的笼子里，就是要依法设定权力、规范权力、制约权力、监督权力。全面依法治国，必须紧紧围绕保障和促进社会公平正义来进行。"① 由此看来，我们党的依法治国与民主政治中对权力的监督和坚持公平正义的原则是一致的。

具体来看，中国近 40 年来在现有体制内渐进推进的民主政治表现在五个方面：一是扩大党内民主，在一定程度上扩大了党内重大决策的"票决制"，实行党的各级代表大会的任期制；二是在人民代表大会的代表比例上逐步实行城乡按相同人口比例选举人大代表，消除选举中的城乡差异，增加了相对弱势的农民在人大代表中的比例，使他们在国家权力机关中的发言权有所增加；三是在一定程度上发展了基层民主，初步建立了基层群众

---

① 习近平："领导干部要做尊法学法守法用法的模范 带动全党全国共同全面推进依法治国"，参见习近平在中央党校举行的"省部级主要领导干部学习贯彻十八届四中全会精神全面推进依法治国专题研讨班"开班仪式上的讲话，载《人民日报》，2015 年 2 月 3 日。

自治制度，切实推进了基层的政务公开制度；四是不断深化立法、司法体制改革，逐步解决人为干预司法以及现行司法体制中存在的等级化、行政化、商业化和地方化等问题，不断提高宪法和法律的权威；① 五是增加了政府机关的透明度，包括政府的财务公开和官员个人财产的公开，加大了对官员的监督力度。这些改革的最大特色在于它的稳定性和渐进性，这保证了民主的发展不至于失序，并可以在一定程度上缓解社会转型所带来的矛盾，增加社会公平，调动人们的积极性，从而也在一定程度上保证了转型时期国家治理的有效性。

3. 从新加坡看中国：持续地推进理性化与民主化是实现治理现代化的有效途径

在我国，随着市场经济的进一步发展和社会结构的变化，已有的改革或治理方式与现实发展不相适应的一面越来越显现出来，因此，进一步深化经济和政治体制改革是我们面临的日益迫切的重大问题。这表现在如果我们仍按照过去的改革方式来释放改革红利的话，其效果已经远不如从前，因为阻碍改革和提高政府效率的主要问题已经不再是一般的微观政策可以解决的问题，或者说由于过去的改革是浅层次的，是大家都受益，但那种改革所形成的治理方式已经不能适应新的社会结构了，而适应新的社会结构的改革或治理方式需要在制度上进行更为深入或较大程度的改变，就是要从制度上解决政府干预问题、司法相对独立的问题、各种利益集团的特权和垄断问题等，这些都涉及政治体制问题。② 换言之，仅仅在经济领域中进行改革很难触及问题的根本，不触动特权利益集团的利益，不在政治或法律体制内进行一些改

---

① 徐湘林：《转型危机与国家治理：中国的经验》，载《经济社会体制比较》，2010 年第 5 期。
② 进行相关的制度建设是非常必要的，例如《人民日报》（海外版）评论员指出，我们的反腐败取得了一定的成效，但反腐的关键在于制度建设，只有制度建设取得了成效，才能营造良好的从政环境，根治腐败问题，载《人民日报》（海外版），2014 年 7 月 18 日。

革,不实行一定程度的民主或协商民主,政治的、经济的和社会的进一步改革就很难成功。而这些问题之所以到今天有所加重,就是因为我们过去在政治领域中进行的改革力度不够。

无论是意识形态或政治文化的变迁还是经济发展模式都存在着路径依赖,这种历史的惯性会阻碍我们改革治理方式或从根本上改变目前的发展困境。[①]但是路径依赖的理论也表明,历史并不是决定发展模式的唯一因素,历史的作用是真实但不是唯一的,无论是遵循或转移原来的路径都要受现实因素的影响。从宏观来说,每个民族或国家都有自己的历史、制度和文化传统,都有按照这一传统路径发展的惯性,但是社会总是在不断发展和变化中的,由此,人们会产生各种新的预期,这种预期会受到经济、社会、政治和文化因素的多重影响,例如经济危机、腐败、民主观念和文化传统中的思维定式的强弱程度等。正是在多重相关因素的影响下,人们的预期及其相关行动最终可能会通过协调而达到一种必要的平衡,这种平衡点或协调点的生成可能会引发政治变革并决定变革的路径[②],所有的传统社会都会转变并进入现代化社会本身就说明了这一问题。尽管我国存在着意识形态和经济发展模式的路径依赖,但同时也存在着改变这种惯性的强烈预期,因此,只要我们有强烈的改革意识并找到变革的新的平衡点,就能够有效地推动改革。

[①] 吴敬琏认为传统的意识形态和体制是阻碍改革的重要因素,参见吴敬琏:《全面深化改革遏制权贵资本主义》,凤凰网,2013年6月15日。

[②] 〔美〕塞缪尔·P.亨廷顿:《第三波——20世纪后期民主化浪潮》,刘军宁译,上海三联书店1998年版,第202—260页。

从新加坡民主发展的路径和战略来看，其民主发展的渐进性而非激进性的特点非常明显，这一方面表现在虽有各方利益博弈，但始终由执政党主导，因而具有稳定性；另一方面则是它的连续性，一直向前发展而没有明显的中断，民主的程度越来越高。当然，新加坡民主发展的环境与中国有所不同：从客观条件来看，新加坡在民族独立之初传统的因素已经较小；① 从主观上来说，新加坡的第一代政治精英就有明确地按照现代性标准来进行国家建设的意识，尽管其改革是渐进的，也都是以保持国家的稳定为前提进行的，但同时又是积极向前推进和全方位的，并保持一定的力度。它通过在威权体制内的政治改革，使政治体制能够适应变化了的日益多元的社会结构，在新的基础上保证了国家的权威和自主性，使其能够进行有效的社会治理。由此看来，新加坡解决改革阻力的根本原因是人民行动党政府坚持进行有序而有力的改革。在一定的环境中，改革的决心决定着是否能持续地推进改革的进程。这一点从反面也可以得到证明：如果在1970年代末中国的政治家和社会精英们不以极大的努力和魄力推动改革，那么我国现在也许还会像某些落后的社会主义国家一样，仍固守着传统的苏联社会主义模式。

无论是新加坡还是中国，实际上在其他转型国家或地区也一样，利益集团的形成已经是不争的事实②，问题是，我们是否能够在不同的发展阶段根据本国的国情平衡不同利益集团的利益，尤其是通过结构改革来削弱或加强不同的利益集团，并且适度保持被削弱的固有集团的利益，不使矛盾激化，在新的利益结构上达到一种新的次优平衡，在使社会发展保持足够的发展动力的基础上促进经济和社会的持续发展。从政治上来说，多元利益集团的存在和在一定程度上的平衡发展是民主政治形成的基础，它们之间的相互制衡和

---

① Stephan Ortmann, *Politics and Change in Singapore and Hong Kong*, London: Routledge, 2010, pp.53-75.
② 程浩、黄卫平、汪永成：《中国社会利益集团研究》，载《战略与管理》，2003年第4期；杨光斌、李月军：《中国政治过程中的利益集团及其治理》，载《学海》，2008年第2期；杨帆：《中国利益集团分析》，载《探索》，2010年第2期。

博弈可以保证国家决策在动态中接近社会整体福利的最大化,因此,国家应建立促使不同利益集团平衡发展的机制,这就是民主政治,在中国就是社会主义民主。民主政治是培育不同利益集团平衡发展的最好的机制,真正的民主能保证每个人都能平等地通过有序的集体行动来表达并实现自己的利益诉求,从而达到使不同利益集团之间制衡和平衡的局面。建立社会主义民主,也是为建立健全通畅的利益形成机制和利益表达机制提供良好的制度平台,使社会不同的利益主体都能够在体制内形成有效的利益集团,在制度范围内有效而畅通地表达自身的利益诉求,让不同的社会利益集团在制度框架内通过相互竞争来相互协调和相互约束。党和政府可整合不同利益主体的利益要求,形成良性的社会互动关系。[1] 实际上,新加坡和中国都在根据自己的政治发展水平动态地探求和构建这种整合机制和民主机制[2],在新加坡是代议制下的强政府模式,中国正在形成一种强政府下的协商式民主模式,不过新加坡的这种模式已经基本成型,而中国的这种模式正在建设之中。

小 结

新加坡与中国的渐进式转型和改革的共同之处是它们都保证了国家的稳定性和现代性,所以在相当程度上保证了国家的有效治理。在社会基本共识和国家领导层的主导下,两国对经济、社会、文化和政治体制进行了持续的调整和改革,使其与经济和社会的发展和转型相适应,保证了经济和社会持续较快的发展,两国或许已经形成了一种特有的体制内的渐进式的政治转型模式。两国的市场化均快于民主化,这与一些国家的民主化快于市场化有所不同。两国的差异之处表现在,虽然同为渐进式改革,但中国更为渐进一些,

---

[1] 杨帆:《中国利益集团分析》,载《探索》,2010 年第 2 期。
[2] 李路曲:《新加坡 2011 年大选与政治发展》,载《当代世界与社会主义问题》,2011 年第 4 期;杨帆:《中国利益集团分析》,载《探索》,2010 年第 2 期。

具体来说就是中国的市场化和民主化进程在同一历史时期要慢于新加坡，这一方面是由于中国在建国后近30年实行了计划经济体制，另一方面中国对传统的路径依赖较为强烈。当然，对于中国来说，正是由于传统的因素较强，因此其市场化和民主化慢一些与它的现实是有适应性的，在相当程度上也有利于治理的有效性。当然，这也为进一步的发展留下了隐患，这表现在传统的经济体制、利益集团和意识形态对进一步改革尤其是政治改革有潜在的阻碍。

第三节　世界政治转型方式的变化与中国的政治发展

世界政治转型或民主转型的方式已经发生了重要的变化，由激进性和暴力性向渐进性和温和性转变，同时，也不再完全是由群众推翻统治者的革命所主导，而越来越呈现出由统治者与下层群众共同推动的改革所主导。这一变化使人们不再把民主化和政治转型视为一场革命、一场剧烈的冲突或改朝换代，而是一种改革，一种渐进而温和的权力交接。这种变化无论从实践上还是心理上都会对中国的政治发展产生重要的影响。在一党长期执政的条件下，可以通过党政分开和同时推进党内与党外民主来建构中国的国家体制，以提高政治体制对现代化和市场化的适应性。

一、政治转型方式的变化

从世界整体状况来看，政治转型的方式随着时代的发展已经发生了重要的变化，政治转型日益呈现出温和与渐进的特征。

近现代意义上的政治转型最早发生在欧美，可以17世纪的英国资产阶级革命、18世纪的美国独立战争和法国大革命为代表，这些革命虽然各具特色，但其实质都是资产阶级反对封建统治的民主革命，是从封建政体向资产阶级民主政体转型的标志。从转型或取得政权的方式来看，它们都采取了激进和暴力的方式，尽管使社会发生实质性变迁的转型持续了很长一个时期，但政权更迭本身是很短暂的。

在这一阶段的革命或转型的基础上，欧美的民主化进程或政治转型呈现出逐步温和化的趋势。在英国，1688年"光荣革命"不再是革命而是用"政变"的不流血的方式实现了资产阶级政权的巩固，此后直到19世纪英国政治发展的主要变革或转型就是议会改革及选举权的扩大，而这完全是以和平的群众运动的方式完成的。在法国，尽管19世纪爆发了1830年革命、1848年革命以及1871年巴黎公社革命，但是不仅这些革命的规模和影响无法与大革命相比，而且自巴黎公社以后法国就进入了一个和平发展与改革的时期，政治发展的进程再也没有用革命的方式来推动。在美国，独立战争后民主化不断推进，再没有出现大的政治动荡。虽然1861年发生了南北战争，但这并不是北方民主化进程的延续，而是向迟迟没有推进民主转型的南部的扩展，是南部的转型或革命。此后，美国完全进入了一个和平发展的时期，国内的政治发展和大量改革都是在和平主义的旗帜下进行的。德国和意大利的民族民主革命发生得较晚，但在19世纪后期完成统一后其国内大规模的暴力革命也就逐步缓和下来，政治发展以渐进的方式进行。

20世纪以后的欧美进入了和平改革时期，国内再没有大规模的暴力斗争，政治改革和社会转型完全是以温和、渐进的方式进行的。尽管发生了两次世界大战，但这种把暴力从国内转向国外的方式本身就说明了国内冲突的相对弱化。由于各国发展的不平衡，它们完成这种转型的历史时段和所用的时间并不完全相同，但基本趋势是相似的。

19世纪至20世纪，东欧、拉美、亚洲和非洲的民族独立和资产阶级革命依次展开，由于这些地区的现代化进程落后于西欧和北美两三百年，因此，主要国家的暴力革命直到20世纪上半叶才基本完成，而一些更晚进行现代化的国家的革命或暴力性的民族主义运动在1960—1970年代也基本结束了。20

世纪最后 20 多年发生的"第三波"民主化,标志着后发现代化国家的民主化或政治转型的方式已经基本从暴力对抗转变为和平运动,其渐进性也越来越明显。亨廷顿是这样描述这一时期各国政治转型的:"民主国家是如何产生的呢?民主的国家是由民主的方式产生的:舍此无他。民主国家是通过谈判、妥协和协议而产生的。它们是通过示威、竞选和选举而产生的,是通过非暴力地解决分歧而产生的。它们是由政府和反对派中的政治领袖所缔造的,他们都有勇气向现状挑战,并使他们追随者的眼前利益服从于民主的长远需要。民主国家是由政府和反对派中的领导人,即那些抑制反对派激进分子和政府保守派的武力挑衅行为的领导人所创设的。民主国家是由政府和反对派中那些有智慧承认在政治上没有一个人可以垄断真理或美德的那些领袖们所创设的。妥协、选举和非暴力是第三波民主化的共同特征。在不同程度上,这些也是这一波民主化中绝大多数变革、转换和转移的特征。"[①] 值得注意的是,这些政治转型不再像过去那样完全取决于人民或反对派单方面的意愿,而在相当程度上也是威权统治者或多或少的主动所致。

即使在"第三波"时期内,较早发生转型的国家与较晚发生转型的国家或地区相比,也有一个冲突逐渐弱化和妥协逐渐增强的趋势。例如,东欧的罗马尼亚 1991 年发生的政治转型是由一定程度的人民起义实现的,东亚最早发生政治转型的菲律宾是以持续三年之久的大规模群众示威运动、农民反抗运动和士兵起义以及最后 1986 年的普选交织在一起而实现的。而 1990 年代中后期发生的韩国的政治转型尤其是 2000 年发生的台湾地区的政治转型则表现出更多的温和性和稳定性,它们主要是通过选举而实现的。这种不同既与各国或各地区之间的经济社会和政治发展水平的差别有关,例如东德的温和性与罗马尼亚转型激进性之间的差异就是如此,也与政治精英和人民都不愿

[①] 〔美〕塞缪尔·P.亨廷顿:《第三波——20 世纪后期民主化浪潮》,刘军宁译,上海三联书店 1998 年版,第 202—203 页。

再看到更多的冲突有关，例如蒋经国就是看到菲律宾国内的动乱以及马科斯的下台而决定在台湾解除戒严的，而反对派的领导者也愿意以选举竞争而不是暴力手段来取得政权。

就少数国家在转型过程中出现的一定程度的暴力和多数国家中出现的低度暴力事件而言，应该说与渐进性转型的趋势并不违背，不仅它们比本国以往的政治转型的暴力程度要低得多，而且与欧美相比，由于它们的政治发展相对落后，社会政治结构和管理机制还没有发展到可以完全消除暴力运动的程度。这里面有一个重要参数是值得重视的，就是在市场化国家中，支持一个国家发生政治转型的人均生产总值指标在不断地上升，而转型中的冲突程度则随之递减。这是一个基本的趋势，尽管政治转型方式还要受到其他因素例如社会结构和文化的影响。

当代的政治转型更可能采取一种和平的方式进行。日本的政治转型如果以长期执政的自民党下台和民主党的上台为标志的话，其变化的程度几乎是微乎其微，几乎无经典意义上的"转型"可言，或者说其渐进性和稳定性非常明显。实际上，台湾地区和韩国已经表现出这种渐进性和温和性。如果台湾地区的政治转型是以2000年民进党上台执政为标志、韩国的政治转型是以1992年金泳三和1997年金大中执政为标志的话，那么这一过程比以往各国或各地区的转型温和与稳定得多。

二、一党长期执政与政治体制内的民主化

温和而渐进的政治转型越来越成为现实，也越来越受到人们的关注。在这方面，马来西亚和新加坡的情况很值得关注。这两个国家的执政党都已经执政了50多年，经济和社会高度发展，民主政治有很大的进步。

那么，是什么原因使它们没有发生标准意义上的转型即国家体制的转型，以及长期执政的政党在市场经济高度发展的情况下仍然保持着执政地位呢？

在笔者看来，政治制度具有较强的现代性指向和较高的制度化水平、渐进的政治改革并使其与本国的发展水平相适应，是它们一党长期执政并使其威权主义适应社会经济的巨大变迁的最重要的原因。

新加坡和马来西亚的政治体制具有较高的适应性是由于它们积累了较多的现代性因素，在此基础上执政者建立和培育了一种具有包容性和高效率的政治体制。具有现代性是指它们继承了英国的行政制度和法律制度，并在此基础上进行了适应现代化与国情的改造。具有包容性是指它在一党体制内把多党竞争和民主政治发展到了一个较高的水平。效率高表现在它们能够有效地主导经济和社会的发展，在上情下达和下情上达方面较为通畅。[①] 如果一种制度不能在面对环境变迁的挑战时作出调整，就会因自身不能适应这种变化而不得不以体制的转型来适应这种变化。韩国、菲律宾、泰国、马来西亚、印度尼西亚、台湾等国家或地区，以及发生在很多后发展国家的包括近两年在伊斯兰国家发生的政治转型，尽管有诸多原因，但政治体制的制度化水平较低尤其是缺乏适应性或包容性是它们共同的原因。

新加坡和马来西亚政治发展的特色之一是在对政治参与进行严格限制的基础上逐步培育公民意识并进行制度创新来扩大民主。现在看来，这在客观上有很大的积极效应。它在保证一党威权主义体制相对稳定的前提下逐步地放松管制，不像有些国家那样压制政治参与从而导致激烈的对抗和体制的崩溃。对民主的培育主要是允许反对党的存在的发展，使媒体越来越中立，允许民众投反对党的票和发表不同的言论，可以直接批评政府的政策。其中新加坡的集选区制度是体现这一特色的重要的制度创新，它既抑制了政治参与的快速膨胀，也没有打压政治参与，而是通过提高政治参与的门槛来引导有序政治参与，在选民和反对党政治素质不断提高的情况下则促进了政治参与。

---

① 李路曲：《新加坡 2011 年大选与政治发展模式》，载《当代世界社会主义问题》，2011 年第 4 期。

马来西亚执政的巫统的政治领袖们利用其政治体制和种族的多元性，在政治发展的不同水平上有效地限制和培育了政治参与。其对政治参与的限制主要表现在利用宪法和国家权力抑制反对党的发展，前者规定了伊斯兰在政治上的特权地位，执政党利用执掌的法律、媒体和政治权力制裁反对党的领袖并限制反对党的发展。对政治参与的培育主要表现在这种控制是逐步放松的，它越来越能容忍反对党的发展和政治参与的扩大，在这方面已经超过新加坡。同时，马来西亚很好地利用了联邦制的体制，使地方自治性容纳了更大的民主，而这种民主的发展没有更多地干扰联邦政府的稳定。

在这种具有现代性的威权主义主导下，经过数十年市场经济的发展，在马来西亚和新加坡都培育了日益成熟的中产阶级和市民社会；同时，几十年的民主选举也使人民群众的民主素质有了很大的提升，中产阶级和一般选民在选举中越来越理性。我们知道，民主化的基本条件就是市民社会和中产阶级的发展和成熟。一方面，长期的市场化和经济发展使新加坡大多数人都进入了中产阶级的行列，生活水平和受教育水平大大提高，人们的政治参与意识也随之提高了；另一方面，在具有竞争性选举的环境中，代表不同群体利益的反对党也有所发展，不但在吸纳人才方面有很大发展，而且在政治上也越发成熟。这表现在民众、执政党和反对党的民主意识都有很大提高。在新加坡2011年的大选中，在围绕选举议题进行激烈争论的同时，各种政治力量和选民都表现出了竞争中的理性和冷静。他们表示不愿意看到一些国家发生的民主沦为民粹的现象，不愿看到国会沦为不同党派和政客表演的舞台——因为这会严重地削弱政府的效率，而是需要制度化的和理性的民主制度。

这两个强大的国家是殖民统治后期英国殖民当局和本地政治精英和政党之间的一种政治合作的产物。尤其是在民族主义政党执政后仍然要借助于殖民当局的军事力量包括警察力量进行统治，镇压左翼反对派，并保留了而不是重新建立自己的行政系统。换言之，执政党放松了自己的控制和权力，而是通过国家进行有效的控制。这种强国家而弱政党的体制是它们能够在体制内大大发展民主并保持政治稳定的重要原因。

三、关于中国政治体制改革的一点思考

从整个世界的民主化特点以及新加坡和马来西亚在一党和威权体制内来发展民主和促进政治转型的情况来看，当代政治转型的温和性和渐进性仍在持续是无可置疑的。[①] 这主要是因为有三方面的重要因素会对政治转型起到越来越重要的作用：一是随着人类文明程度的提高，人们对生活和生命的关怀程度也越来越高，因而暴力和流血冲突越来越不为人们所接受。二是在后现代因素的影响下，政治转型不再像过去那样主要是由纵向的阶级分裂或等级分裂以及传统文化与现代文化的冲突所致，而是在现代化条件已经比较成熟甚至后现代因素已经大量出现的情况下，其社会结构已经横向扩展尤其是多元化，多元的利益和文化群体改变了传统的社会分裂的向度和烈度，对社会整体来说其分裂性要小得多，这就在客观上软化了社会分裂和冲突的基础。三是全球化带来的交流互动及信息交流的增加和通畅，使得后转型国家一方面处于国际社会示范性的压力和监督之下，在人文关怀、民主的机制和模式及社会自由方面都要受到民主国家的影响；另一方面随着治理方式的交流和积累，统治者在主观上越来越希望把握民主化的主动权，他们在主观上的努力尤其是对国外已经成熟的民主治理经验的借鉴会越来越多，这就大大提高了人们解决转型冲突的能力。这已经影响到了我们关于中国政治发展的思考。

---

① 当代非洲一些国家的政治转型仍具有暴力性，正如前述，这是政治经济发展不平衡的表现，它们的社会和政治发展仍处于较低水平，政治体制僵化。

当我们在谈论"东亚模式"或"中国模式"的时候，尽管存在着不同的解读，有人把其看成是完全不同于其他国家政治发展的一种政治形态和发展模式，也有人认为它们是在世界整体发展趋势之中的一种具有自身发展特点的政治形态和发展模式，但从政治发展或政治转型的视角来看，这两种观点无疑都潜在地包含着这样一层意思：东亚一些国家和中国的政治发展或民主化进程是一种渐进方式，它不会发生多元民主政体取代威权政体的急剧转变，它是一种渐进、温和而稳定的转型或发展。进而，这不仅意味着认为这种转型是渐进的，也有意指转型本身不再是威权政治向多元民主政治的转型，而是一种国家治理的创新或国家"一元"的民主治理。

可以说，伴随着现代化进程合理地进行国家制度的建构和改革是保证民主化稳定的最重要的政治资源。我们知道，在现代化的一定阶段，政治参与和政治诉求主要取决于政治觉醒的程度，而较少取决于经济水平，尽管后者也有一定的作用。因此，靠经济发展来抑制人们政治参与的诉求只能在一定程度上和在发展的一定阶段上起作用，不能在根本上或长期起作用。在现代化过程中经济发展的好与坏都可能引发不满或政治转型。新加坡 2010 年国民生产总值增长 14%，世界第一，人均 GDP 达 5 万美元，然而在 2011 年 5 月的大选中人们对执政党的不满和要求改革的呼声也达到了历史的最高点。还有一些国家在经济危机时由于人民不满而导致了政权的更迭。因此，只有在体制内适时地实行改革以使政治制度和治理方式适应经济和社会变迁的要求才是现代国家构建的根本所在，也是保证社会经济和政治民主稳定发展的根本所在。

从世界民主化的趋势和特征尤其是新加坡和马来西亚的政治发展来对中国的政治改革和发展做一点思考，会使我们有所启示。

当 30 多年前邓小平和党中央提出党政分开时，是看到和遵循了一个基本的常识性的问题和事实，那就是当时世界发达的民主国家都是党政分开的，而凡是实行党政合一的国家都存在着管理上的问题，无法解决中央过度集权和调动地方积极性、"党要管党"尤其是提高政府效率的问题，因此，党政分开实际是一个在政治发展过程中需要重视和解决的问题。但当1980年代在改革过程中遇到了一些问题和阻力后，这一改革被搁置了。实际上当时阻止党政分开的因素并不是根本性的，有些是外在的，包括我们对党政分开这个概念本身及其实践都存在着很多认识上的误区。

这些误区包括：第一，认为党政分开是不要党的领导，削弱党的领导，甚至意味着执政党下台。新加坡和马来西亚是一党长期执政，执政党长期掌握着领导权，但党政是分开的，在各级政府和企业中并没有党的组织，党的基层组织是选举及动员组织，因而党的主要功能是选举及动员群众。由于党政分开，它们在很大程度解决了重复领导和政府效率问题，解决了对政府的监督问题，解决了党脱离群众的问题。因此，在现代化过程中，它们能够适应社会经济和政治变迁的需要，适时推动体制内的民主化改革，以化解经常发生和不断变化形式的社会和政治矛盾。我们看到，它们在人均产值5万美元和1万美元的水平上仍然较好地维持着一党政治下的动态的社会和政治稳定。由于社会经济的发展水平高，它们面临的转型和改革压力更大，但它们基本能维持着一种动态的社会和政治平衡。

还有一个重要的问题，就是我们看到，在当今民主化过程中，无论是发生政权更迭式的政治转型还是在体制内的民主发展，党政分开是保证转型稳定的重要前提条件，因为民主化主要表现为执政党的更替或各政党在议会及政府中的力量对比的变化，如果党政是公开的，那么这时行政系统是不变和稳定的，这是为什么有些国家或地区的政治转型是稳定的，有些国家政府频繁更迭而政局稳定，有些国家在体制内推进民主化而政局稳定。

第二，有人认为这是意识形态的问题，即是否坚持党和社会主义路线的问题。实际上，群众路线是党的根本路线，在从革命党向执政党转型后，尤其是1990年代党在理论上解决了这一问题后，党在现代化中的路线已经确立，从邓小平思想、"三个代表"和"科学发展观"到新时期的群众路线，即最近以习近平为总书记的党中央强调要把人民的利益放在第一位，这些都说明党的路线和意识形态与人民群众的根本利益是一致的，既然如此，从现代化的要求和人民群众的根本利益出发，改革党的领导，包括通过党政分开来进行党对政府的领导，并不违背党的宗旨和意识形态。形势变了，党的意识形态自然要有所改变，不能再固守革命党时期的阶级路线。

第三，有人认为党政分开会使庞大的党的各级领导干部这一既得利益集团失去特权地位，因而他们会消极对抗改革，从而使改革难以推动。其实既然党政一体，党的各级领导干部可以通过逐步转化为各级政府官员来保障他们的利益。如果我们30年前就实行这一改革，则会逐步消化这种改革的阻力。很多国家例如新加坡这种改革的速度要快得多，也遇到一些阻力，但都克服了。历史上没有没有阻力的改革，只要有足够的决心和合适的方式方法，就能推动这种改革。我们没有必要低估我们党内很多干部的能力和觉悟。更重要的是，现在进行这种改革仍然不晚，改革的经济条件（我们的经济实力）和政治条件（群众和中央反对腐败的决心）已经越来越成熟了。

第四，有人认为只能先进行党内民主，再推动社会民主。笔者认为，党内民主与党外民主应基本上同时推动，当然应渐进而有序的进行。因为如果先进行党内民主，只有党员有实质意义上的选举权，那么只会使他们的民粹思想和特权利益扩大，形成执政党的党内民主而对党外的特权。历史和现实都表明，如果一个群体或阶层有了一定的特权，那他们一定会抵制、至少是没有动力取消这一特权。这会使党没有动力和能力去推动国家民主这一终极目标。只有在党外民主的压力和监督下，党内民主才能有效地推进。

第四节　中国民主化的路径、动力与模式

后发展国家政治发展的现实表明，各国的上层精英正在力图掌握民主化的主导权，各派政治力量在转型中达成妥协的可能性越来越大；同时，由上层精英尤其是一党长期执政的强国家主导的民主化更具有稳定性和持续性；在中国，尽管不同的民主化路径都有其合理性，但"以党内民主带动人民民主"是更为现实的选择。然而，从世界的民主化进程来看，从精英民主向大众民主扩展通常会存在严重的动力不足的问题，不健全的民主机制会成为"民主特权"的获得者手中的工具，以此来反对民主的进一步发展。而适度的党政分开是推动民主化的重要的制度动力，无论从经典的民主理论还是后发展国家的政治实践来看，它可以保证政治参与和政府绩效两个机制都发挥有效的作用。尤其是当今世界的政治发展出现了一些新的变化，在一些后发展国家中党政分开与一党长期执政之间出现了相互依存的情况，它使得民主化进程稳定而有效，同时也为执政党提供了新的合法性。

一、民主化路径的选择

不断推进民主政治建设，是中国现代化进程的必然要求，也是改革开放以来党中央的既定决策，在这一点上学界和政界都有高度的共识。但是在如何进行政治改革或实现民主化的路径问题上，却存在着不同的看法。确实，价值取向上的共识并不意味着具体行动中的一致，民主化路径的选择与一个国家的文化传统、社会经济发展状况、政治精英的主体性选择、国民的素养和政治参与意识等诸多因素有直接关系，而这些因素是相互影响并不断变化的，因此，路径选择的多样性是可能的，可能都有其合理性。然而，尽管不同的民主化路径在特定的时期并非没有更好，但重要的是操作，即只要操作得当，看起来不那么理想的路径也会取得较好的效果；相反，操作不当，在

理论上好的路径也可能导致不好的结果。

在我国诸多有关民主化路径的研究中，"以党内民主示范并带动人民民主"和"人民民主与党内民主并进"是两种最重要的不同的改革路径①，但都有其合理性。然而，党的十八大报告明确指出："党内民主是党的生命，要坚持民主集中制，健全党内民主制度体系，以党内民主带动人民民主。"② 因此，以党内民主示范带动党外民主已经成为现实的选择，所以我们应该统一到这一路径上来，否则，不同的路径选择会打乱民主化的战略和策略部署，在实践中引发混乱，难以保证民主的稳定推进。然而，党内民主如何带动人民民主？尤其是党内民主发展到什么程度再启动人民民主？人民民主对党内民主有何种作用？这些问题都需要进行探讨，要结合民主的实践处理好这些关系。这就要求我们全面地探讨这一路径的发展，既要阐述其合理性和有利因素，也要阐述可能阻碍这一路径发展的客观和主观因素，还要通过比较吸收其他路径的优点，这样才能在实践过程中排除各种阻碍因素，有效地实施这一路径。

从早发现代化国家的民主化进程来看，民主发展的基本路径是先有一定程度的人民民主，再有政党，进而是人民群众与政党共同推进民主化进程。从后发展国家的政治发展进程来看，政党产生时多为革命性政党，其主要任务是领导民族斗争或革命斗争，以争取民族独立而不是直接推进民主化。一般来说，这些政党在领导革命或民族主义斗争取得胜利后，多数都建立了强大的威权主义或全能主义政权，实行一党执政。应该说，在近几十年来的民

---

① 相关研究文献详见胡伟：《党内民主与政治发展：开发中国民主化的体制内资源》，载《复旦学报》（社会科学版），1999 年第 1 期；林尚立：《党内民主：改革开放以来的探索与实践》，载《探索与争鸣》，2002 年第 6 期；金安平：《"党内民主"与"党的民主"——党内民主示范、带动人民民主机制的思考》，载《社会科学研究》，2009 年第 1 期；林尚立：《复合民主：人民民主在中国的实践形态》，载《中共浙江省委党校学报》，2011 年第 5 期；杨光斌、李冬：《"以党内民主带动人民民主"还是"以党内民主带动国家民主"》，载《探索与争鸣》，2012 年第 10 期；胡伟：《中国的民主政治发展应有顶层设计》，载《探索与争鸣》，2013 年第 2 期。

② 胡锦涛：《坚定不移沿着中国特色社会主义道路前进，为全面建成小康社会而奋斗》，见中共中央文献研究室编，《十八大以来重要文献选编（上）》，中央文献出版社 2014 年版，第 40 页。

主化浪潮中，在一些民主的主客观条件较为成熟的国家中，执政党都在不同程度上参与到了民主化之中，其中在一些由反对党主导的转型中，反对党和执政党有所妥协，从而使转型较为平稳；① 在另一些由执政党主导和反对党参与的转型中，主要是在威权主义体制内推进了民主化；② 还有一些社会主义国家则是在执政党的主导下实行了体制内的政治改革。在第二种模式和第三种模式中执政党都是推进民主化的重要力量，不同的是在第三种模式中执政党完全主导了政治改革或民主化。从这三种模式或路径来看，尽管执政党或上层精英已经越来越多地在主动推动民主化进程，但由人民群众与政党共同推动会使民主化前进的步伐更大，而完全由执政党主导的政治改革或民主化则在较长一个时期很难排除各种阻碍因素。从这三种模式来看，以"党内民主示范和带动人民民主"具有很强的中国特色或社会主义特色。但是我们也应看到，这种特色在相当程度上并非是唯一的或排他性的，也就是说，从推动民主化的力量来看，源于"第三波"民主化时期的由上层政治精英参与甚至掌握民主化进程的情况越来越多，似乎新的在体制内推动民主进程的模式正在形成。

从世界民主化进程来看，19世纪和20世纪上半叶的民主化大都是人民群众自下而上推动的，但到20世纪末"第三波"民主化以来，上层政治精英尤其是执政党的领导人越来越力图把握政治发展的主动权，出现了他们与下层群众或执政党外的政治精英协商推动民主化进程的现象。亨廷顿是这样描述

---

① 例如：波兰、匈牙利、捷克、爱沙尼亚、斯洛文尼亚、斯洛伐克、巴西、墨西哥、韩国、台湾地区等，可参见塞缪尔·P.亨廷顿：《第三波——20世纪后期民主化浪潮》，刘军宁译，上海三联书店1998年版，第181—232页；Larry Diamond, "Is the Third Wave Over?", in *Journal of Democracy*, Vol.7, 1996, pp.20-37；〔美〕托马斯·卡罗瑟斯："《民主转型范式》的终结"，见杨光斌主编：《比较政治学评论》（第1辑），中国社会科学出版社2014年版，第49—62页；房宁等：《自由、威权、多元：东亚政治发展研究报告》，社会科学文献出版社2011年版，第118—160页。

② Yang Razali Kassim, *Transition Politics in Southeast Asia: Dynamics of Leadership Change and Succession in Indonesia and Malaysia*, Singapore: Marshall Cavendish Academic, 2005, pp.291-302；房宁等：《自由、威权、多元：东亚政治发展研究报告》，社会科学文献出版社2011年版，第331—338页。

这一时期各国政治转型的:"民主国家是如何产生的呢?民主的国家是由民主的方式产生的:舍此无他。民主国家是通过谈判、妥协和协议而产生的。它们是通过示威、竞选和选举而产生的,是通过非暴力地解决分歧而产生的。它们是由政府和反对派中的政治领袖所缔造的,他们都有勇气向现状挑战,并使他们追随者的眼前利益服从于民主的长远需要。民主国家是由政府和反对派中的领导人,即那些抑制反对派激进分子和政府保守派的武力挑衅行为的领导人所创设的。民主国家是由政府和反对派中那些有智慧承认在政治上没有一个人可以垄断真理或美德的那些领袖们所创设的。妥协、选举和非暴力是"第三波"民主化的共同特征。在不同程度上,这些也是这一波民主化中绝大多数变革、转换和转移的特征。"① 这种情况在近年来继续发展,从当代国家治理效率较高、经济发展势头较好的亚洲国家来看,无论是转型后仍需要进行政治改革的国家还是在一党体制内进行民主政治建设的国家,例如印度②、印度尼西亚③、马来西亚、新加坡④、越南⑤和中国,强势的执政党和政府都在努力把握政治改革的主导权。

从中国的情况来看,在改革开放之初党中央就力图推动政治改革,邓小平指出:"我们各种政治体制和经济体制的改革,要坚定地有步骤地继续进行。这些改革的总方向,都是为了发扬和保证党内民主,发扬和保证人民民主。"⑥1980年代就在全国开始进行民主政治建设,包括党和国家领导体制的改革、在农村进行村委会的选举和各级人大代表的选举等。此后历次党的代

---

① 〔美〕塞缪尔·P.亨廷顿:《第三波——20世纪后期民主化浪潮》,刘军宁译,上海三联书店1998年版,第202—203页。
② 林承节:《印度独立后的政治经济社会发展史》,昆仑出版社2003年版,第331—334、482—491页;Ronojoy Banerjee, *Not an Authoritarian Regime,but India Needs a Strong State* ,见http://www.thequint.com/blogs /2015/07/15/not-an-authoritarian-regime-but-india。
③ 本报评论员:《初见成效,印尼改革在艰难中起步》,载《人民日报》,2014年11月21日。
④ William Case, *Politics in Southeast Asia:Democracy or Less* , London,Curzon Press,2002,pp.81-146.
⑤ 任云飞:《越南政治改革对中国的启示》,载《重庆社会主义学院学报》,2012年第1期,第84—87页。
⑥ 《贯彻调整方针,保证安定团结》,见《邓小平文选》第2卷,人民出版社1994年版,第368页。

表大会的报告都把政治改革放在重要位置。① 2012 年以习近平为总书记的新一届中央领导集体执政以来，不仅加大力度推进经济和社会领域的改革，而且在政治领域也坚定地进行了一些改革，例如进行廉政建设，加大对官员和政府的监督；简政放权，以市场化为导向改革政府的管理方式。这表明，自改革开放以来，中国的改革进程包括政治改革都是在执政党的主导下进行的。

政治发展路径主要是由本国的历史传统和国际国内的某些现实因素所决定的，例如，中国和越南之所以是由执政党主导政治改革或民主化，主要是由于执政党非常强大，是由于它有强大的社会主义意识形态，更由于它们在特定的时期进行了经济、社会和政治改革。而马来西亚和新加坡之所以是由执政党辅之以反对党共同主导民主化进程，主要是由于两国的执政党并非具有垄断性，政治体制和社会政治文化都较中国和越南更为开放；而另一些国

---

① 中共十三大报告提出"实行党政分开、进一步下放权力、改革政府工作机构、改革干部人事制度、建立社会协商对话制度、完善社会主义民主制度的若干制度、加强社会主义法制建设"等政治体制改革举措，详见赵紫阳：《沿着有中国特色的社会主义道路前进》，见《十三大以来重要文献选编（上）》，中共中央文献研究室编，人民出版社 1991 年版，第 34—48 页。

中共十四大报告提出"积极推进政治体制改革，使社会主义民主和法制建设有一个较大的发展"，详见江泽民：《加快改革开放和现代化建设步伐，夺取有中国特色社会主义事业的更大胜利》，见《十四大以来重要文献选编（上）》，中共中央文献研究室编，人民出版社 1996 年版，第 28—29 页。

中共十五大报告提出"没有民主就没有社会主义，就没有社会主义现代化"的论断，详见江泽民：《高举邓小平理论伟大旗帜，把建设有中国特色社会主义事业全面推向二十一世纪》，见《十五大以来重要文献选编（上）》，中共中央文献研究室编，人民出版社 2000 年版，第 30 页。

中共十六大报告提出"必须在坚持四项基本原则的前提下，继续积极稳妥地推进政治体制改革，扩大社会主义民主，健全社会主义法制，建设社会主义法治国家，巩固和发展民主团结、生动活泼、安定和谐的政治局面"，详见江泽民：《全面建设小康社会，开创中国特色社会主义新局面》，见《十六大以来重要文献选编（上）》，中共中央文献研究室编，中央文献出版社 2005 年版，第 24 页。

中共十七大报告提出"坚定不移发展社会主义民主政治"，详见胡锦涛：《高举中国特色社会主义伟大旗帜，为夺取全面建设小康社会新胜利而奋斗》，见《十七大以来重要文献选编（上）》，中共中央文献研究室编，中央文献出版社 2009 年版，第 22—26 页。

中共十八大报告提出"坚持走中国特色社会主义政治发展道路和推进政治体制改革"，详见胡锦涛：《坚定不移沿着中国特色社会主义道路前进，为全面建成小康社会而奋斗》，见《十八大以来重要文献选编（上）》，中共中央文献研究室编，中央文献出版社 2014 年版，第 19—24 页。

家的执政党由于过于僵化，没有进行政治改革或不愿推进民主的进程，结果是或者发生了激进的政治转型，或者仍处于落后状态。

由执政党掌握民主化主导权有助于民主化的稳定发展，而这是渐进式转型的重要保证。从政治转型的历史来看，尽管我们说革命或激进的转型是某些国家在特定历史条件下唯一可能的选择，也是推翻一个旧制度的最有效的选择，但是真正地完成社会的转型则是一个较长的过程，实践证明，改革或渐进式转型更为有效。① 从政治文化和社会变迁的规律来看，革命性的转型在短期内很难使社会和文化发生根本性的改变，它们通常只是导致了形式上的巨大变化②，而要实现内在的"质"的转型则要经过长时间的努力，至少要建立起与这些社会形式相适应的文化内容。革命这种非连续性行为会在相当一段时间内导致文化的"无形式"，尽管革命者会以某种革命文化来迅速地取代"传统的"文化，但实际上这很难在短时期内为人们所接受，也就是说，革命者很难在短期内或一代人的时间里通过教育人民来重新确定文化导向。从政治视角来看，急速的政治转型在相当一段时间内难以建立稳定的民主的制度和机制，这是由于大众和精英无论在思想上还是行为上都需要一个习惯和实践过程，所以民主制度还不能有效地运作，起不到整合社会分裂和稳定政治局面的作用，反而更可能因为政治系统过度开放以及政治参与门槛过低而加剧社会分裂和冲突。由此看来，在长期的增量的变化中所完成的转变要多于企图通过激烈的革命所完成的转变。我们注意到一些国家把文化变迁看作是一种系统的社会工程，它们伴随着现代化的进程通过长期的文化和社会化活动来实现由传统向现代社会的转型，而不是以"文化革命"的方式来完

---

① 〔美〕保罗·哈里森著：《第三世界：苦难、曲折、希望》，钟菲译，新华出版社1984年版，第446—494页。
② Melford E. Spiro, "Some Reflections on Cultural Determinism and Relativism with Special Reference to Emotion and Reason", in Richard A. Schweder and Robert A. LeVine (eds.), *Culture Theory: Essays on Mind, Self, and Emotion*, Cambridge: Cambridge University Press, 1984, p.116.

成这种过渡,但却发生了实质性的转变。①

全球化带来的国际示范性压力的增加、世界政治转型方式的渐进性趋势、上层精英推动民主化进程的主客观条件的成熟以及中国的现实政治结构,都决定了自上而下推动渐进式政治改革路径的可行性。因此,我们可以延续精英政治的传统,在政治精英即执政党内先行先试民主,为人民民主积累经验。但是,这不意味着人民民主完全靠党内民主来推动,我们不能等到党内民主完全成熟后再将党内民主的实践向党外拓展,这样做不但会使党内民主的动力不足,还会使党内民主与人民民主相脱节,因此我们应该在党内民主启动和作出示范后及时地推进人民民主。

二、阻碍党内民主向人民民主扩展的因素

党内民主脱离了人民民主会削弱其改革的动力,这可以从国际国内两个方面来分析:

民主发展的实践表明,优先获得选举权的人群或阶层把选举权作为一种特权来保护是一种比较普遍的现象,他们可能会在很长一个历史时期中都反对其选举的特权向外扩散,因此,选举权的扩大是一个上层精英与下层群众长期博弈和逐步推进的过程。作为西方民主起源的古希腊雅典的城邦民主制对世界民主政治的发展具有重要的影响。然而,雅典的城邦民主制存在着明显的局限性,它只是少数人的民主。首先是广大奴隶群众不仅毫无权利可言,而且被明目张胆地列为专政对象。② 其次,这个民主政治的范围即使在自由民中也是很有限的,妇女皆不能参政,外邦人也无任何权利,这就使自由民人口总数一半以上与它无缘。③ 而由于城邦只给自己公民享受权利,公民权本身

---

① 李路曲:《新加坡华人社会:西化与儒化的历史角逐》,载《中西政治文化论丛》,天津人民出版社2002年版,第66—98页。
② 吴于廑、齐世荣主编:《古代史编》(上卷),高等教育出版社2011年版,第173页。
③ 吴于廑、齐世荣主编:《古代史编》(上卷),高等教育出版社2011年版,第173页。

变成一种特权，公民范围不见扩大反而缩小，非公民获得公民权相当困难，这也就堵塞了雅典在政治上自我扩大之路。① 在英国，上层资产阶级在获得选举权后，设置了财产等各种条件，把选举权限定在很小的范围内，直至 300 年后，才在 19 世纪民众近一个世纪的争取选举权的斗争后实行了普选制。② 在美国，从殖民地时期直至独立后很长一个时期，选举权还是少数资产阶级的专属权利，直到 19 世纪上半叶人民群众掀起争取选举权的斗争，在日益强大的压力之下，国会才取消了选举权的财产资格。而黑人争取选举权的斗争更为艰难，道路更为漫长，直至 1960 年代美国黑人自由民权运动风起云涌之时，才真正争得了选举权。

从当代诸多国家或地区的民主实践来看，由于民主开放了政治体系，降低了政治参与的门槛，政治参与急剧扩大，而人们在短时间内难以习惯和掌握民主的机制，这时，各种利益集团就可能利用自己占有的优势资源操纵民主机制来维护并发展既得利益，使民主制度经常显现出排他性和保守性，例如，这种选举很容易为家族势力和国家资源的占有者所利用，在东南亚很多地区，在相当一个时期中，选举或者是被本乡本土的人所支配，或者是被受更大的地方势力或某一阶层操纵的政党所操纵。③ 在此情况下，民主充当了强势的保守势力维护既得利益的工具，他们会阻碍现状的改变，即阻止民主的进一步发展。换言之，民主制度构建的过程也是利益主体通过政治参与来改变利益分配的过程，一旦形成新的利益分配结构和机制，而这种结构和机制还不够成熟，从这一结构和机制中获益的强势的既得利益者就会把这种民主机制作为维护

---

① 吴于廑、齐世荣主编：《古代史编》（上卷），高等教育出版社 2011 年版，第 173 页。
② 吴于廑、齐世荣主编：《世界史·世界近代编（下卷）》（本卷由刘祚昌、王觉非主编），高等教育出版社 2011 年版，第 17—31 页；阎照祥：《英国政治制度史》，人民出版社 1999 年版，第 290—341、388—393 页。
③ 〔泰〕保罗·汉德利：《1987—1996 年：泰国的金钱政治时期》，薛学了译，载《南洋资料译丛》，2002 年第 1 期；〔泰〕素林·迈西谷、邓肯·麦卡尔：《选举政治：商业化和排他性》，见饶传讯主编：《泰国的政治变化：民主与参与》，厦门大学东南亚研究中心和香港城市大学东南亚研究中心，2002 年，第 145—175、176—199 页；Jürgen Rüland, Clemens Jürgenmeyer, Michael H. Nelson, Patrick Ziegenhain, *Parliaments and Political Change in Asia*, Singapore: Institute of Southeast Asian Studies, 2005, pp.95-135.

和发展自己利益的工具。所以,不成熟的民主机制有时不但不能成为维护公民权利和利益的工具,反而可能成为强势者控制权力和利益的工具。

从中国的情况来看,改革开放和初步的民主政治建设在推动中国社会巨大的经济和社会变迁的同时,也使一部分人得到了一定的政治、经济和社会特权,他们形成了改革开放后的新的既得利益者,他们在利用新的有时是民主的机制来维护自己的特权或既得利益。例如,市场化改革和政治的适度放松使一些官员利用政治权力支配着大量的在计划经济时代不可能支配的经济和社会资源,加之传统文化中特权思想的影响,他们依靠政治权力获取和维护特权利益的思想根深蒂固;在已经开放的基层的有限选举中,出现了很多家族势力和地方精英操纵选举的情况,他们利用家族、亲朋好友和贿选等手段操纵选举,选出本家族或本利益集团的人,企图垄断当地的选举和民主,企图把这项权利作为自己的私利而长期占为己有,有的地方这种现象很严重;人大代表的政治地位和选举权利在一定程度上也成为一种特权,由于人大代表较少受到所代表地区群众的制约,因此他们更多的是顾及上级而非群众的监督,这也使他们缺少扩大民主权利的动力;由于我国政治开放的程度有限而经济更加开放,因此这一问题在国有企业改革的困境中表现得更为明显。国有企业混合所有制的改革已经引起政府相关管理部门、国有企业的管理者甚至职工以及参股民营企业的权力和利益博弈,甚至引发了意识形态的争论,使一部分利益相关者消极对待甚至阻碍改革的推进。实际上,近20年来我国的国有企业在所有制的改革方面进展较慢,多与意识形态和利益博弈有关,结果本来是以市场化为导向的改革,最后总是以国有垄断结局。1990年代后期股份制的改革没有深入下去,反而是政府给国企提供了诸多优惠条件,例如在融资、土地、自然资源开发等方面的优先甚至唯一开发权,使其迅速扩张,出现诸如"三桶油"、中移动和四大国有银行等具有全球影响力的垄断企业集团,经济实力可谓富可敌国,然而,这些国企由于取得了巨额利润并形成了巨大的分利集团,因而拼命地保护自己的既得利益。这些都说明一旦享受了既得利益，就会成为改革或进一步扩大平等权利的阻力，尤其是在中国保护自己的经济利益常常要通过保护自己的政权特权来实现。

从党内来看，当党内民主有所发展以后，不论是选举民主还是协商民主，必然使得上级与下级、组织与个人、中央与全党的关系不再是单向度的，而是有一定程度的互动。与现在相比，普通党员的民主权利会得到进一步落实，普通党员对党的组织、下级组织对上级组织的制约和监督会进一步加强。这时，党的权威不能只靠自上而下的党的组织原则来保证，还要在相当程度上依靠全党对党内生活的民主化程度的认同来保证。在此情况下，普通党员的主体地位会进一步凸显，他们能够在一定程度上监督和制约党委领导，这就意味着他们可以通过行使民主权利给自己带来一定的利益，这时，党员所拥有的超出一般群众的选举权就会成为特权，因为只有他们才有对党和政府的监督和制约权力，从而可能形成既得利益。具体来说，不少地方进行了党委领导班子公推直选、公推票决、党务公开等一系列试验性改革，党员的民主权利得到了进一步落实，开辟了有限政治竞争的新路径。党内民主似乎缺乏进一步发展的动力，原因是现实中党员尤其是掌握一定权力的党员都在一范围和一定程度上形成了"民主的特权"。例如，由于党员有选举党的基层领导的权利，尤其是党的下级干部具有用选票评价上级领导的权利，这些都会使基层领导在相当程度上迎合党员群众的利益诉求，无论是合理的还是不尽合理的诉求，从而制定一些有利于党员的政策，例如会进一步扩大年青党员报考公务员的特权，会在职务晋升或利益分配上给予一定的优惠；会增加向民营企业派驻党员干部的人数；由于党的组织有联系上层的渠道，甚至有利益输送的渠道，这些党政合一或党企合一的现象使一些党员不愿意把自己拥有的权利或利益扩大，尤其是不愿意扩展到党外，因为党内民主在一定程度上已经成为了一种特权。

我们知道，民主的进程是从精英民主向大众民主扩展的过程，同时也是"民主特权"的获得者与大众博弈的过程。早期的民主是资产阶级反对封建主义的精英民主，这既是少数先进人物的民主，也是特权利益者的民主，因为一旦他们从封建统治者手中夺取了政权，掌握了新的民主的运行机制，就把民主变成了自己的一种特权。应该说，这种民主在很长一段时间内是民主发展的必然要求，也是必经的阶段，它是适应经济和社会现代化进程的，也在相当程度上避免了由于启蒙的主观条件不足和教育水平不高而可能导致的民粹主义泛滥或劣质民主的现象。然而，随着现代化的推进和社会的进步，民主必然会进一步扩大，让更多的人享受到民主的福利，尽管实现民主的路径可以多种多样。

民主的进程也表明，精英民主不会自然拓展为大众民主，而是在客观条件基本具备的情况下，由人民群众和政治精英共同奋斗的结果。早期主要是人民群众的推动，后期政治精英的作用越来越大。显然，出现这种状况的直接原因是由于在民主制中也会产生与统治阶层联系密切的各种既得利益集团，他们曾经是民主的推动者，但是在新的民主结构中是既得利益的获得者，因而没有动力去改变既有的权力结构，相反总是企图以各种合法方式阻碍进一步的民主化。在一系列社会民主运动的压力下，上层精英才不得不降低政治参与的门槛，使民众逐步获得民主权利。这说明，只要力量均衡没有被打破，既得利益格局没有被打破，没有新兴利益群体的强大压力，狭小的精英民主并不会出于捍卫某种价值观或者道德自省而主动将普罗大众纳入到民主政治中来。

然而，我国的现代化进程已经发展到了一个新的阶段，人均GDP超过7000美元，成为中等收入国家，经济和社会结构的变革在加快，政治转型或发展人民民主的压力在增大，正是在这种背景下，习近平总书记提出了"四个全面"的理论①，

---

① 2014年11月，习近平到福建考察研时提出了"协调推进全面建成小康社会、全面深化改革、全面推进依法治国进程"的"三个全面"；2014年12月，在江苏调研时则将"三个全面"上升到了"四个全面"，要"协调推进全面建成小康社会、全面深化改革、全面推进依法治国、全面从严治党，推动改革开放和社会主义现代化建设迈上新台阶"，新增了"全面从严治党"。参阅朱书缘：《习近平首次集中阐述"四个全面"宣示治国理政全新布局》，见人民网、中国共产党新闻网，http://cpc.people.com.cn/xuexi/n/2015/0203/c385474-26498838.html，2015年2月3日。

其中一项重要的内容就是规范公共权力、进行民主政治建设。① 这说明，改革已经触及政治体制，即只有通过进行政治体制改革才能解决经济和社会发展中面临的诸多问题。"要遏制权力任性，最重要的是让人民能够监督权力。这就需要不断扩大民主，推进人民民主程度不断提高……而要推进人民民主，就要扩大选举民主，做实协商民主，通过人民代表大会这种形式真正体现权为民所赋。"② 既然全面建成小康社会的内容中包括进行民主政治建设，没有民主的小康社会不是"全面"的③，而建成小康社会又是 2020 年我国所要完成的任务，因此，发展人民民主已经是摆在我们面前迫切需要解决的问题。

三、从党政合一到党政分工：提高政府绩效与政治改革的双重动力

对于后发展国家来说，政治发展到一定阶段，适时适度地进行党政分开是提高政府绩效和推动民主发展的重要的制度建设和动力。然而，党政分开到什么程度，如何处理党政关系，却是一个实践的量性问题而不是一个质性问题。因为无论是西方国家还是后发展国家，党政之间都有密切的联系，都面临着如何处理党政关系的问题。政党就是参政或执政的组织，它不可能不与政府或政治权力发生关系，这是政党存在和发展的基础，也是政治现代化的必然选择。因此，把党政关系分成"党政合一"抑或"党政分开"④ 两种类型或体制，在当代的政党体制中主要具有类型学的意义，而越来越少地具有实践意义，因为各国政党在实践中都存在着党政合一或党政分开的情况，只不过是程度不同而已。西方国家的执政党掌握着政府的权力，而在议会中

---

① 陈剑：《用转型理论破解转型中的问题》，载于《社会科学报》，2015 年 8 月 13 日。
② 陈剑：《用转型理论破解转型中的问题》，载于《社会科学报》，2015 年 8 月 13 日。
③ 陈剑：《用转型理论破解转型中的问题》，载于《社会科学报》，2015 年 8 月 13 日。
④ 尽管在中国"党政分开"具有特定的涵义，它不是指类似于西方政治体制意义上的完全的党政分离，但是这仍然会引起意识形态上的猜测，也仍然主要是一种类型学的两分法的认识，这不利于统一人们的认识而推进渐进改革。过去我们说"党要管党"是与"党政分开"联系在一起的，是要改变"党政合一"的状况，而今天的"党要管党"是与"从严治党"联系在一起的，主要是指党自身的建设。

则由执政党和在野党共同掌握国会权力，只不过在政府成立后执政党并不干预政府的日常运作。而且每个国家的党政关系都是发展变化的，都要随着本国的政治发展而改变。那种把党政合一与党政分离对立起来，甚至把党政分离说成是西方的政党体制而党政合一是东方体制的观点，既不能完全反映政治体制的现实，也不是以发展的眼光来看待党政关系。对于后发展国家来说，党政合一也只是特定政治发展阶段的产物，西方的党政分离也并不意味着政党不介入政治，实际上各国都要根据自己的政治发展和特色来找到适度的党政关系。

在当今的后发展国家中，党政关系大体可以划分为三种方式，第一种是与西方国家基本相同的"党政分开"，这是在已经发生了政治体制转型并实行了两党制或多党制的国家中的党政关系，这种体制中的政党只具有动员选举或参政执政的功能，没有严密的组织，与政府没有重合，尤其是没有行政功能，不过这些国家大都有一定的威权主义的回归，因此党政关系较之一些西方国家还是更密切些。第二种是一党长期执政，而且仍具有一定的威权主义体制特征，但执政党并没有全国性的庞大的组织，没有与政府重合，也没有或很少有行政功能，政府的决策是在政府而不是在党的中央决定的，党组织的主要功能就是动员和组织选举[1]，基层组织有时也会组织一些社会活动，中央则制定国家发展的远景规划。第三种是党政关系更为密切的体制，它们虽然对"党政合一"进行了改革，像中国、越南、古巴等，但党政关系依然在很大程度上是合一的。

从对这三种类型的党政关系的分析来看，党政关系保持一定的距离是推动政治改革的重要的制度动力，例如，已经发生了政治转型的国家都是"党政分开"的；在一党长期执政但党政分开程度较大的国家，民主化的进程也较大，例如新加坡和马来西亚；在党政关系更为密切的第三种类型的

---

[1] 〔新〕冯清莲：《新加坡人民行动党：它的历史、组织和领导》，复旦大学翻译组译，上海人民出版社1975年版，第1—25页；胡忠明：《新加坡政党制度的特点与优点》，载《理论建设》，2012年第1期，第16—18页。

国家中，民主化的程度最小，当然这里并不是对此持否定态度，而这可能是这些国家的现实需要所致。具体来看，党政关系的适度分离有两个可能的优势：一是有利于推动民主政治建设。当民主成为一个国家的必要选择时，党政适度的分离就是民主化的一个绕不开的前提条件，因为如果一个政党全面管理行政事务，那么它势必弱化自己的政治功能而强化自己的行政功能，掌握了政治权力就缺少改变现有权力结构的动力。当然，这并不意味着一定要改变一党长期执政的形式。二是有利于提高政府治理的绩效，因为"党要管党"意味着对行政、经济和社会事务的管理主要由政府来管理，改变了党和政府都建立自己管理行政事务的机构并行使权力、从而造成双重管理的情况。

从实践上来看，"党政分工"比"党政合一"或"党政分开"更能反映党政关系的现实，尤其是它更贴近一些后发展国家尤其是中国政治改革的目标和现实。简言之，"党政分工"就是介于"党政合一"和"党政分开"之间的一种党政关系，它要求执政党协调好与政府的关系，既不能干预过多，也不是完全不参与政府的事务，要发挥好执政党和政府两个积极性，这对于从"党政合一"走出来的中国党政关系的改革来说，是一种较为现实的选择，它比从"党政合一"直接走到"党政分开"要更现实和更可接受，也符合渐进式改革的要求。实际上，我们现行的体制已经在一定程度上实行了党政分工，有些是制度化的，这里所要强调的显然是我们还需要在更大程度上实行党政分工，例如，在组织设置上不要完全做到党政重合，党要减少对行政事务的直接管理，而让政府发挥更大的行政功能；党主要是通过制定相关的路线、方针、政策来指导政府，要通过政治管理和动员来完成国家的现代化任务，例如，在国有企业改革过程中党正在发挥的政治动员和保障作用；通过执政来实际控制政府。

从后发展国家的政治发展进程来看，民族国家独立后党政关系经历了从较为密切到党政分离或适度分离的一个过程。欧美早发现代化国家的政党是在民族国家建立之后在议会中产生的,它既不担负争取民族独立和夺取政权的任务,也不是政府的缔造者,它的任务主要是通过组织政治参与来争取政治权力或进行政治建设,因此,党政分开是与生俱来的既定事实。但是后发现代化国家的情况却有很大不同。尽管后发展国家的政党也是在议会或下层成立的,起初并没有执政,但它们建立时传统的政权仍然在进行统治,因此,他们的主要任务是推翻传统的政权,建立近代意义上的独立国家。长期的斗争环境锻炼和造就了一个强大的革命政党,它们在推翻殖民统治和创建民族国家的过程中发展起来并发挥了不可替代的作用,因此,一旦建立了民族国家,"以党建国"就很容易演变成"以党治国"。在这种体制中,政党深深地嵌入到国家体制之中,致使党政不分并以党代政,进而,在权力的引导下必然是逐渐淡化党的政治色彩而强化其行政色彩。这种执政方式在后发国家现代化的早期阶段有一定的积极作用,能够在结构自主的民族自觉还未发展起来时,通过动员式地发动群众来整合全民族的资源,加快追赶式的现代化建设。然而,"以党治国"的弊病必然会随着经济社会的变迁和多元化而显现出来,因为在经过了人力密集式的计划经济的发展阶段后,技术和资本密集型的发展越来越要求市场化和与之相适应的政府服务,这些都需要进行政治改革或民主化。

中国是一个典型的后发展国家,中国的政党都是在外部现代化因素输入并激发了中国的现代化进程后,在争取民族独立的背景下建立的。中国共产党凭借强大的社会动员能力夺取了政权,完成了民族独立和创建新中国的历史任务,同时这也是"以党建国"的过程。新中国成立之后,中国共产党将以党建国转变成了以党治国,在随后20多年高度集权的计划经济体制下,强调党的一元化领导,党政合一走向一元化,在"文革"时期达到了极点。应该说,这既与后发展国家赶超型的发展模式和照搬苏联社会主义模式有关,也与毛泽东的革命理想主义有关。

改革开放以后,党和国家的领导人对中央集权和党政不分的体制进行了反思和批评。邓小平在著名的《党和国家领导制度的改革》一文中指出:"在加强党的一元化领导的口号下,不适当地、不加分析地把一切权力集中于党委,党委的权力又往往集中于几个书记,特别是集中于第一书记,什么事都要第一书记挂帅、拍板。党的一元化领导,往往因此而变成了个人领导。全国各级都不同程度地存在这个问题。权力过分集中于个人或少数人手里,多数办事的人无权决定,少数有权的人负担过重,必然造成官僚主义,必然要犯各种错误,必然要损害各级党和政府的民主生活、集体领导、民主集中制、个人分工负责制等等。"① 党的"十三大"报告对党政不分和党政分开进行了系统的阐述:"党政不分实际上降低了党的领导地位,削弱了党的领导作用,党政分开才能更好地实现党的领导作用,提高党的领导水平;党政不分使党顾不上抓自身的建设,党政分开才能保证做到'党要管党';党政不分使党处于行政工作第一线,容易成为矛盾的一个方面甚至处在矛盾的焦点上,党政分开才能使党驾驭矛盾,总揽全局,真正发挥协调各方的作用;党政不分使党处在直接执行者的地位,党政分开才能使党组织较好地发挥监督职能,有效地防止和克服官僚主义。"②

在这一认识的指导下,党政之间的协调和分工受到重视,党政合一的现象有所改变。这表现在党和政府随着法制的健全而提高了依法行使权力的意识,党政领导及其所属部门进行适度地分工等,都在一定程度上减少了党政合一和重复领导的行为。对于整个社会而言,我们知道,我国改革开放最重要的制度变化就是政府在不断放松经济和社会管制,尤其是近年来大力度的简政放权更是给了企业和社会以更大的自由空间,同时也在一定程度上扩大了公民的政治权利或者说在一定程度上放松了政治管制,这在党政合一的体制中,也就意味着不仅是政府而且党也放松了经济和社会管制。尽管不是说

---

① 中共中央文献编辑委员会编:《邓小平文选》(第2卷),人民出版社1994年版,第329页。
② 赵紫阳:《沿着有中国特色的社会主义道路前进》,见《十三大以来重要文献选编(上)》,中共中央文献研究室编,人民出版社1991年版,第38页。

越放松越好，但是对于需要从中央集权的计划主义体制挣脱出来的中国来说，显然这是有利于经济和社会发展的正确选择。然而，在面对经济下行压力增大，需要进一步深化经济体制改革的情况下，改革却受到了阻碍，进一步的简政放权和政府功能的市场化转变，包括国有企业制度的改革，进展缓慢，原因之一是党政合一的体制不利于改革的推进，因为庞大的政党组织需要权力和利益，所以削弱自己权利或权益的改革一定会受到相关利益者的抵制；同时，党政合一还会增加意识形态的保守性，因为既然改革削弱了党内一些人的行政权力，也就会使这些人从意识形态上寻找根据来保护自己的权力。然而，正如上述，党政适度分开是政治发展的一个必然趋势，也是推进社会和政治改革的一种制度动力，无论是早发现代化国家还是后发现代化国家，都要实行适度的党政分离。

四、一党长期执政与民主的发展

在一党长期执政环境下实现民主的发展，是中国特色社会主义民主的选择，也具有现实可行性，与此相适应的政党体制是一党为主的政党体制，也即在中国共产党领导下的多党协商制度。我们知道，政党支持现代民主制度的重要支柱之一，从世界各国的情况来看，有以多党或两党体制为基础发展民主的情况，也有以一党长期执政但党政分开的政党体制为基础发展民主的情况，也有一些国家在党政合一的一党体制中进行了一定程度的民主政治建设，但这也是以一定程度的党政分开为前提进行的，并且进一步的改革还很困难。因此，党政适度分开是推进民主政治建设的一个重要前提条件。但现在仍有很多人对党政分开存在狭隘的理解，认为党政分开是削弱党的领导，甚至在意识形态上认为这是放弃共产党的领导，这种理解不能反映政治发展的新情况。

从后发展国家的现代化进程和国家治理方式的现代化建设来看，从革命党向执政党转变的一项重要内容就是从以党治国或党政合一向政府治理或党政分开转变，即党要管党，政府要管政府，让政府担负起管理经济、社会和行政事务的责任。对此，我们一方面应该看到，从革命党向执政党的转变包括从以党代政向党政分开甚至党政适度分开的转变是一个较长的历史时期，在这一过程中党不可能不在一定程度上延续过去的领导方式，而且在特定的时期这也是有利于领导的。另一方面，随着现代化的全面展开，以党代政已经不能适应党领导整个国家现代化建设的新的历史要求，如果说在过去改革这一体制的条件还不够成熟的话，那么在新的形势下这种环境日趋成熟：当今的政治发展已经发生了很大的变化，尤其是后发展国家的政治发展路径与西方国家有很大的不同，这就使得党政分开与一党长期执政之间并不一定存在着根本性的矛盾，而东亚一些国家的情况说明，在一党长期执政环境中也可以做到党政分开，实行有效的治理。需要重视的问题是我们要正确适度地把握党政分开的"度"，即保证党以合适的方式参政而不是绝对的党政公开。

新加坡和马来西亚是一种一党长期执政但党政分开的体制，近30年来在威权主义体制内渐进而有效地推进民主的进程。两国尤其是新加坡的经济和社会发展水平很高，新加坡的人均 GDP 达到 5.5 万美元[1]，有人把这种民主称之为"优质性民主"[2]。尤其是近十几年来人们的政治参与热情逐渐高涨，反对党也随之有所发展，面对这种变化，两国的执政党都适时地加大了政治体制改革的力度，以"体制内"的民主化来吸收民众的政治参与，从而保持政治的稳定和一党执政的地位。在这种体制中，执政党的主要功能也是进行选举，它除了通过选举获得执政地位外，并没有更多的政治功能，更没有行政功能；也没有与任何行政和企业重合的党的组织，党只有选区支部，一个选区支部通常只有很少的专职人员，并不能干预地方政府的工作；国家的经

---

[1] 数据来源：新加坡统计局，http://www.singstat.gov.sg/，2015 年 2 月。
[2] 郑永年：《新加坡是优质民主》，见东方网，2011 年 5 月 18 日。

济、社会和行政政策都由政府制定，法律包括大选由国会决定，执政党的中央在宪法范围内制定党的路线，并提出国家的长远发展目标。

应该说，两国的民主化进程之所以能够在一党长期执政的威权主义体制内不断推进是与执政党和政府有适度的分开有关的，因为在这两个国家中，推动民主化的动力虽然主要来自党外，但是由于党政分开，执政党与政府并不重合，也要通过选举来获得执政地位，因此它就会努力地进行选举。也许最初的选举主要是形式上的，也许它要在选举制度上进行一定的操纵，但随着选举的发展，这种选举会越来越公平。这就使它也像各种党外力量一样成为民主化的动力。如果没有党政分开，它们进行政治改革的动力就会小得多。这两个国家与中国都是在第二次世界大战后的民族主义浪潮中取得民族独立并开始现代国家建设的，它们取得政权之初，都有强大的政党，但是在党的任务由革命向执政转变之后，缩小了党的规模，更没有把其强大的政党渗入到政治体制的所有领域，没有实行党政合一，采取了较为务实的态度。

需要强调的是，在一党长期执政的体制中实行党政分开并不意味着会出现一种弱国家体制，相反，它可以是一种强国家体制。从新加坡和马来西亚的情况来看也是如此，两国实行党政分开但仍以强国家体制著称。它们是以具有较高现代性内涵的强国家体制来推动现代化及后来的民主化进程的，即这不仅意味着它们像其他后发展国家一样在特定的历史时期是靠强国家体制来推动现代化的，而且还意味着它们与很多后发展国家有所不同，在推动民主化进程中也是由强国家予以保障的，即不是通过政权的更迭而是由强国家参与和控制"体制内"的民主化进程，从而形成了一种稳定而渐进的新的民主化路径甚至体制。它不像那些党政不分的转型国家会由于缺乏体制内的改革动力而主要是靠体制外的力量推动的，体制内与体制外会产生激烈的博弈，最终不是改革被阻止，就是发生激进的转型，强国家变成了弱国家，国家失去控制力，无法发挥整合社会和维护稳定的功能,政治动荡随之而来。

政治发展的现实已经使一党长期执政与人民民主的发展有了更大的相容性,那种认为人民民主必然导致政党轮替的观点显得过时了。就世界各国民主发展的动力和路径来看,没有大众民主的推动,还没有哪一个国家完全是靠精英推动来实现高度的人民民主的,而这与一党长期执政并不一定冲突。实际上,当下由精英或执政党主导的民主进程都要在相当程度上发展大众民主,这一点中国与新加坡和马来西亚有共同之处。从我国来看,人民民主已经走在了党内民主的前面。改革开放后人民代表大会的年会制已经逐步正常化,人大也有了一定的选举权和质询权,但党的全国代表大会迄今仍然是五年召开一次,一届代表只开一次的现象没有改变;乡镇和县级已经实现直选人大代表多年了,而同层级的党代表直选并没有实行。[1] 从党代会与人代会的有关制度规定及其运作机制和实践效果来看,党内民主至少从形式上已经滞后于人民民主。[2] 尤其是近些年来网络新媒体的崛起,社会舆论空间不断扩大,人大代表和政协委员们参政议政热情不断高涨,民主监督的作用不断强化,辅之与社会舆论的对接,使得人大和政协对公共政策的制定和实施有着越来越明显的推动作用,反而吸引了更多注意力。党外民主的发展已经对党内民主有所促进,忽视党外民主的发展会激化社会矛盾。这就要求我们要谨慎地处理党外民主的发展,不能中断党外民主来等待党内民主,而是要进一步地推动党内民主,以使党内民主走在人民民主的前面,起到示范作用。因为党外民主的发展最终还会集中到党内,没有执政党的改革就没有政治权力结构的改革,民主权利就无法落实。党内民主滞后还可能导致党内外各种力量把发展民主与进行政治体制改革的理想和希望乃至不满情绪和矛盾焦点都

---

[1] 高民政:《党内民主与人民民主:究竟谁带动谁——兼与胡伟、杨光斌教授商榷》,载《探索与争鸣》,2013年第4期,第31页。

[2] 高民政:《党内民主与人民民主:究竟谁带动谁——兼与胡伟、杨光斌教授商榷》,载《探索与争鸣》,2013年第4期,第31页。

吸引到要求加快党内民主进程上来，会使执政党改革的压力越来越大，甚至会削弱党的合法性，难以保持党和国家的权威，难以有效地控制民主化进程，甚至出现民粹主义的蔓延和政治不稳定现象。[1]

小　结

党内民主是由精英主导的，这使它在相当程度上有其前瞻性和稳定性，它在发展过程中积累的经验教训可以为党外民主的发展提供借鉴，有利于党外民主的有序发展。同时，党外民主的发展可以对党内民主发展到一定阶段后所出现的惰性起促进作用，会对党内的既得利益集团形成巨大的监督压力，由此给党内民主提供动力，使其不断走向深入；它还会在党内民主一时不能满足政治参与需要的情况下缓解党外过快扩张的非制度化的政治参与要求。因此，对我国来说，只有在党内民主的示范带动下，努力发掘人民民主自身的动力，进行制度化的人民民主建设，才能稳定而有效地推动民主化进程。因为在政治发展水平、利益格局多元化和人类文明程度提高的情况下，政治和经济利益的对立已经淡化了，无论是当权者还是普通民众，都有通过和平方式进行改革以发展民生的愿望，不存在根本性的冲突。相反，激进的政治转型会使政治失序，迟滞经济和社会的发展，不利于多数人的利益。

---

[1] 高民政：《党内民主与人民民主：究竟谁带动谁——兼与胡伟、杨光斌教授商榷》，载《探索与争鸣》，2013年第4期，第33页。

英文参考文献

1. Abner Cohen, *Custom and Politics in Urban Africa*, Berkeley: University of California Press, 1969; Blondel J., "Party systems and Patterns of Government in Western Democracies", in *Canadian Journal of Political Science*, Vol.1, No.2, 1968.
2. Abrams Philip, *Historical Sociology*, Ithaca: Cornell University Press, 1982.
3. Alan Ware, *Citizens, Parties and the State*, Cambridge: Polity Press, 1987.
4. Albert Hirschman, "Exit, Voice, and the Fate of the German Democratic Republic", in *World Politics*, Vol.45, No.2, 1993.
5. Alexander Wendt, *Social Theory of International Politics*, Cambridge: Cambridge University Press, 1999.
6. Anderson M., *Inpostes in the Temple: American Intellectuals Are Destroying Our Universities and Cheating Our Students of Their Future*, New York: Simon and Schuster, 1992.
7. Angelo Panebianco, *Political Parties: Organization and Power*, Cambridge: Cambridge University Press, 1988.
8. Arend Lijphart, *The Politics of Accomodation: Pluralism and Democracy in the Netherlands*, Berkeley: University of California Press, 1975.
9. Bäck H., "Hadenius Axel, Democracy and State Capacity: Exploring a J-Shaped Relationship", in *Governance*, Vol.21, No.1, 2008.
10. Beer S.H., *Modern British Politics: Parties and Pressure Groups in the Collectivist*, New York: W.W.Norton, 1982.
11. B.J.Newman, *The Marketing of the President: Political Marketing as Campaign Strategy*, London: Sage, 1994.

12. Blondel J., *Comparative Government*, London: Prentice-Hall, 1995.
13. Bruszt Laszlo, Simon J., *Codebook of the International Survey of Political Culture, Political and Economic Orientations in Central and Eastern Europe during the Transition to Democracy, 1990-1991*, Budapest: Institute for Political Science of the Hungarian Academy of Science, 1991.
14. Cardyn Choo, *Singapore: The PAP and the Problem of Political Succession*, Malaysia: Pelanduk Publications, 1988.
15. Carles Boix, Michael Miller, Sebastian Rosato, "A Complete Data Set of Political Regimes, 1800-2007", in *Comparative Political Studies*, No.3, 2013.
16. Carry Rodan, *The Political Economy of Singapore's Industrialization: National State and International Capital*, London: Macmillan Press, 1989.
17. Charles Dickens, *American Notes and Pictures from Italy*, London: Oxford, 1957.
18. Charles Tilly, *Coercion, Capital, and European States, AD. 990-1990*, Oxford: Basil Blackwell, 1990.
19. Charles Tilly, Louis Tilly and Richard Tilly, *The Rebellious Century, 1830-1930*, Cambridge: Harvard University Press, 1975.
20. Christopher Clapham, "Democratization in Africa: Obstacles and Prospects", in *Third World Quarterly*, Vol.14, No.3, 1993.
21. Chua Beng Huat, *Liberalization without Democratization: Singapore in the Next Decade, Southeast Asian Response to Globalization: Restructuring Governance and Deepening Democracy*, Singapore: Singapore Institute of Southeast Asian Studies, 2006.
22. C. Mantzavinos, Douglass C. North, Syed Shariq, "Learning, Institutions and Economic Performance", in *Perspectives on Politics*, Vol.2, No.1, 2004.
23. Colton T. J., Hough, J. F., *Growing Pains: Russian Democracy and the Election of 1993*, Washington D.C.: Brookings Institution Press, 1998.
24. David Hine, *Governing Italy: The Politics of Bargained Pluralism*, Oxford: Clarendon, 1993.
25. David I. Steinberg, *Foreign Aid and the Development of the Republic of Korea: The Effectiveness of Concessional Assistance*, Washington: U. S. Agency for International

Development, 1985.

26. Denver D., Hands G., Fisher J. et al, "The Impact of Constituency Campaigning in the 2001 General Election", in L. Bennie, Rallings C., Tonge J. (eds.), in *British Elections and Parties Review*, Vol. 12, 2002.

27. Dewi Fortuna Anwar, "Indonesia: The Presidential Election and Its Aftermath", in *Asian Affairs*, Vol. 9, 1999.

28. Duncan Black, "On the Rationale of Group Decision Making", in *Journal of Political Economy*, Vol. 56, 1948.

29. Edward C. Banfield, *The Moral Basis of a Backward Society*, New York: Free Press, 1958.

30. F. A. Hermens, *Democracy or Anarchy? A Study of Proportional Representation*, Notre Dame, IN: The University Notre Dame Press, 1941.

31. Forrest D. Colburn, "Post-Revolutionary Nicaragua: State, Class, and the Dilemmas of Agrarian Policy", in *California Series on Social Choice and Political Economy*, Vol. 7, Berkeley: University of California Press, 1987.

32. Frederick C. Barghoorn and Thomas F. Remington, *Politics in the USSR*, Boston: Little Brown, 1986.

33. Gary W. Cox, Mathew D. McCubbins, *Legislative Leviathan: Party Government in the House*, Berkeley: University of California Press, 1993.

34. Geoffrey Pridham, *Securing Democracy: Political Parties and Democaratic Consolidation in Southern Europe*, London: Routledge Press, 1990.

35. Giovanni Sartori, *Comparative Constitutional Engineering: An Inquiry into Structure, Incentives and Outcomes*, London: Macmillan, 1994.

36. Giovanni Sartori, *Parties and Party System*, Cambridge: Cambridge University Press, 1976.

37. Goran Hyden, *No Shortcuts to Progress: African development Management in Perspective*, Berkeley: University of California Press, 1983.

38. Guillermo O'Donnell and Philippe Schmitter, *Transiton from Authoritarian Rule: Tentative Conclusions about Uncertain Democracies*, Baltimore, MD: Johns Hopkins University Press, 1986.

39. Ho Khai Leong, *Shared Responsibilities, Unshared Power: The Politics of Policy-Making in Singapore*, Eastern University Press, 2003.

40. Immanuel Wallerstein, *The Modern World-System: Capitalist Agriculture and the Origins of the European World-Economy in the 16th Century*, New York: Acaderaic Press, 1974.

41. Ivan Doherty, "Democracy out of Balance: Civil Society Can't Replace Political Parties", in *Policy Review*, April/May 2001.

42. Ivor Jennings, *Cabinet Government*, Cambridge University Press, 1969.

43. J. J. Linz, "Democratic Political Parties: Recognizing Contradictory Principles and Perception", in *Scandinavian Political Studies*, Vol. 3, 2000.

44. J. J. Linz, "Parties in Contemporary Democracies: Problems and Paradoxes", in Richard Gunther, José Ramónmoneero (eds.), *Political Parties: Old Concepts and New Challenges*, Oxford: Oxford University Press, 2001.

45. J. J. Linz, "Presidential or Parliamentary Democracy: Does it Make a Difference?", in J. J. Linz and A. Valenzuela (eds.), *The Failure of Presidential Democracy: Comparative Perspectives*, Baltimore, MD: Johns Hopkins University Press, 1994.

46. J. J. Linz, "The Perils of Presidentialism", in *Journal of Democracy*, Vol. 1, No. 1, 1990.

47. J. Lees-Marshment, *Political Marketing and British Political Parties: The Party's Just Begun*, England: Manchester University Press, 2001.

48. John D. Stephens, "A Democratic transition and breakdown in Western Europe, 1870-1939: A Test of the Moore Thesis", in *The American Journal of Sociology*, Vol. 94, No. 5, 1989.

49. John M. Carey, "Institutional Design and Party Systems", in Larry Diamond, Marc Piattner, Yun-han Chu (eds.), *Consolidating the Third Wave Democracies: Themes and Perspectives*, Baltimore and London: The Johns Hopkins University Press, 1998.

50. Jon S. T. Quah, *Government and Politics of Singapore*, London: Oxford University Press, 1985.

51. Jon S. T. Quah, "Statuary boards and National Development in Singapore, 1959-1979", *Paper Prepared for Government and Politics In Singapore Project*, 1979.

52. Josep M. Colomer, "Strategies and Outcomes in Eastern Europe", in *Journal of Democracy*, Vol. 6, 1995.

53. Josep M. Colomer, "Transitions by Agreement: Modeling the Spanish Way", in *American Political Science Review*, Vol. 85, No. 4, 1991.
54. Jurg Steiner, *Das Politisches System der Schweiz*, Munich: Piper Verlag, 1971.
55. Jürgen Rüland, Clemens Jürgenmeyer, Michael H. Nelson, Patrick Ziegenhain, *Parliaments and Political Change in Asia*, Singapore: Institute of Southeast Asian Studies, 2005.
56. Kaare Strom, "A Behavioral Theory of Competitive Political Parties", in *American Journal of Political Science*, Vol. 34, 1990.
57. Karvonen L., *Fragmentation and Consensus, Political Organization and the Interwar Crisis in Europe*, New York: Columbia University Press, 1993.
58. Kathleen Bawn, "The Logic of Institutional Preferences: The German Electoral Law as a Social Choice Outcome", in *American Journal of Political Science*, Vol. 37, 1993.
59. Katz R. S., *A Theory of Parties and Electoral System*, Balrimore: Johns Hopkins University Press, 1980.
60. Katzensxtein P., *Policy and Politics in West Germany: The Growth of a Semisovereign State*, Philadelphia: Temple University Press, 1987.
61. Kirchheimer O., "The Transformation of the Westerm European Party Systems", in J. La Palombara and M. Weiner (eds.), *Political Parties and Political Development*, Princeton: Princeton University Press, 1966.
62. Knuckey J., J. Lees-Marshment, "American Political Marketing: George W. Bush and the Republicn Party", in D. Lilleker and J. Lees-Marshment (eds.), *Political Marketing: A Comparative Perspective*, England: Manchester University Press, 2005.
63. Knut Heidar, Ruud Koole, *Parliamentary Party Groups in European Democracies: Political Parties Behind Closed Doors*, London: Routledge, 2000.
64. Kopeck P., "Developing Party Organizations in East-Central Europe", in *Party Politics*, Vol. 1, 1995.
65. Kothari R., *Politics in India*, Boston: Little Brown, 1970.
66. Kudrle, R., Marmor T., "The Development of Welfare States in North America", in P. Flora, A. Heidenheimer, *The Development of Welfare States in Europe and America*, London: Trans-

action Publishers, 1981.

67. Kurtz Donald V., "Strategies of Legitimation and the Aztec State", in Frank MaGlynn, Arthur Tuden (eds.), *Anthropological Approches to Political Behavior*, Pittsburgh: University of Pittsburgh Press, 1991.

68. Larry Diamond, *Developing Democracy: Toward Consolidation*, Baltimore, MD: The Johns Hoplins University Press, 1999.

69. Larry Diamond, "Introduction Persistence, Erosion, Breakdown and Renewal", in L. Diamond, J. Linz and S. M. Lipset (eds.), *Democracy in Developing Countries*, Vol.3, Boulder, CO: Lynne Rienner, 1989.

70. Larry Diamond, "Is the Third Wave Over?", in *Journal of Democracy*, Vol.7, 1996.

71. Lawrence E. Harrison, *Underdevelopment is a State of Mind: The Latin American Case*, MD: University Press of American, 1985.

72. Linda M. Alcoff, "Toward a Phenomenology of Racial Embodiment", in *Radical Philosophy*, Vol.95, 1999.

73. L. Karvonen, *Fragmentation and Consensus*, *Political Organization and the Interwar Crisis in Europe*, Boulder, CO: Social Science Monographs/Columbia University Press, 1993.

74. L. Svasand, "Change and Adaptation in Norwegian Party Organizations", in R. S. Katz and P. Mair (eds.), *How Parties Organize: Change and Adaptation in Party Organizations in Western Democracies*, London: Sage, 1994.

75. J. Lees-Marshment, D. G. Lilleker, "Political Marketing in the UK: A Positive Start But an Uncertain Future", in D. G. Lilleker, J. Lees-Marshment (eds.), *Political Marketing: A Comparative Perspective*, England: Manchester University Press, 2005.

76. Lucian W. Pye, *Asian Power and Politics: The Cultural Dimensions of Authority*, Cambridge: Cambridge University Press, 1985.

77. Mainwaring S. and Scully T. R., *Party Systems in Latin America*, Stanford, Calif.: Stanford University Press, 1995.

78. Mainwaring S. and Scully T. R., "Introduction: Party Systems in Latin America", in S. Mainwaring, T. R. Scully (eds.), *Building Democratic Institutions: Party System in Latin America*,

Calif: Stanford, 1995.

79. Mainwaring S.and Matthew Shugart, "Conclusion: Presidentialism and the Party System", in Mainwaring S.and Matthew Shugart, *Presidentialism and Democracy in Latin America*, Cambridge: Cambridge University Press, 1997.

80. Martin P.Wattenberg, Russell J.Dalton, *Parties Without Partisans: Political Change in Advanced Industrial Democracies*, Oxford: Oxford University Press, 2002.

81. Matthew Shugart and J.M.Carey, *Presidents and Assemblies*, New York: Cambridge University Press, 1992.

82. Maurice Duverger, *Political Parties: Their Organization and Activity in the Modern State*, London: Methuen, 1954.

83. M.Duverger, *Political Parties: Their Organization and Activity in the Modern State*, Trans.B.North and R.North, London: Methuen, 1964.

84. Melford E.Spiro, "Some Reflections on Cultural Determinism and Relativism with Special Reference to Emotion and Reason", in Richard A.Schweder and Robert A.LeVine (eds.), *Culture Theory: Essays on Mind, Self, and Emotion*, Cambridge: Cambridge University Press, 1984.

85. Michael Malik, "The Politics of Singapore in the 1980s", in *Journal of Contemporary Asia*, Vol.19, No.1, 1989.

86. M. Ostrogorski, *Democracy and the Organization of Political Parties*, London: Macmillan, 1902.

87. Nancy D.Lapp, *Landing Votes: Expansion of Suffrage and Land Reform in Latin America*, Berkeley: University of California, 1997.

88. Nigel Harris, *The End of the Third World: Newly Industrializing Countries and the Decline of an Ideology*, Middlesex: Penguin, 1986.

89. Orloff, Ann Shola and Theda Skocpol, "Why Not Equal Protection: Explaining the Origins of Public Social Welfare in Britain, 1900–1914, and the United States, 1880–1920", in *American Sociological Review*, Vol.49, 1984.

90. Paul Pierson, *Dismantling the Welfare State? Reagan Thatcher and the Politics of Retrench-*

ment, Cambridge: Cambridge University Press, 1994.

91. Paul Pierson, *The Path to European Integration: A Historical Institutionalist Analysis*, California: Comparative Political Studies, 1996.

92. Peter Hall, *Governing the Economy: The Politics of State Intervention in Britain and France*, Cambridge: Polity Press, 1986.

93. Peter H. Smith, *Labyrinths of Power: Political Recruitment in Twentieth-Century Mexico*, Princeton: Princeton University Press, 1979.

94. Peter Mair, "Party Organizations: From Civil Society to the State", in R. S. Katz, P. Mair (eds.), *How Parties Organize: Change and Adaptation in Party Organizations in Western Democracies*, London: Sage, 1994.

95. Peter Mair, *Party System Change: Approaches and Interpretations*, Oxford: Oxford University Press, 1997.

96. Peter Mair, Van Biezea, "Party Membership in Twenty European Democracies, 1980-2000", in *Party Politics*, Vol. 7, 2001.

97. Philip Williams, *Politics in Post-War France*, London: Longmans, 1954.

98. Pierre Bourdieu, *Ce que parler veut dire, L' economie des echanges linguistiques*, Paris: Fayard, 1982.

99. Pierre J. and Widfeldt A., "Party Organizations in Sweden: Colossuses with Feet of Clay or Flexible Pillars of Government", in R. S. Katz and P. Mair (eds.), *How Parties Organize: Change and Adaptation in Party Organizations in Western Democracies*, London: Sage, 1994.

100. Poh Ceng You, *Singapore: Twenty-Five Years of Development*, Singapore: Nanyang Xingzhou Lianhe Zaobao Press, 1984.

101. Putnam R. D., *Bowling along: The Collapse and Revival of American Community*, New York: Simon and Schuster, 2000.

102. Reinhard Bendix, *Nation Building and Citizenship: Studies of Our Changing Social Order*, New York: John Wiley, 1964.

103. Richard Rose, *Politics in England*, London: Faber, 1989.

104. Richard S. Katz, Peter Mair, "Changing Models of Party Organisation and Party Democracy: The Emergence of the Cartel Party", in *Party Politics*, Vol.1, 1995.

105. Ronald Inglehart, *Modernization and Postmodernization: Cultural, Economic and Political Changes in 43 Societies*, Princeton: Princeton University Press, 1997.

106. Robert A. Dahl, *Who Governs? Democracy and power in an American city*, Connecticut: Yale University Press, 1961.

107. Robert Dix, "Democratization and the Institutionalization of Latin American Political Parties", in *Comparative Political Studies*, Vol.24, No.4, 1992.

108. Robert D. Putnam, Robert Leonardi and Raffaella Y. Nanetti, *Making Democracy Work: Civic Traditions in Modern Italy*, Princeton University Press, 1993.

109. Robert H. Bates, "Contra Contrcatarianism Some Reflections on the New Institutionalism", in *Politics and Society*, No.16, 1988.

110. Robert H. Bates, *Essays on the Political Economy of Rural Africa*, Berkeley: University of California Press, 1983.

111. Robert H. Bates, "Macropolitical Economy in the Field of Development", in James Alt and Kenneth Shepsle, *Perspectives on Positive Political Economy*, Cambridge: Cambridge Univereity Press, 1990.

112. Robert H. Bates, *Beyond the Miracle of the Market: The Political Economy of Agrarian Development in Kenya*, Cambridge: Cambridge University Press, 1989.

113. Roth G., *The Social Democrats in Imperial Germany: A Study in Working Class Isolation and National Integration*, Totowa, NJ: Bedminster Press, 1963.

114. Roy C. Macridis, Robert E. Ward (eds.), *Modern Political Systems: Europe*, Englewood Cliffs, NJ: Prentice Hall, 1963.

115. Russell J. Dalton, Scott Flanagan, Paul Allen Beck (eds.), *Electoral Change in Advanced Industrial Democracies Realignment or Dealignmentl*, Princeton: Princeton University Press, 1984.

116. Ruud Koole, "The Vulnerability of the Modern Cadre Party in the Netherlands", in R.S.Katz, Peter Mair (eds.), *How Parties Organize: Change and Adaption in Party and Organization in Western Democracies*, London: Sage, 1994.

117. Samuel H.Barnes and M.Kaase, et al., *Political Action: Mass Participation in Five Western Democracies*, Beverly Hills, Calif.: Sage, 1979.

118. Samuel P.Huntington, *American Politics: The Promise of Disharmony*, Mass.: The Belknap Press, 1981.

119. Sani G.and Paolo Segatti, "Antiparty Politics and the Restructuring of the Italian Party System", in Diamandouros P.N.and Gunther R.(eds.), *Parties Politics, and Democracy in the New Southern Europe*, Baltimore: Johns Hopkins University Press, 2001.

120. Sewell, Jr. William, "44 Ideologies and Social Revolutions: Reflections on the French Case", in *Journal of Modem History*, 1985.

121. Seymour M.Lipset, *Continental Divide: The Values and Institutions of the United States and Canada*, London: Routledge, 1990.

122. Seymour M.Lipset, "The Indispensability of Parties", in *Journal of Democracy*, Vol.11, No.1, 2000.

123. Seymour M.Lipset, Seymour Martin, Stein Rokkan (eds.), *Party Systems and Voter Alignments*, New York: Free Press, 1967.

124. Sidney Verba, "Germany: The Remaking of Political Culture", in Lucian W.Pye and Sidney Verba (eds.), *Political Culture and Political Development*, Princeton: Princeton University Press, 1965.

125. Sidney Verba, Norman H.Nie, *Participation in America*, New York: Harper & Row, 1972.

126. Singapore Labour Department, "Ministry of Labour Report 1971 and 1973", in Riaz Hassan, *Singapore: Society in Transition*, London: Oxford University

Press, 1976.

127. Stein Rokkan, *Citizens, Elections, Parties*, Oslo: Universitetsforlaget, 1970.

128. Stephan Ortmann, *Politics and Change in Singapore and Hong Kong*, London: Routledge, 2010.

129. Steven B. Wolinetz, "Beyond the Catch-All Party: Approaches to the Study of Parties and Party Organization in Contemporary Democracies", in Richard Gunther, José Ramon, and Juan J. Linz (eds.), *Political Party*, London: Oxford University Press, 2002.

130. Sundberg R. J., "Finland: Nationalized Parties, Professionalized Organizations", in Robert S. Katz and P. Mair (eds.), *How Parties Organize: Change and Adaptation in Party Organizations in Western Democracies*, London: Sage, 1994.

131. Sven Steinmo, *Taxation and Democracy: Swedish, British and American Approaches to Financing the Modern State*, New Haven: Yale University Press, 1993.

132. Tan Chee-Beng, "Ethnic Identities and National Identities: Some Examples From Malaysia", in *Identities*, Vol.6, No.4, 2000.

133. Terry Lynn Karl, "Dilemmas of Democratization in Latin America", in *Comparative Politics*, Vol.23, No.1, 1990.

134. Theda Skocpol, Jokn Ikenberry, "The Political Formation of the American Welfare State in Historical and Comparative Perspective", in *Comparative Social Research*, Vol.6, 1983.

135. Theda Skocpol, *Protecting Soldiers and Mothers: The Political Origins of Social Policy in the United States*, Cambridge: The Belknap Press of Harvard University Press, 1992.

136. Theda Skocpol, *States and Social Revolutions: A Comparative Analysis of France, Russia and China*, Cambridge: Cambridge University Press, 1979.

137. Thomas Remington, Steven Smith, "Electoral Institutions and Party Cohesion in the Russian Duma", in *Journal of Politics*, Vol.60, 1998.

138. Timothy J. Colton, Jerry Hough, "Between the Extremes: Moderate Reform and Centrist Blocs in the 1993 Election", in Timothy J. Colton, Jerry Hough (eds.), *Growing Pains: The 1993 Russian duma Election*, Washington: The Brookings Institution, 1998.

139. Timothy P. Wickham-Crowley, *Guerillas and Revolution in Latin American: A Comparative Study of Insurgents and Regimes Since 1956*, Priceton: Priceton University Press, 1991.

140. Van Biezen, "Building Party Organizations and the Relevance of Past Models: The Communist and Socialist Parties in Spain and Portugal", in *West European Politics*, Vol.21, No.2, 1998.

141. William Case, *Politics in Southeast Asia: Democracy or Less*, London: Curzon Press, 2002.

142. William Crotty, "Notes on the Study of Political Parties in the Third World", in *American Review of Politics*, Vol.14, 1993.

143. Yang Razali Kassim, *Transition Politics in Southeast Asia: Dynamics of Leadership Change and Succession in Indonesia and Malaysia*, Singapore: Marshall Cavendish Academic, 2005.

中文参考文献

1. 〔英〕阿列克斯·乔西:《勇往直前的李光耀》,赵国村等译,上海人民出版社 1976 年版。

2. 〔美〕阿瑟·辛格:《美国的分裂:种族冲突的危机》,马晓宏译,台北:正中书局 1994 年版。

3. 〔美〕保罗·哈里森:《第三世界:苦难、曲折、希望》,钟菲译,新华出版社 1984 年版。

4. 〔泰〕保罗·汉德利:《1987—1996 年:泰国的金钱政治时期》,薛学了译,载《南洋资料译丛》,2002 年第 1 期。

5. 曹长盛等主编:《苏联演变中的意识形态研究》,人民出版社 2004 年版。

6. 曹云华:《新加坡的精神文明》,广东人民出版社 1992 年版。

7. 〔美〕C.E.布莱克:《现代化的动力:一个比较史的研究》,景跃进等译,浙江人民出版社 1989 年版。

8. 陈嘉明等:《现代性与后现代性》,人民出版社 2001 年版。

9. 陈剑:《用转型理论破解转型中的问题》,载《社会科学报》,2015 年 8 月 13 日第 3 版。

10. 程浩、黄卫平、汪永成:《中国社会利益集团研究》,载《战略与管理》,2003 年第 4 期。

11. 〔英〕D.G.霍尔:《东南亚史》(下册),中山大学东南亚历史研究所译,商务印书馆 1982 年版。

12. 杜维明:《新加坡的挑战:新儒家伦理与企业精神》,生活·读书·新知三联书店 1989 年版。

13. 房宁等：《自由、威权、多元：东亚政治发展研究报告》，社会科学文献出版社 2011 年版。

14. 〔法〕福柯：《什么是启蒙》，见秦晖、陈燕谷编：《文化与公共性》，生活·读书·新知三联书店 1998 年版。

15. 〔法〕弗朗索瓦·巴富瓦：《从"休克"到重建：东欧的社会转型与全球化—欧洲化》，陆象淦等译，中国社会科学出版社 2010 年版。

16. 〔美〕弗朗西斯·福山：《政治秩序的起源：从古代到法国大革命》（上卷），毛俊杰译，广西师范大学出版社 2012 年版。

17. 〔美〕弗朗西斯·福山：《政治秩序和政治衰败：从工业革命到全球民主化》（下卷），毛俊杰译，广西师范大学出版社 2014 年版。

18. 〔新〕冯清莲：《新加坡人民行动党：它的历史、组织和领导》，复旦大学翻译组译，上海人民出版社 1975 年版。

19. 冯绍雷、相蓝欣主编：《转型理论与俄罗斯政治改革》，上海人民出版社 2005 年版。

20. 高洪：《日本政党制度论纲》，中国社会科学出版社 2004 年版。

21. 高民政：《党内民主与人民民主：究竟谁带动谁——兼与胡伟、杨光斌教授商榷》，载《探索与争鸣》，2013 年第 4 期。

22. 〔美〕G.哈切森：《白宫中的上帝》，段琦等译，中国社会科学出版社 1992 年版。

23. 关海庭：《中俄体制转轨模式的比较》，北京大学出版社 2003 年版。

24. 黄云静：《新加坡的集选区制度》，载《东南亚研究》，1998 年第 3 期。

25. 黄宗良：《书屋论政》，人民出版社 2005 年版。

26. 〔美〕胡安·J.林茨、〔美〕阿尔弗莱德·斯泰潘：《民主转型与巩固的问题：南欧、南美和后共产主义欧洲》，孙龙等译，浙江人民出版社 2008 年版。

27. 胡伟:《党内民主与政治发展:开发中国民主化的体制内资源》,载《复旦学报》(社会科学版),1999 年第 1 期。

28. 胡伟:《中国的民主政治发展应有顶层设计》,载《探索与争鸣》,2013 年第 2 期。

29. 胡忠明:《新加坡政党制度的特点与优点》,载《理论建设》,2012 年第 1 期。

30. 〔英〕吉登斯:《现代性——吉登斯访谈录》,尹宏毅译,新华出版社 2001 年版。

31. 金安平:《"党内民主"与"党的民主"——党内民主示范、带动人民民主机制的思考》,载《社会科学研究》,2009 年第 1 期。

32. 金雁:《从"东欧"到"新欧洲"——20 年转轨再回首》,北京大学出版社 2011 年版。

33. 《联合早报》编:《李光耀 40 年政论选》,现代出版社 1994 年版。

34. 李俊夫等:《新加坡保障性住房政策研究及借鉴》,载《国际城市规划》,2012 年第 4 期。

35. 李路曲:《新加坡 2011 年大选与政治发展模式》,载《当代世界社会主义问题》,2011 年第 4 期。

36. 李路曲:《东亚政治转型的路径分析》,载《当代亚太》,2001 年第 1 期。

37. 李路曲:《新加坡华人社会:西化与儒化的历史角逐》,见马德普编:《中西政治文化论丛》(第 2 辑),天津人民出版社 2002 年版。

38. 李路曲:《关于东亚模式的思考》,载《上海社会主义学院学报》,2012 年第 1 期。

39. 李路曲:《我国与新加坡政治发展模式的比较》,载《理论探索》,2008 年第 4 期。

40. 李路曲:《比较视野下中国政治的发展》,见黄卫平、汪永成主编:《当代中国政治研究报告》(第 6 期),社会科学文献出版社 2010 年版。

41. 李路曲：《后发展国家法治社会构建的政治生态分析》，载《中共中央党校学报》，2015年第1期。

42. 李路曲：《关于民主化、制度化与发展水平关系的思考》，载《晋阳学刊》，2008年第1期。

43. 李路曲：《新加坡2011年大选与政治发展模式》，载《当代世界社会主义问题》，2011年第4期。

44. 李路曲：《新加坡现代化之路：进程、模式和文化选择》，新华出版社1996年版。

45. 李路曲：《新加坡华人社会：西化与儒化的历史角逐》，见《中西政治文化论丛》，天津人民出版社2002年版。

46. 李路曲：《新加坡选举制度的创新》，载《中国社会科学报》，2012年3月23日。

47. 李路曲：《政党制度的制度化和民主化变迁》，载《新视野》，2009年第5期。

48. 林承节：《印度独立后的政治经济社会发展史》，昆仑出版社2003年版。

49. 林尚立：《党内民主：改革开放以来的探索与实践》，载《探索与争鸣》，2002年第6期。

50. 林尚立：《复合民主：人民民主在中国的实践形态》，载《中共浙江省委党校学报》，2011年第5期。

51. 〔德〕罗纳德·D.盖尔斯特：《主宰美国的豪门世家》，宋新郁译，作家出版社2007年版。

52. 陆南泉等主编：《苏联兴亡史论》，人民出版社2004年版。

53. 吕元礼：《新加坡为什么能？》，江西人民出版社2007年版。

54. 吕元礼：《亚洲价值观：新加坡政治的诠释》，江西人民出版社2002年版。

55. 〔德〕马克思、〔德〕恩格斯，《马克思恩格斯全集》，人民出版社1998

年版。

56. 〔德〕马克思·韦伯:《经济与社会》,见王焱编:《宪政主义与现代国家》,生活·读书·新知三联书店 2003 年版。

57. 〔法〕马太·杜甘:《国家的比较:为什么比较,如何比较,拿什么比较》,文强译,社会科学文献出版社 2010 年版。

58. 梅祖蓉:《两种政治文化研究方法之优劣》,载《中国社会科学报》,2012 年 6 月 29 日。

59. 任云飞:《越南政治改革对中国的启示》,载《重庆社会主义学院学报》,2012 年第 1 期。

60. 〔美〕塞缪尔·P.亨廷顿:《变动社会的政治秩序》,张岱云等译,上海译文出版社 1989 年版。

61. 〔美〕塞缪尔·P.亨廷顿:《第三波——20 世纪后期民主化浪潮》,刘军宁译,上海三联书店 1998 年版。

62. 〔美〕塞缪尔·P.亨廷顿:《我们是谁?——美国国家特性面临的挑战》,程克雄译,新华出版社 2005 年版。

63. 宋伟:《联盟的起源:理性主义研究新进展》,载《国际安全研究》,2013 年第 6 期。

64. 〔泰〕素林·迈西谷、〔泰〕邓肯·麦卡尔:《选举政治:商业化和排他性》,皮军译,见饶传讯主编:《泰国的政治变化:民主与参与》,厦门大学东南亚研究中心,2002 年。

65. 孙立平:《全球现代化进程与后发外生型现代化模式剖析》,载《现代化与社会转型》,北京大学出版社 2005 年版。

66. 孙立平:《现代化诸因素之间的关系》,载《现代化与社会转型》,北京大学出版社 2005 年版。

67. 〔美〕托马斯·卡罗瑟斯:《"民主转型范式"的终结》,见杨光斌主编:《比较政治学评论》(第 1 辑),中国社会科学出版社 2014 年版。

68. 王长江：《苏共：一个大党衰落的启示》，河南人民出版社 2002 年版。

69. 吴于廑、齐世荣主编：《古代史编》（上卷），高等教育出版社 2011 年版。

70. 吴于廑、齐世荣主编：《世界史·世界近代编（下卷）》，高等教育出版社 2011 年版。

71. 吴玉山：《俄罗斯转型（1992—1999）：一个政治经济学的分析》，台北：五南图书出版公司 2002 年版。

72. 新加坡全国职工总会主编：《朝向明天》，叶钟铃译，台北：教育出版社 1974 年版。

73. 徐湘林：《转型危机与国家治理：中国的经验》，载《经济社会体制比较》，2010 年第 5 期。

74. 许志新主编：《重新崛起之路：俄罗斯发展的机遇与挑战》，世界知识出版社 2005 年版。

75. 〔美〕亚当·普沃斯基：《民主与市场：东欧与拉丁美洲的政治经济改革》，包雅钧等译，北京大学出版社 2005 年版。

76. 杨帆：《中国利益集团分析》，载《探索》，2010 年第 2 期。

77. 杨光斌、李冬：《"以党内民主带动人民民主"还是"以党内民主带动国家民主"》，载《探索与争鸣》，2012 年第 10 期。

78. 杨光斌、李月军：《中国政治过程中的利益集团及其治理》，载《学海》，2008 年第 2 期。

79. 杨光斌、郑伟铭：《国家形态与国家治理——苏联—俄罗斯转型经验研究》，载《中国社会科学》，2007 年第 4 期。

80. 阎照祥：《英国政治制度史》，人民出版社 1999 年版。

81. 〔澳〕约翰·芬斯顿主编：《东南亚政府与政治》，张锡镇译，北京大学出版社 2007 年版。

82. 赵可金：《美国政治的"新制度主义革命"》，载《中国社会科学报》，2010 年 8 月 13 日。

83. 赵永茂：《台湾的民主发展模式及其转型》，武汉，中国式民主国际研讨会，2009 年 11 月。
84. 郑文辉：《新加坡从开埠到建国》，新加坡教育出版社 1977 年版。
85. 郑永年：《新加坡的优质性民主》，载《联合早报》，2011 年 5 月 10 日。
86. 中央档案馆编：《中共中央文件选集》，中共中央党校出版社 1992 年版。
87. 中共中央文献编辑委员会编：《邓小平文选》，人民出版社 1994 年版。
88. 中共中央文献研究室编：《论构建社会主义和谐社会》，中央文献出版社 2013 年版。
89. 中共中央文献研究室编：《论"三个代表"》，中央文献出版社 2001 年版。
90. 中共中央文献研究室编：《十三大以来重要文献选编（上）》，人民出版社 1991 年版。
91. 中共中央文献研究室编：《十四大以来重要文献选编（上）》，人民出版社 1996 年版。
92. 中共中央文献研究室编：《十五大以来重要文献选编（上）》，人民出版社 2000 年版。
93. 中共中央文献研究室编：《十六大以来重要文献选编（上）》，中央文献出版社 2005 年版。
94. 中共中央文献研究室编：《十七大以来重要文献选编（上）》，中央文献出版社 2009 年版。
95. 中共中央文献研究室编：《十八大以来重要文献选编（上）》，中央文献出版社 2014 年版。
96. 中国苏联东欧史研究会编：《现代化之路：中国、俄罗斯、东欧国家改革比较》，当代世界出版社 2003 年版。

图书在版编目（CIP）数据

政党政治与政治发展 / 李路曲著. —北京：
中央编译出版社，2016.9

ISBN 978-7-5117-3082-4

Ⅰ.①政… Ⅱ.①李… Ⅲ.①比较政治学-研究
Ⅳ.①D0

中国版本图书馆 CIP 数据核字(2016)第 195655 号

政党政治与政治发展

出 版 人：葛海彦
出版统筹：董　巍
责任编辑：侯天保
责任印制：尹　珺
出版发行：中央编译出版社
地　　址：北京西城区车公庄大街乙 5 号鸿儒大厦 B 座（100044）
电　　话：(010) 52612345（总编室）　　(010) 52612339（编辑室）
　　　　　(010) 52612316（发行部）　　(010) 52612317（网络销售）
　　　　　(010) 52612346（馆配部）　　(010) 55626985（读者服务部）
传　　真：(010) 66515838
经　　销：全国新华书店
印　　刷：河北下花园光华印刷有限责任公司
开　　本：787 毫米×1092 毫米　1/16
字　　数：271 千字
印　　张：19.75
版　　次：2016 年 9 月第 1 版第 1 次印刷
定　　价：70.00 元

网　　址：www.cctphome.com　　邮　　箱：cctp@cctphome.com
新浪微博：@中央编译出版社　　微　　信：中央编译出版社（ID：cctphome）
淘宝店铺：中央编译出版社直销店(http：//shop108367160.taobao.com)　　(010)52612349

本社常年法律顾问：北京嘉润律师事务所律师　李敬伟　问小牛
凡有印装质量问题，本社负责调换。电话：(010)55626985